戦国秦漢簡牘の思想史的研究

中村未来

大阪大学出版会

目次

凡例

一　本書において、出土文献の名称（簡帛群名）を表記する場合には、各章の初出を除いて、略称を用いることとする。各出土文献の略称は次の通り。「郭店楚墓竹簡→郭店楚簡」「上海博物館蔵戦国楚竹書→上博楚簡」「清華大学蔵戦国竹簡→清華簡」「雲夢睡虎地秦簡→睡虎地秦簡」「岳麓書院蔵秦簡→岳麓秦簡」「馬王堆漢墓帛書→馬王堆帛書」「銀雀山漢墓竹簡→銀雀山漢簡」。

二　本書中、出土文献の一篇に言及する場合には、「出土文献（簡帛群名）略称＋『該当篇名』」で表記するが、文脈から明らかな場合には、出土文献略称を省略することもある。たとえば、上海博物館蔵戦国楚竹書の『鄭子家喪』に言及する場合、上博楚簡『鄭子家喪』あるいは『鄭子家喪』と表記する。

三　各章で取り上げる出土文献の「釈文」は、整理者の原釈文と先行研究とを考慮し、筆者の考察を加えて作成した。また、出土文献については、古文字の確定に字形が深く関わるため、釈読を提示する際には、「釈文」「訓読」は旧字体で表記している。

四　本書に見える出土文献の「釈文」「訓読」「現代語訳」中の【　】内の数字は、竹簡番号を示す。また〈　〉の数字は語注番号を、「┓」や「┗」の記号は墨鉤《ぼっこう》を、「-」は墨釘を、「=」は重文あるいは合文記号を表している。墨鉤や墨釘などの用語については、本書（附録一）出土文献用語解説を参照のこと。

五　出土文献の「釈文」に見える（　）は読み替え可能な文字を表し、「現代語訳」に見える〔　〕部分は、筆者が文意を捉える上で、適宜補った箇所を示している。また、［　］部分は、特に注記がない限り文脈により筆者がテキストを補った箇所を、□は文字（一文字分）の欠損した箇所を、⧄あるいは……は竹簡の断裂により、複数の文字が欠失しているものの、その字数が不明である箇所を表している。

六　出土文献をめぐる最新の論文や札記類は、多く簡帛網（http://www.bsm.org.cn/）や復旦大学出土文献与古文字研究中心（http://www.guwenzi.com/Default.asp）など、インターネット上の学術サイトにおいて発表されている。そこに掲載された論文を含め、これまでに発表された先行研究の題目や掲載年月日については、各章末の「参考文献」に列記する。

七　語注や考察に見えるアルファベットは、各章末の「参考文献」に附したアルファベットと対応する。

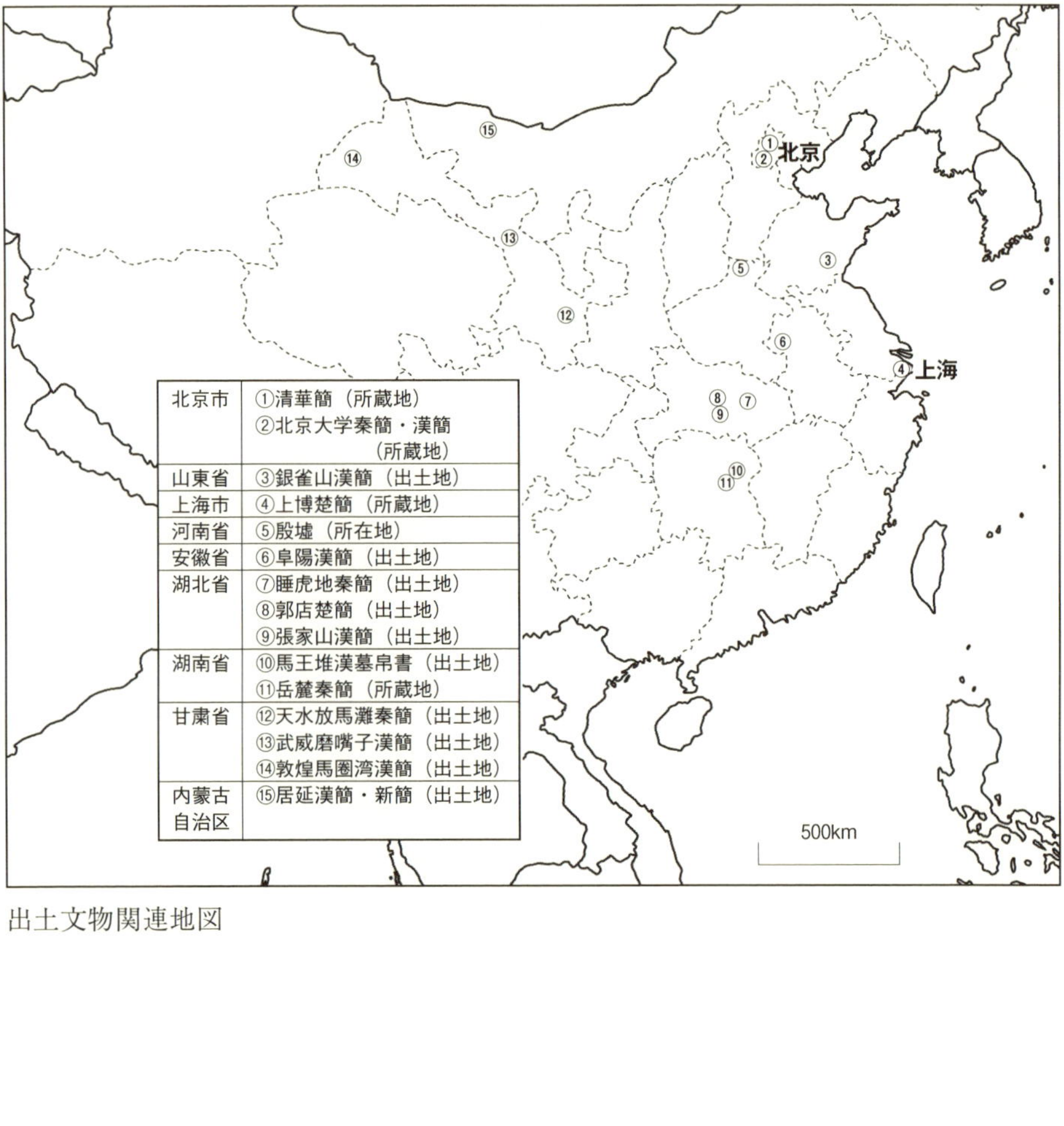

北京市	①清華簡（所蔵地） ②北京大学秦簡・漢簡（所蔵地）
山東省	③銀雀山漢簡（出土地）
上海市	④上博楚簡（所蔵地）
河南省	⑤殷墟（所在地）
安徽省	⑥阜陽漢簡（出土地）
湖北省	⑦睡虎地秦簡（出土地） ⑧郭店楚簡（出土地） ⑨張家山漢簡（出土地）
湖南省	⑩馬王堆漢墓帛書（出土地） ⑪岳麓秦簡（所蔵地）
甘粛省	⑫天水放馬灘秦簡（出土地） ⑬武威磨嘴子漢簡（出土地） ⑭敦煌馬圏湾漢簡（出土地）
内蒙古自治区	⑮居延漢簡・新簡（出土地）

出土文物関連地図

序　論

一　研究の目的

本研究は、近年陸続と発見されている中国古代（主に戦国期から漢代初期）の出土簡帛文献を研究対象とし、従来、資料的制約により不明であった古代思想史の空白を埋め、またこれらの出土文献を読み解くことにより、定説を補完、あるいは修正しようと試みるものである。

春秋戦国時代は、多くの思想家が自らの論説を頼りに諸国を奔走した諸子百家全盛の時代である。儒家をはじめ、墨家や道家など多様な思想家が誕生し、様々な論争を繰り広げた。先秦時代に生まれたこれらの思想や学説は、漢代には訓詁学の中で、また宋代・明代には性理学において、清代に入っては考証学の中で解釈され、検討されてきた。そして、その後二五〇〇年以上たった現代においてもなお、人々に強い影響を与え、多くの研究者によって取り上げられ続けている。

しかし、秦の始皇帝が思想統制のため焚書を行い、楚の項羽が戦乱の中で秦の宮殿を焼き払った結果、大量の資料が失われるなど、実際には古くから、時代の転換期においては貴重な文献が数多く消失・散佚する事態が巻き起こっている。そのため、現存最古の図書目録と言われる『漢書』芸文志には、すでに散佚し、我々が目にすることのできなくなってしまった文献名も数多く記載されている。また中には、康有為『新学偽経考』や顧頡剛『与銭玄同先生論古史書』のように、漢代に出土したとされる「古文経」を偽作であると退け、後世に作られた言説ほど古い時代に言及するようになるとして、古代の文献に関する伝承を疑う立場を示す「疑古派」の学者も多数現れた。以上のような資料的制約や「疑古派」の主張が、これまで中国古代思想を検討する上で、大きな障害となっていたのである。

ところが近年、中国古代史を塗り替えるべき新たな資料が相次いで発見されている。たとえば十九世紀末、甲骨文字の発見により、その存在が曖昧とされていた殷王朝の系譜が見直され、また二十世紀初頭には大量の敦煌文書が発掘されたことで、中国学研究は急速に進展し、新たな展開を向かえることとなった。出土文献が各方面の研究に取り入れられ、従来行われていた伝世文献研究に「二重証拠法（二重証明法）」[注1]の根拠として活かされ始めたのは、ここに端を発する。

その後も、曖昧であった当時の生活状況や行政制度を窺う上で重要と考えられる一次資料の発見は相次いだ。特に一九七〇年代以降には、中国古代思想史が隆盛を極めた諸子百家の時代から、統一王朝秦を経て、長期にわたる政権の安定を目指した漢代に至る思想文献（帛書や竹簡）も次々と出土している。以下、主要な思想文献について、出土年代順にその概要を挙げてみたい。

一九七二年には、山東省臨沂県銀雀山漢墓より約五千枚の竹簡が出土した（銀雀山漢墓竹簡、銀雀山漢簡）[注2]。そこには『孫子兵法』『孫臏兵法』『六韜』『尉繚子』『晏子春秋』などの古代兵書や諸子の書が含まれていた。これらは、それまでに多く発見されていた名札や行政文書などの出土物とは異なり[注3]、古代思想が窺える文献として多くの研究者の注目を集めた。また、一九七三年には、湖南省長沙馬王堆の前漢時代の墓から、帛書が大量に出土し（馬王堆漢墓帛書）[注4]、一九七五年には、湖北省雲夢県睡虎地で、排水溝の建設工事中に発見された秦代の墓から約一千枚の竹簡が出土している（睡虎地秦簡）[注5]。馬王堆漢墓からは、『老子』（甲本・乙本）、『周易』経伝、史書、医学や術数関連書など、多岐にわたる内容の文献が出土しており、思想史研究に多大な影響を及ぼした。一方、睡虎地秦墓には、膨大な秦代の法律や、行政関連文書が含まれており、これらは、統一国を成した秦の具体的な法制度を窺う上で、貴重な情報を提供することとなった。

さらに、九十年代以降もこのような新出土文献の発見は相次いでいる。一九九三年には、湖北省荊門市郭店一号楚墓から、郭店楚墓竹簡（郭店楚簡）が出土し、[注6] その翌一九九四年には、上海博物館が香港の骨董市場に出回っていた盗掘品と思われる竹簡（上海博物館蔵戦国楚竹書、上博楚簡）を購入して、大きな話題を呼んだ。[注7] その中でも特に、郭店楚簡『窮達以時』は、荀子の思想と考えられていた「天人之分」説が、実はそれ以前から存在したことを証明する文献であり、また郭店楚簡『太一生水』や上博楚簡『恒先』は、戦国早期から『老子』以外に宇宙生成論を備えた文献が存在したことを示すものとして注目を集めた。このように新出土文献を詳細に検討することにより、従来の定説に修正を加えることができ、さらに中原はもとより、南方の一大拠点であった楚国の文化や思想を窺うこともできるのである。これらの発見により、学界の趨勢は、疑古派の学説の見直しを計る方向へと急速に進展している。[注8]

なお、二〇〇〇年代に入ってもその情況は変わらず、二〇〇七年には、湖南大学岳麓書院が、香港の骨董市場に流出していた計二千百余枚の秦簡（岳麓書院蔵秦簡、岳麓秦簡）を購入し、[注9] 二〇〇八年には一人の実業家が古物商より二千三百枚余りの戦国簡を購入して、母校である清華大学に寄贈している（清華大学蔵戦国竹簡、清華簡）。[注10] また、二〇〇九年には、香港の馮燊均国学基金会の出資によって海外に流出した前漢時代の竹簡が買い戻され、北京大学に寄贈された（北京大学蔵西漢竹書、北京大学漢簡）。[注11] 以上の文献群は、徐々にその整理釈読作業が進められ、既に一部の図版と釈文とが刊行されるに至っている。[注12]

これらの発見は世界的にも注目されており、中国や台湾は勿論のこと、アメリカやイタリア等西洋の研究者にも盛んに取り上げられ、次々と国際学会が開催されている。また、出土文献に関する最新の論文や札記類が、清華大学（http://www.confucius2000.com/admin/lanmu2/jianbo.htm、http://www.tsinghua.edu.cn/publish/cetrp/6831/index.html）や復旦大学（http://www.gwz.fudan.edu.cn/）、武漢大学（http://www.bsm.org.cn/）、山東大学（http://www.bamboosilk.org/index.asp）などの各大学サイトにおいても日々発表され、研究はまさに日進月歩、新たな展開を迎えていると言える。これまで、各時代各方面の研究者が古代の文献を幾度となく取り上げ検討してきたことにより、学界には一種、閉塞感さえ漂っていた。しかし、近年出土文献が相次いで発見されたことで、この情況が打破されたのである。

日本でも、次第に新出土文献の重要性が認識され、年々それらに関する研究会や学会が開催されるようになってきたとはいえ、いまだに研究対象として取り上げる学者は少なく、伝世文献と同等の価値が付与されているとは言い難い。しかし、出土文献は、伝世する古代文献と同時代の産物であり、当時の文化や思想を捉える上で、必要不可欠なものである。二千年以上の時を越えて、目前に現れたこれらの貴重な一次資料を取り上げ研究することにより、従来、不明であった思想史上の空白を埋める、新たな知見が得られる可能性は極めて高いと言えるであろう。

そこで、本研究では出土文献を研究対象として精読し、伝世文献と比較することにより、それらを中国古代思想史の中に位置づけ、その空白の一端を明らかにすると同時に、従来の定説の補完・修正を目指したい。

二　本書の構成と研究方法、意義

本書は、研究に際して出土文献と従来の伝世文献の内容とを比較検討する「二重証拠法」を用いる点、また儒家思想や道家思想といった学派や、出土文献の想定される成書年代および地域性を極端に限定せずに取り上げる点に特徴がある。具体的には、本書では、戦国期の楚地との関連性が指摘されている上博楚簡、および清華簡、そして戦国末期から漢代初期の斉地の思想が含まれていると考えられる銀雀山漢簡を研究対象として検討する。これらは一見、特に何の関連性も持たない出土文献群であるが、これらの竹簡に写された文献の成立は、その書写された時期、あるいは副葬された時期を程度の差こそあれ遡るものと考えられる。そのため、恐らく前漢初期の墓より出土した銀雀山漢簡に見られる思想も、その根本は戦国期に端を発する可能性がある。また、楚地や斉地といった地域性によって、使用語句や定型句に違いが見られるか等の比較対照としても活用できる。従って、銀雀山漢簡についても、他文献との思想的影響関係や古代思想史の受容・

変遷を辿る上で、十分に考慮すべき文献であると考え、本書に取り入れた。

また、これらの三つの出土文献群には、多彩な内容が含まれている。よって、全てをひとまとまりに捉えて単純に比較することは難しい。しかし、古代には後世定められた枠組みには当てはまらぬ、思想内容の緩やかに融合した文献が数多く存在する。そのため、古代思想史を描き出すためには、戦国期という同時代に存在したと考えられる多種多様な文献を多角的に検討する必要があるであろう。以上の理由により、本書では統一を欠くものの、上博楚簡・清華簡・銀雀山漢簡を研究対象とし、下記の構成および方法で考察を進めることとする。

第一部「「上海博物館蔵戦国楚竹書」の研究」では、二〇〇一年より図版・釈文が次々と公開されている上博楚簡を取り上げる。上博楚簡には、『礼記』や『詩経』などの経書関連の文献（『緇衣』『孔子詩論』等）や、儒家や道家など、諸子百家の思想が見られる文献（『従政』『恒先』等）、さらには戦国楚地域特有の故事を記した文献（『荘王既成』『平王問鄭寿』）など、多様な思想内容が含まれている。

本部第一章では、楚王故事関連の文献である『鄭子家喪』について検討する。『鄭子家喪』には、主に鄭臣・子家の死を契機に、楚が鄭討伐へと乗り出し、その鄭を救援しに来た晋と楚が両棠に争うという内容が見える。本篇には、伝世文献である『左伝』や『国語』に記された歴史事件が見られるものの、鄭討伐の理由付けが本篇と上記の書とで異なっており、注目される。「天」や「上帝鬼神」という中国古代思想を考察する上で、極めて重要と考えられる語句にも目を向け、その思想的特質を明らかにしたい。

また、第二章では、周王朝の樹立に貢献した古代聖人・周公旦の登場する文献『成王既邦』を取り上げる。『成王既邦』には、従来、伝世文献中にはほとんど見ることのできなかった、成王と周公旦との政治的問答が記されている。そこで、本章では、周公旦の発言に含まれる思想内容を伝世文献と比較することにより、本篇の思想史上における位置づけと、周公旦の践祚問題について検討してみたい。

なお、上博楚簡は秦の始皇帝が文字統一を行う以前の文献である。そのため、竹簡の内容は、すべて戦国古文字で記されており、その読解は困難を極める。そこで、本部においては、まず基礎的な釈読作業を行い、自らの釈文を定めた上で、文献独自の特質を検討することとする。

続く第二部「「清華大学蔵戦国竹簡」の研究」では、二〇〇八年に清華大学が入手した清華簡を取り上げる。先述のとおり、清華簡は、香港の骨董市場より購入され、清華大学に寄贈されたもので、出土文献研究の専門家（北京大学や復旦大学などの総勢十一名）による鑑定や、北京大学の炭素十四年代測定の結果によれば、戦国期のものであることがほぼ確実であると指摘されている竹簡群である。清華簡には、断片を含め、約二五〇〇枚の竹簡が含まれていると公表されており、既に、その釈文と図版とを掲載する『清華大学蔵戦国竹簡』が第五分冊まで刊行されている。

清華簡と同時期の戦国簡と考えられる郭店楚簡や上博楚簡には、『礼記』との関連が指摘される『緇衣』や『内礼』、また『詩経』との関連が指摘される『孔子詩論』、さらには現行の約半分の卦（三十四卦）が記された『周易』や、「詩・書・礼・楽・易・春秋」の六経の名称が見える『六徳』など、経書の一部、あるいは経書と繋がりの深かったと考えられる文献が多く含まれている。そのため、古逸文献については勿論のこと、経書がどのように受容されていたか、またどのような変遷を辿っていたか等、古代における経書研究においても注目され、重要視されることとなった。

本部で取り上げる清華簡には、多数の『尚書（書経）』『逸周書』に関する文献が含まれている。現時点において、『尚書』関連のまとまった内容を持つ文献は、郭店楚簡や上博楚簡には見られず、これが戦国簡における初めての発見と考えられる。そのため、この清華簡の発見は、『尚書』や『逸周書』の成立、変遷を考える上で、極めて重要な情報を提供するものと期待される。

本部第一章では、今本『尚書』金縢と同一内容の文献と考えられる『周武王有疾周公所自以代王之志（金縢）』を取り上げ、また第二章では、偽古文『尚書』説命との関連が指摘されている『傅説之命（説命）』を研究対象とし、それぞれ伝世文献との比較を通してその特質を示したい。さらに第三章では、孔壁古文逸書の一篇『咸有一徳』と深く関連するとされる『尹誥』を中心に取り上げ、そこに見える聖賢・伊尹の呼称表記について考察を加えてみたい。以上のように、清華簡には経書関連文献が多く含まれていることが分かるが、その成立や楚地における受容を捉える上でも、本研究は意義のあるものであると考える。

第三部「「銀雀山漢墓竹簡」の研究」では、一九七二年に山東省臨沂県の漢墓より出土した銀雀山漢簡を取り上げ、考察を加える。銀雀山漢墓の墓主は、軍事家であったと推定されており、墓中からは多くの兵書が発見されている。従来、古代兵書に関しては、資料的制約のため、『孫子』や『六韜』『尉繚子』など、広く普及していたと考えられる文献についてさえ、いつ、どのような人物によって著作（あるいは、どのような人物に仮託されて編纂）されたのか、不明な点が多く残されていた。しかし、銀雀山漢簡が発見されたことにより、現行本『孫子』が、斉の孫臏ではなく、呉の孫武の兵法を説くものであったことや、一部の研究者により、後漢、あるいは魏晋南北朝以降に成立したと指摘されていた『六韜』や『尉繚子』が、前漢初期、もしくはそれ以前から流布していた状況が明らかとなった。

銀雀山漢墓からは、このように、何らかの形で後世に伝わる文献の他にも、多くの古逸兵書が出土している。これらの古逸兵書は、未知の内容を多分に含むものである。そのため、これらの文献を取り上げ検討することにより、前漢以前の兵家や兵学思想について、従来、窺うことのできなかった理論や、為政との関連性を、より詳細に描きだすことができるであろうと考える。これらの文献は、まさに『孫子』や『呉子』といった著名な古代兵書が、後世どのように展開し受容されたかを認識する上で、極めて貴重な資料であると言えよう。

本部では、そのような古逸兵書の中でも、特に『銀雀山漢墓竹簡〔貳〕』に所収の「論政論兵之類」の二篇、「兵之恒失」と「五議」とを取り上げて検討する。「論政論兵之類」という名称は、整理者が便宜上付けたものであるが、その名が示す通り、古代兵書中には「兵」について説く内容が見られる一方、「政」に関する記述も見え、軍事と政治とが密接に関わり合っていた情況が予測される。本部においては、他文献と比較することで、その実態を明らかにしたい。

以上、本書では、これらの文献を個別的・文献学的視点から検討することにより、佚書や異本整理などの基礎研究を推進し、さらには出土文献の読解・伝世文献との比較を通して、古代思想の変遷及び受容を統合的視点から捉え直す足掛かりとなる研究を目指す。

時とともに散佚し、その後二千年という時間を経て、再び姿を現した一次資料群。これらの中には、一部伝世するものから、全く無名のものまで様々な文献が含まれている。ただし、散佚後、歴代の学者たちが目にすることのできなかったこれら新出土文献を読み解き、通説に対して補強、あるいは修正を加えることは、幸運にも現代に生きる研究者の責務であると考える。経典や故事はどのように受容され、権威付けられたのか。政治とは、文化とは、一体何か。東アジア諸国に絶大な影響を及した中国古代思想とは、果して如何なるものであったのか。本研究は、我々のバックボーンを認識する上でも、重要な意義を有するものと信ずる。

なお、本書には附録として、出土文献（特に簡牘）を扱い研究を行う上で必要となる専門用語の解説や、古文字の通用例の提示、思想文献を含む主な出土文献の書誌情報をまとめた一覧表等を掲載している。内容・語句を確認するための基礎資料としても、ご活用頂ければ幸いである。

注

（注1）「二重証拠法」については、王国維『古史新証』（清華大学出版社／一九九四年十二月）参照。
（注2）銀雀山漢簡の出土状況については、山東省博物館臨沂文物組「山東臨沂西漢墓発現「孫子兵法」和「孫臏兵法」等竹簡的簡報」（『文物』文物出版社／一九七四年第二期 所収）を参照。
（注3）朱淵清氏は、『中国出土文献の世界』（朱淵清著・高木智見訳／創文社／二〇〇六年五月）において、出土した文字資料は三種類に分類することができるとしている。まず第一には、所有者や名称・単位などを表すための実用的な標識や記号が記

された資料であり、これらは最も多く出土するものであるという。また第二には、朝廷及び地方の文書・帳簿・日常の書信・遺言書・祈祷の記録などを含む公的・私的文書の存在を指摘し、これらも比較的よく出土する資料であるとしている。そして第三には、古代の人々の思想や知識の蓄積された文献があるとし、学術史研究という点ではこれが最も大きな価値を有していると述べる。

（注4）馬王堆漢墓は、一号墓から三号墓までの三墓に、長沙国の丞相を務めた利蒼（『史記』恵景間侯者年表には、「利倉」と記述されている）とその家族（二号墓の被葬者が利蒼とされ、一号墓・三号墓がそれぞれ利蒼の妻・利蒼の息子と考えられている）が埋葬されており、帛書はその中の三号墓に収められていた。

なお、馬王堆一号墓については、一九七三年に『長沙馬王堆一号漢墓』（湖南省博物館・中国科学院考古研究所編／文物出版社／一九七三年十月）が出版されている。二号墓・三号墓については、湖南省博物館・中国科学院考古研究所「長沙馬王堆二、三漢墓発掘簡報」（『文物』文物出版社／一九七四年第七期 所収）に速報が掲載され、続いて『長沙馬王堆二、三号漢墓 第一巻』（何介鈞主編／文物出版社／二〇〇四年七月）が刊行された。

（注5）睡虎地秦簡の出土状況の詳細は、孝感地区第二期亦工亦農文物考古訓練班「湖北雲夢睡虎地十一号秦墓発掘簡報」（『文物』文物出版社／一九七六年第六期 所収）を参照。

（注6）郭店一号楚墓からは総数八〇四枚の竹簡が出土したが、その中で文字が記された竹簡は計七三〇枚であった。

なお、郭店楚簡の出土状況については、湖北省荊門市博物館「荊門郭店一号楚墓」（『文物』文物出版社／一九九七年第七期 所収）を参照。

（注7）上博楚簡には、全一二〇〇余簡の竹簡が含まれているという。上博楚簡に関する速報は、一九九九年一月五日付の中国の日刊紙、上海「文匯報」に見える。

（注8）李学勤『走出疑古時代』（遼寧大学出版社／一九九四年）

（注9）湖南大学岳麓書院は、香港の骨董市場に流出していた約二一〇〇枚の秦簡を緊急保存する目的で購入した。この他、二〇〇八年八月には、香港の収蔵家が全七十六枚の竹簡（完整簡は三十枚余り）を無償で岳麓書院に寄贈。そのため、岳麓秦簡は、全二一七六枚とされている。岳麓秦簡に関する速報（入手状況や各篇の概説）は、陳松長「岳麓書院所蔵秦簡綜述」（『文物』／二〇〇九年第三期）参照。二〇一五年十月現在、図版は第三分冊まで刊行されている。

（注10）図版と釈文とを掲載する『清華大学蔵戦国竹簡〔壹〕』（二〇一〇年十二月）の刊行に先立ち、その中の一篇『保訓』の写真と釈文とが、『文物』（二〇〇九年第六期）に公開された。二〇一五年十月現在、図版は第五分冊まで刊行されている。

（注11）　北京大学漢簡については、「北京大学新獲「西漢竹書」概述」（『国際漢学研究通訊』第一期／『国際漢学研究通訊』編纂委員会／中華書局／二〇一〇年四月）や、竹田健二「（翻訳）「北京大学出土文献研究書工作簡報」総第一期」（大阪大学中国学会『中国研究集刊』第五十二号／中国出土文献研究二〇一〇／二〇一一年二月）、中国出土文献研究会「北京大学蔵西漢竹書について」（同上）参照。なお、北京大学は秦簡も入手しており、それについても現在、刊行に向けて整理を進めているという。

（注12）　ここに挙げた思想文献を含む竹帛書、「郭店楚簡」「上博楚簡」「清華簡」「睡虎地秦簡」「岳麓秦簡」「馬王堆帛書」「銀雀山漢簡」については、巻末の（附録二）に形制一覧（書誌情報一覧）と所収文献の概要とを掲載している。

第一部　「上海博物館蔵戦国楚竹書」の研究

第一章　上博楚簡『鄭子家喪』の検討

第一節　『鄭子家喪』釈読

『鄭子家喪』は『上海博物館蔵戦国楚竹書（七）』（馬承源主編、上海古籍出版社、二〇〇八年十二月）に所収の文献である。本篇には、鄭の子家の死を契機として、楚の荘王が鄭を包囲し、その鄭を救援しに来た晋と両棠に争う内容が記されており、甲本・乙本の二種のテキストが発見されている。竹簡数は甲本・乙本各七簡（注1）でいずれも満写簡となっている。（注2）

原釈文作成（整理）者である陳佩芬氏は、原釈文公開の段階で、本篇に『国語』や『春秋左氏伝（左伝）』の記事と類似した内容が見られることを指摘している。その指摘を受けて『上海博物館蔵戦国楚竹書（七）』の刊行後は、伝世文献との比較やテキスト確定の面から、多くの研究者が『鄭子家喪』に注目し、検討を試みてきた。先行研究のほとんどは『鄭子家喪』の一部分のみを取り上げた札記類であるとはいえ、徐々にその全体に言及する論も増えてきている。（注3）

そこで、本章ではまず、原釈文と先行研究とを参考に『鄭子家喪』の訳注を示す。次いで、第二節以降において、本篇とその他の類似した内容を持つ伝世文献とを比較することにより、本篇の特質と著作意図を明らかにしたい。

以下、『鄭子家喪』について「釈文」「訓読」「現代語訳」「語注」を掲載する。なお、『鄭子家喪』には甲本と乙本の二種が存在するが、内容に大きな相違は見られない。そのため、本章では欠損部分の少ない甲本をもとに検討を進めることとする。(注4)

釈文

鄭子家喪[1]、邊人[2]來告。莊王就[3]大夫[4]而與之言曰、「鄭子家殺其君。不穀日欲以告大夫[5]、以邦之悟[6]【1】、以及於今[7]。天厚[8]楚[9]邦、思[10]爲諸侯正[11]。今[12]、鄭子家殺其君、將保其寵[13]光[14]、以沒入地[15]。如上帝鬼【2】神以爲怒、吾將何以答。雖[16]邦之悟[17]、將必爲師」。乃起師圍鄭三月。

鄭人請[18]其故。王命答[19]之曰、「鄭子【3】家顛覆天下之禮、弗畏鬼神之不祥、戕[20]賊[21]其君。余[22]將必思[23]子家毋以成名立於上、而滅[24]【4】光[25]於下」。鄭人命[26]以子良爲質[27]、命[28]思[29]子家梨木[30]三寸[31]、疏索以紘[32]、毋敢丁[33]門而出、掩[34]之城基【5】。王許之。師未還、晉人涉將救鄭、王將還。大夫[35]皆進曰、「君王之起此師、以子家之故。今晉【6】人將救子家、君王必進師以辺[36]之」。王安還軍、以辺[37]之。與之戰[38]於兩棠、大敗晉師焉┓。【7】

訓読

鄭の子家 喪[39]し、邊人來たりて告ぐ。莊王 大夫に就きて之と言いて曰く、「鄭の子家 其の君を殺す[40]。不穀[41]は日々[42]以て大夫に告げんと欲するも、邦の悟[43]を以て、【1】以て今[44]に及ぶ。天 楚邦を厚くし[45]、諸侯の正たらしむ。今、鄭の子家 其の君を殺すも、將に其の寵光[46]を保ち、以て沒して地に入らんとす[47]。如し上帝鬼【2】神以て怒を爲さば[48]、吾 將《は》た何をか以て答えんや。邦の悟ありと雖も、將に必ず師を爲さんとす」と。乃ち師を起し、鄭を圍むこと三月。

鄭人其の故を請う。王 之に答えしめて曰く、「鄭の子家【3】天下の禮を顛覆して、鬼神の不祥を畏れず、其の君を戕賊[49]す。余 將に必ず子家をして成名[50]を以て上に立たしむること毋く、下に滅【4】光[51]せしめん」と。鄭人命じて子良を以て質《ち》と爲し、命じて子家をして梨木三寸、疏索以て紘し[52]、敢えて門に丁《あ》たりて出だすなく、之を城基[53]に掩わしむ。【5】王之を許す。

師 未だ還らざるに、晉人渉り[54]て將に鄭を救わんとし、王 將に還らんとす。大夫 皆な進み[55]て曰く、「君王の此の師を起こすは、子家の故を以てす。今 晉【6】人將に子家を救わんとするに、君王必ず師を進めて以て之に辸《よ》るべし」と。王安《ここ》[56]に軍を還し、以て之に辸る。之と両棠[57]に戦い、大いに晉師を敗る」。【7】

現代語訳

鄭の子家が亡くなり、辺境の役人がこれを荘王に報告した。荘王は大夫と供に語り「鄭の子家はその君主を弑殺した。私は常々大夫に告げようと思っていたが、楚国は疲弊しており今に至ってしまった。天は楚邦を厚遇し、諸侯の長とした。今、鄭の子家はその君主を弑殺したにも関わらず、栄誉を保ったままで亡くなり、丁重に埋葬されようとしている。もし、上帝や鬼神がお怒りになったならば、私はなんとお答えしようか。国が疲弊していると言っても、必ず軍隊を起すべきだ」と言った。そこで軍隊を起し、鄭を包囲することが三ヶ月に及んだ。

鄭人は〔鄭を攻撃した〕理由を〔荘王に〕尋ねた。王は「鄭の子家は天下の礼を顛覆し、鬼神の災いを恐れずにその君主を弑殺した。私は必ず子家が名を成して優遇されることがないようにさせ、下に引きずり下ろそう」と答えさせた。鄭人は命じて子良を人質として差し出し、命じて子家の葬儀は梨製三寸の棺に粗縄で括るという粗末な形にして門から外へは出さないようにし、その棺は城壁のほとりに簡単に土を被せてさらしておいた。〔そこで〕荘王は鄭を許した。

楚の軍隊がまだ引き上げないうちに、晋〔の軍〕が〔黄河を〕渡って鄭を救おうとし、〔この時〕荘王はちょうど引き上げようとしていた。大夫がみな進みでて「君王がこの軍を出動させたのは、子家の事があったからです。今、晋の人はまさに子家を救おうとしており、君王は必ず進軍し、そうしてこれにより、迎え撃つべきです。」と言った。荘王はそこで軍を引き返し、晋を迎え撃った。〔楚は〕晋と両棠に戦い、晋軍に大勝した。

語注

〈1〉について、整理者・Pは「喪」字に作り、整理者は葬式の意とし、Pは「武王既喪、管叔及其群弟乃流言于国。」偽孔伝「武王死。」（『書経』金縢）を挙げて、死の意に解する。Fは「芒（亡）」字に作り、死の意とするが、Pはこの字が上博楚簡三『周易』第三十二簡の「喪」字と同字であり、喪には死の意が含まれるため、特にFのように「芒（亡）」字とする必要はないと述べる。

ここで、楚簡に見える「喪」字と「亡」字について、上博楚簡を中心に確認すると、次頁表1「楚簡に見える「喪」字と「亡」字」のようになる（なお、表中の「上」は「上博楚簡」、「郭店」は「郭店楚簡」を表す）。

字形から言えば、は「喪」字より「芒（亡）」字に近いように思われる。[58] またPの指摘する通り、「喪」には死亡の意があり、次頁表の「上『周易』32」の文字が現行本『周易』では「喪」字になっているものの、表中の「上『周易』38」の文字は現行本『周易』では「亡」字とされており、を「喪」字と読む根拠にはならない。

しかしながら、郭店楚簡の「喪」字である「」の中心部を除いた字形がと近く、[59] これが「喪」字であった可能性も捨てきれない。いずれにせよ、上博楚簡において「喪」と「亡」の両字は非常に似通った字形で表され、通用して用いられていた可能性が指摘できるであろう。

〈2〉について、整理者は「鄍」に作り、春秋時代の息国（国名）と見なしている。それに対して、A・C・P・Fはその字形から「邊」字に作り、「邊人」で辺境に駐屯し防備する役人・兵士の意とする。同様の例が『国語』魯語上に「晋人殺厲公、辺人以告。」とあり、その韋昭注に「辺人、疆埸之司」とある。

なお、息国は魯荘公十四年（前六八〇）にすでに楚に滅ぼされている。文脈・内容からも、ここではA・C・P・Fの見解に従う。

表1　楚簡に見える「喪」字と「亡」字

喪			
上『鄭子家喪』1	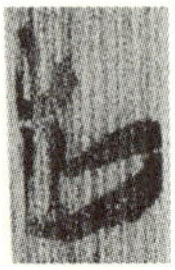	郭店『語叢一』98	
上『弟子問』4		郭店『語叢三』35	
上『弟子問』7			
上『周易』44			
上『周易』53			
上『周易』32			
上『周易』38			

亡（芒）			
上『魯邦大旱』6		信陽楚簡23	
上『子羔』1		新蔡葛陵楚墓364	
上『曹沫之陳』9		郭店『緇衣』9	
上『姑成家父』1		郭店『語叢四』3	
上『民之父母』13		郭店『語叢四』7	
上『昭王毀室』3		九店楚簡五六・46	

〈3〉「就」について、A・Pは使役用法で、大夫に進み来させる意とする。Qは、「就」には二つの用法（一つは使役用法で大夫を呼び寄せて会ったというもの、もう一つは、王自ら出向いたというもの）があるが、上博楚簡六『平王問鄭寿』に「競平王就鄭壽、猷之於层廟曰（競平王、鄭壽を就《したが》え、之に层廟に猷《と》いて曰く）」（第一簡）と、ここと同様の用例が見られるため、王が自ら出向いたという意に解する。jもこれに従う。aは「就」が『平王問鄭寿』のように、王自らの訪問を表す場合には、その目的語に特定の人物が置かれるという。しかし、『鄭子家喪』においては目的語に「大夫」がきており、王が一個人へ意見を請う場合に出向くことはあっても、多くの大夫達の元へ自ら出向いたとは考えられず、よって、ここでの「就」は古代に多用された「即」の意、すなわち「趨近」「靠近」（近くに寄る）と取るべきであるとする。また続けてaは、一般的に、自動詞・状態動詞は使役動詞に転化しやすく、他動詞は転化しにくい。先秦において、「即」「就」は必ず場所を目的語に持つ他動詞を伴っており、使役用法にはなりえない。現存する先秦の文献中にも「就」を使役用法として用いる例はないと述べる。bは、王が臣下を尋ねる場合、その臣下は往々にして特殊な地位・高齢・名声を持つなどの背景があるはずであるとa同様の見解を示す。しかしaの「趨近」「靠近」は結局「造訪」と根本的には変わらず、ここでは「粛」「宿」「速」の意、つまり王が恭しく招待するという意であるとする。kは音通などの関係から、「就」を「召」とする。

上博楚簡六『平王問鄭寿』における「就」の使用法が、必ずしもPの指摘するように王が直接臣下の元へ出向いたことを表しているとは言えず、また、a・bの述べるように王が臣下の元へ出向く際には、必ず特定の人物の元へ訪れているため、ここでは王が群臣の元へ出向いて話をしたと解釈することは難しく、大夫と供に（大夫を従えて）会談がもたれたという意に解する。

〈4〉（夫〓）の字の「〓」は合文記号であり、「大夫」と釈読する。

〈5〉については、語注〈4〉に同じ。

〈6〉について、整理者・A・C・P・F・Yは「怲」字に作る。その根拠としてA・Pは、上博楚簡において「病」字は全てつくりの部分を「方」の字としており（「疠」（上博楚簡四『柬大王泊旱』第二簡十一字目）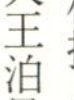（上博楚簡四『柬大王泊旱』第二簡二十一字目）（上博楚簡四『柬大王泊旱』第五簡）（上博楚簡四『柬大王泊旱』第八簡）（上博楚簡四『柬大王泊旱』第二十二簡）、「痣」（上博楚簡五『三徳』第十三簡））、「怲」字（「㤙（怲）」（上博楚簡二『従政』（甲本）第八簡））も「病」字の一種であり別の写法であろうと述べる。また、Vは「悘」字に作る。A・F・P・Vは意を「病」とする。整理者は、『説文解字』の「怲、憂也。从心、丙声。」（心部）を引き、「怲」字を「憂」の意とする。Cもこれに従う。I・Qは「㥶」字に作る。ただし、Qは上博楚簡二『従政』（甲本）第八簡「（悘）則亡親」の「」字を

「猛」の意とし、この字との字形が似ていることから、を「猛」の字母「」（愪）の訛語であった可能性があると指摘する。[60] Ｉは「悘」字に作り、「悘」の声部「矦」と「詾」とが音通関係にあることから、「詾」「禍乱」の意とする。Ｖは、「悘」字について、古代文字の中の「大」（丙字中の「大」）と「矢」とは字形が似ており混同されやすく、郭店楚簡の『老子』（甲本）第三十三簡の「猛（猷）」字の「大」がまさに「矢」と混同された例であるとして、を「愪」に作る。

字形の上では、Ｉ・Ｑの主張する「悘」字が最も近いが、Ｖの述べるようにととを比較すると確かにの中心部の画数が一画多いように思われるが、第五簡中にある「命」の字には下に一本線が入っており、今まで上博楚簡において見られなかった字形が使用されていた例は見られない。「怲」字（「㤻（怲）」）ここもそのような例として「愪」字の異体と捉え、「病」の意に解する。「病」については、『左伝』襄公十年に「子駟曰、国病矣」とあり、その杜預注に「師数出疲病也」とある。（語注〈26〉を参照）。

なお、楚文字においては、「心」の有無に関わらず、同じ文字を表す場合が多い。例えば語注〈7〉の（忍＝及）のような文字が挙げられる。また、「心」の位置を移動させ「立心偏」として捉える使用例も多く見える。

〈7〉（忍）について、整理者・Ａは「急」字に作る。Ｃ・Ｆ・Ｐ・ｊは「及」字に作る。整理者は「疾」の意とし、Ｃ・Ｆ・Ｐは「至」の意とする。ここでは、字形・意味の上から、Ｃ・Ｆ・Ｐの説に従う。

〈8〉について、整理者・Ｆ・Ｐ・Ｙ・ｊは「而」字に作る。Ｌ・Ｑ・ｆ・ｉは字形から「天」字に作る。

「天」字は、楚簡において、該当箇所同様に三～六画が緩やかに内側に入るもの（）と、「」（上博楚簡四『曹沫之陣』第六十五簡）のように三・四画が内側に入り、五・六画が長くはらわれる「而」と類似した形のものとがあるが、『鄭子家喪』（甲本）においては、天は全て緩やかに内側に入る形で記され（「」（第二簡）、「」（第四簡））、「而」は外側に向けてはらわれる形で記されており（「」（第一簡）、「」（第五簡））、両者に使い分けが見られる。[注5] よって、ここでは字形から「天」と釈読する。語注〈45〉を参照。

表2　『鄭子家喪』に見える「天」字と「而」字

		天	而
甲本		 第二簡	 第一簡
		 第四簡	 第四簡
			 第五簡
乙本		 第二簡	 第一簡
		 第四簡	（欠）第四簡
			 第五簡

〈9〉（逡）について、整理者・F・P・Y・jは「後」字に作る。L・Q・f・iは音通関係から「厚」字に作る。「逡」と「厚」が音通するという用例は、現時点では確認できない。しかし、上博楚簡二『容成氏』第四十五簡において「詨」と「厚」が音通するという例が、一例のみであるが見られる。また、上博楚簡二『従政』（甲本）第十二簡の「識」は人偏で書かれており（）、言偏と人偏が通用していたことが窺える。よって、ここではL・Q・f・iに従い、「逡（厚）」と釈読する。語注〈45〉を参照。

なお、楚文字において、「辵（しんにょう）」と「行人偏」とは多く通用する。

〈10〉Fは「思」字を「応」「當」の意とする。Aは『礼記』に「儼若思」とあり、その孔穎達疏に「思、計慮也。」（曲礼上）とあるのに従う。あるいは「司」と読み、職掌の意とする。Pは「斯」字に作り、「是」と同義とする。

楚簡では多く「思」は「使」（使役）として用いられる。ここでは文脈上からも「使」に解すべきであろう。語注〈23〉〈29〉を参照。

〈11〉「正」字を整理者は善（親善）の意とする。Fは主宰の意とし、A・Pは長官の意で、諸侯の盟主を担当することを暗示するという。Cは『墨子』に「昔者文公出走而正天下」とあり、その王念孫注に「『爾雅』曰、正、長也」（親士）とあるのを引いて、君・長の意とする。文脈上、正しいと思われるため、これに従う。

〈12〉（今）の字は、乙本には見られない。

〈13〉（㦗）について、整理者は「塩」字に作る。Fは出土文献中「龏」字（／上博楚簡四『昭王与龔之脽』・第二簡）はよく「恭」（／長沙子弾庫楚帛書乙篇・第八）字と通用すると述べ、「恭」字に作る。U・jもまた「恭」字に作っ

ている。A・P・T・Zは「寵」字（／荊門包山二号墓竹簡（以下、包山楚簡）・第一三五簡）に作る。
この文字については、次のと合わせて考える必要がある。（語注〈14〉〈25〉を参照。）字形から言えば、整理者やFのいう文字がより正確に該当字を表していると言えるが、楚簡において「ウ冠」は省略されることもあるため、ここでは次の文字との繋がりも考慮して「寵」字と捉える。

〈14〉について、整理者は「烺」字に作る。Fは「炎」と「厳」とは音が非常に近く、通用するとして「厳」字に作る。jもFに従う。A・Pは、甲本の文字が包山二号墓の「霊光」の光（／第二七〇簡、／第二七二簡）字と近似するため、字形から「光」字に作る。Q・Zもまた「光」字に作る。これに対して、T・Uは「炎」字に作っている。
A・Pの指摘する包山二号墓の「光」字は、火に横線が多い形で記されており、該当字のと全く同じ文字とするには、やや強引であるように思われる。しかし楚簡中、「光」字は横線の入るもの（／包山楚簡・第二七二簡）と入らないもの（／上博楚簡三『周易』第二簡）の二通りが見られるが、「炎」字については横線の入る形（／長沙子弾庫楚帛書甲篇）しか使用されていない[61]。よって、ここでは字形から「光」字ととる。語注〈25〉を参照。

〈15〉について、整理者は「及」（／上博楚簡七『鄭子家喪』（乙本）第二簡）字に作り、Fは、甲本を「叟（没）」字に、乙本を「及」（／上博楚簡七『鄭子家喪』（乙本）第二簡）字に作る。Pは、該当字が甲本と乙本とで異なるが、もし甲本を「没」と読んだ場合、意味が通らないため、『白虎通』の「葬之為言下蔵之也。所以入地何。人生于陰、含陽光、死始入地、帰所与也。」（崩薨）を引いて、乙本同様「及」と読むべきとする。また、甲本の「叟」字は「及」字の異体であると述べる。Q・T・Zは「没」字に作る。Qは該当字について、甲本と乙本とで異なるが、Fが指摘するとおり、「叟」と「及」の字形が近いことから、一方が誤った可能性があるとし、甲本の「叟（没）」字が正しく、それに従うべきとする。また、「入地」は『白虎通』（崩薨）『漢書』（王嘉伝・楊王孫伝）『説苑』（反質）等に見られる通り、「下葬」と関連する語句であろうとし、これらの記述では、全て「死」と「入地」とが同等に論じられていると述べている。
『鄭子家喪』甲本の第二簡中にある「及（急）」（）字は、乙本の「及」字とは類似するが、甲本の該当文字とは似ていない。F・Pの指摘するように、字形から言えば、甲本は「没」（／上博楚簡五『鬼神之明』第二簡）字、乙本は「及」字であると言える。Pは「没」字とすると意味が通らないと述べるが、Q・T・Zの言うように「死」の意として捉えることに特に問題はないため、ここでは字形の通り「没」字と解する。

〈16〉jは「售」字を「唯」と隷定するが、ここでは意味の上から「雖」とすべきであろう。

〈17〉の字について、語注〈6〉に同じ。

〈18〉について、整理者は「昏」字に作り、「問」の意とする。A・D・P・jは、乙本が「情」字に作っていること、またその字形から甲本の該当字を「青」字と釈読し、「情（請）」の意とする。ここでは、字形の類似から「請」字とする。

〈19〉jは「命」字を「告」と解する。については、語注〈26〉を参照。

〈20〉（慼）について、整理者・A・Pは「戕」字に作る。

甲本の文字は潰れて鮮明ではないが、乙本では「」と記されており、参考にできる。ここでは、字形から、整理者・A・Pに従い「戕」字と解する。

〈21〉（惻）について、整理者は「折」字に作る。A・D・Pは「賊」字に作る。は、上博楚簡中の「惻（恖）」（／上博楚簡五『鬼神之明』第二簡、／上博楚簡二『従政』（甲本）第十五簡）字に近似しており、ここでは字形から「惻」字と隷定する。

なお、楚文字において「惻」は「賊」と通用するので、「賊」の意に解する。

〈22〉について、整理者は「待考」としており、Fは乙本の「我」（）を参考にし、「余」（／上博楚簡二『容成氏』第二十九簡、／上博楚簡四『昭王与龔之脽』第三簡）字に作る。A・Pはが「尸」（／新蔡葛陵楚墓竹簡第四簡、／包山楚簡第一九九簡）字を表しており、秦簡中の楚月名（楚に特有の月名）においてこの字は「夷」字に作っているため、「夷」字と解する。また、Pは古書中「夷」と「余」が通用する例があることや、の字形が「余」に似ている点、乙本の「我」と対応するものである点から「余（夷）」字に隷定している。nは、字形より該当字を「巳」+「示」であろうとし、「祀」字と隷定し、これを上文に接続させ、「戕賊其君祀（其の君祀を戕賊す）」と解釈している。Xは乙本を参考に甲本が記されたという立場をとっており、それを考慮すれば、この字は乙本同様「我」字とすべきであるとする。また、「義」字は「羊」と「我」とにわけることができ、包山楚簡や上博楚簡六『天子建州』の「義」（／第六簡）を見るとその（下部の）形が『鄭子家喪』の該当字と類似しており、「我」字と読みなして問題ないとする。

が縦長であるのに対して、「夷」は横長に記されており、同一字ととるにはやや強引な印象を受ける。しかし、「義」字中の「我」と該当文字とは字形が似ているものの、注視すればやはり線の交わり方が異なっており、その上「我」字単独で考えた場合、全く異なる字形であるため、ここでは乙本の「我」字を参考にしつつ、字形の近い「余」字として解釈する。

〈23〉F・A・Pは「思」を「使」（使役）の意とする。楚簡において、「思」は音通関係により「使」の意で多用される。語注〈29〉を参照。

〈24〉について、整理者は「戎」字に作り、「待考」としており、Bは字形から「滅」（／郭店楚簡『唐虞之道』第二

十八簡）字に作っている。S・Zもまた「滅」字に作る。

乙本は残欠しているため、ここでは甲本の字形から、B・S・Zに従い、「滅」字と解する。

〈25〉について、整理者は「鼎」（／上博楚簡一『性情論』第十五簡）字に作り、解釈を保留している。Bは字形から「覆（復）」（／上博楚簡三『周易』第三十二簡）字に作る。Sは、甲本第二簡の「𢤱炎」（寵光）の「炎」（）字と該当字が似ており、「炎」か「光」かについては第二簡に関してもまだ検討を要するが、もし同一の文字「炎」字だとすると、「炎」は「厳」と音通関係にあり、またここは文意からも「威厳」の「厳」とすべきではないかと述べる。Zは、光には「／郭店楚簡『老子』（甲本）第二十七簡」・「／包山楚簡第二〇七号簡」のように横線があるものとないものの二種類の筆写法があり、字形の上で「炎」字と非常に近い形をしているとするが、『鄭子家喪』甲本の第五簡にある「敄」（）字を見る限り、この筆写者の「炎」字は横線が多い字体を使用しており、該所とは明らかに異なる文字が使用されている、と指摘する。その上、古書（「孝恵時、有雨血、日食於沖（筆者注：「沖」を「衝」に作るものもある）、滅光星見之異。」『漢書』楚元王伝・劉向）にも「滅光」の用例がみられ、ここを「光」ととると「滅光」と第二簡の「寵光」とがうまく対応するため、ここでは「光」に作るべきであるとしている。

整理者が「鼎」と言い、Bが「覆」とするのは字形から考えて困難であり（「覆」は第四簡にも見え、ここことは明らかに異なる字形であることが確認できる）、SやZのように「光」または「炎」に釈読すべきであろう。

光・炎の両字は字形が大変よく似ており、通用していた可能性があるが、語注〈14〉にも述べた通り、楚簡において、「光」字は横線の入るもの（／包山楚簡・第二七二簡）と入らないもの（／上博楚簡三『周易』第二簡）の二通りが見られるのに対し、「炎」字については全て横線の入る形（／長沙子弾庫楚帛書甲篇）で記されていることが分かる（語注〈61〉を参照）。Zの指摘する「敄」字中の「炎」字にも考慮して、ここでは「光」字に解する。

〈26〉についてXは、乙本の第五簡中にある命字には下に一本線が入っており（・）、乙本第三簡には入っていない（）。これは乙本を作成するのに使った底本の影響だろうと述べる。また、甲本に関しては、第五簡に「命」字が二つ見えるが、一つは線が入っておらず（）、こちらは筆写者の書き癖によるためとしている。しかし、もう一方に関しては乙本同様の線が見られ（）、これについては、自覚せずに乙本の影響を受けた結果であろうと述べる。

〈27〉（鞻）について、整理者・F・jは「執」字に作り、「執命」（命令を執行させる）の意とする。A・P・Qは「質」字に作り、「人質」の意とする。また、A・P・Qはいずれも『左伝』の記事「潘尫入盟、子良出質」（宣公十二年）に、子良が楚に人質となったと記されていることから、「執」字ではなく「質」字に作っている。さらにPは、古書中に見られる「贄」

「摯」の字には、「質」字と通用する例があるとする。
　ここでは字形から「執」字と隷定できるが、「執」と「質」とが音通すること、また『左伝』の子良の記事を参考に「質」字と釈読する。

〈28〉について、A・Pは「命」を鄭人の楚人に対する請求と取り、下文の「王許之」と呼応していると述べる。また、楚簡中において「使」という意の「思」と「命」とは代替でき、「命思」と連続する例も多いとする。Qは、古書において「命」は「盟」と通用するため、該当箇所の「命」は「盟」（結盟）の意であるとする。また、『左伝』の「退三十里、而許之平。潘尫入盟、子良出質」（宣公十二年）における「入盟」「出質」は、『鄭子家喪』中の「王許之」「盟」「爲質」と対応していると述べる。の字形に関しては語注〈26〉を参照。
　この「命」は、語注〈26〉の「命」と対応するものと考えられる。Qのようにこの箇所のみを「盟」と捉えることには疑問が残る。「命」は両字ともに、使命の意と捉える。

〈29〉について、Xは、乙本において「思」字は「」（囱・第二簡）の一種しか見られないが、甲本には二種の書き方（「」（囱・第二簡）、「」（恖・第五簡））が見られるとする。甲本（第五簡）の「思」の文字は筆写者が自己の理解により、直接「心」を付した形で記したのだろうとしている。
　なお、楚簡において、「思」は音通関係により「使」の意で多用される。

〈30〉について、整理者は「利」（／上博楚簡二『容成氏』第四十九簡）字に作るものの、解釈は保留している。A・P・Fは「梨」字に作る。[62] Pは「梨」について、『管子』に「是故博帯梨、大袂列、文綉染、刻鏤削、雕琢采」（五輔）とあり、その尹知章注に「梨、割也。」とあることを引き、無理に引き裂く意があると指摘する。Qは音通関係から「利」字または「離」字に作る可能性を指摘する。語注〈31〉を参照。

〈31〉（眷）について、整理者は「待考」としており、A・E・P・Q・Fは「寸」字に作る。Fは、『墨子』の「桐棺三寸」、「葛以緘之」（節葬）や『左伝』の「桐棺三寸、不設属辟、素車樸馬、無入于兆、下卿之罰也」（哀公二年）を引いて説明する。A・Pは「眷」字が「弁」に従い、「旨」に従うということで、字形の類似から「尊」（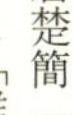／郭店楚簡『唐虞之道』第七簡）字と何らかの関連があるだろうと述べる。QはFの「梨木三寸」説を出しながら、古書中に「利」と「離」がよく通用することから、A・Pの「梨＝割」説も注目に値するとしている。またQは、該当箇所について『左伝』の「鄭子家卒。鄭人討幽公之乱、斬子家之棺、而逐其族。」（宣公十年）の記事と関連があると指摘する。Eは、甲本の「眷」については「弁」に従い、「與」に従い、「口」に従っているが、それに対して乙本（）はA・Pの説に同じく、「弁」に従い、「旨」に従

う。もし、厳密に隷定するのなら、甲本の字は「巻」とすべきであろうとし、A・Pの「寸」とする説を肯定している。

〈32〉について、整理者は「供」（／古璽彙編五四八三）字に作る。Oは「拳」字に作る。P・Fは「紘」字に作る。字の下部は、字形から「人偏（（伊）／上博楚簡二『子羔』第十一簡）」や「手偏（（拜）／上博楚簡三『彭祖』第八簡）」ではなく、「糸偏（（纆）／上博楚簡五『鮑叔牙与隰朋之諫』第三簡）」であることが分かる。よって「綦」（＝⿰糸共）字と隷定でき、音通から「紘」字に解する。語注〈52〉を参照。

〈33〉について、整理者は「私（ム）」（／上博楚簡一『緇衣』第二十一簡）字に作り、直後の「門」字と合わせ、「私門」「家門」の意とする。Pは「待考」としており、Dは該当の文字が楚文字の「犯」（（範）／上博楚簡二『従政』（乙本）第三簡）字のつくりと類似するとして「犯」に作り、禁令を犯し、無理に城門を開こうとする意と解している。Kは「夕」（／上博楚簡五『姑成家父』第一簡）字に作り、門を踏んで出て行くことを禁ずる意とする。また、F・H・Qは「丁」（／包山楚簡第八十一簡）字に作る。意味については、Hは「丁」と「正」とが音通関係にあるため「丁門」は「正門」（表門）を表すとする。また、F・Qは「丁、当也。」（『爾雅』釈詁）を引き、「丁」にはもともと「当」の意が含まれており、「丁門」を「当門」の意としている。さらにUは、門は棺を安置する屋舎を指し、子家が死後、宗廟に入ることができなかったことを述べているとする。Xは該当文字について、甲本（）乙本（）で字形が異なるが、比較すると楚簡中に見える「丁」字は総じて甲本の字形により近く、乙本は全体的に誤写が多いため、これもまた一種の誤写、もしくは変形した写法で記された可能性があろうと指摘する。

ここでは、子家を丁重に扱わず、門から外へ出さなかったことを表しているので、字形から「丁」字に釈読し、F・Qのように「当」の意と解する。

〈34〉について、整理者は「陥」（／雲夢秦簡・雑抄三十五）字に作る。F・P・Uは「掩」字に作る。F・Pは「炎」と「奄」とが音通関係にあるとする。Uは『左伝』の「文夫人歛而葬之郤城之下」（僖公三十三年）を参考に、貴族の墓地は高い場所に作られるものであり、ここでは城墻の土台を越えない高さに葬ることを述べているとする。

整理者が「陥」字に作る根拠は不明である。ここではF・P・Uに従い「掩」字とし、子家を薄葬にした意と解する。

〈35〉については、語注〈4〉に同じ。

〈36〉について、整理者は「⿺辶己」字に作り、「起」の意とする。A・P・D・F・M・N・Rは「⿺辶乃（仍）」字に作る。Aは「⿺辶乃」の意を「因」「従」とする。Pは「仍」には多様な訓釈があり、後人には明確な理解は難しいとしながらも、「鋪敦淮濆、仍執醜虜。」毛伝「仍、就也。」孔穎達疏「『釋詁』云、「仍、因也。」因是就之義也。」（『詩経』大雅・常武）を引き、「往就」、

「趨赴」（参上する）の意ではないかとする。Dは何琳儀が「新蔡葛陵楚簡の「先之以一璧、迈而帰之」について、「迈」字は「往」、或いは「及」と訓ずべきで、『説文』における「迺」の異文である」とする説や、陳斯鵬が上博楚簡『柬大王泊旱』の「迈」字について「諸家は「起」と釈しているが、その字形を考慮すれば「迈」字である。その意味は保留としなければならないが、当然、「起」字の誤写の可能性もある」と指摘する説を引く。Fは「迈」字を「應（打撃・迎撃）」の意と解する。M・NもFと同様に、「迈」（日紐部）と「應」（影紐部）は音韻上近いものであり、「迈」は「應（打撃・迎撃）」の意ととるべきであるとする。Rは、Fが「迈」を「迎撃」の意とするのは大変正確であると言えるが、「應」「膺」ともに「撃」の意を表すのであり、「迎」という意とは合わない。「迈」は日母蒸部、「迎」は疑母陽部であり、声母から言えば、饒繞薨などの日母宵部の語は、その声旁が疑母宵部の「尭」に属している。また、韻母「蒸部」と「陽部」も互いに通用するため、「迈」自体を直接「迎」と読むのではないかと指摘する。

語注〈9〉で記した通り、楚簡において「辵（しんにょう）」と「人偏」とは通用するため、「迈」も「仍」も同一の文字を表していると言える。ここでは、は「迈」字として事態に対応する意、つまり晋軍に応じて迎撃する意と考える。

〈37〉については、語注〈36〉に同じ。なお、整理者はこの二つめの「以迈之」までを会話文と解釈しているが、文脈上、一つめの「以迈之」までが会話文であろうと考えられる。

〈38〉について、整理者は「戩」字に作り、「戦」に同じとする。李守奎・曲氷・孫偉龍『上海博物館蔵戦国楚竹書（一－五）文字編』（作家出版社、二〇〇七年十二月、五六九頁）では、「戩」字の左半分は、「單」の異体字であり、下部の「口」については、装飾符であるとされている。上博楚簡『曹沫之陣』でも、「戩」字が「戦」字として多用されているため、該当字についても「戦」字として解釈する。

〈39〉篇題となっている「鄭子家喪」は、冒頭の四字を取った仮称である。この内容は『左伝』宣公十年（前五九九）の「鄭子家卒」を指していると考えられる。

〈40〉『左伝』宣公四年に、鄭の子公と子家が君主霊公を弑殺した記事が見える。

〈41〉不穀とは、自らを謙遜していう言葉。穀には善の意があり（「三年学、不至於穀、不易得也。」（『論語』泰伯篇））、不穀とは不善を意味する。『左伝』僖公四年に「斉侯曰、『豈不穀是為。』」とあり、その杜預注に「孤・寡・不穀、諸侯謙称。」とある。

〈42〉A・Fは「往日」（昔日）の意とする。この用例としては、『左伝』に「日衛不睦、故取其地。」（文公七年）とあり、その杜預注に「日、往日。」とある。また『国語』に「日、君以驪姫為夫人、民之疾心固皆至矣」（晋語一）とあり、その韋昭注に「日、昔日也」という例がある。Aは、荘王と大夫とが、子家の乱から一定期間経過した後に語っていることからこの語があるとする。Pは、「日」は毎日の意とし、『易』に「剛健篤実輝光、日新其徳。」（大畜・象伝）とあり、その孔穎達疏に「故能輝耀光栄、日日増新其徳」とある例を挙げる。ここは、荘王が子家の君主弑殺を理由に鄭に攻め入ろうとしている場面であるので、日頃からその弑殺事件を気にかけていたという解釈の方が適切である。よって、日々・つねづねの意ととる。

〈43〉整理者は「邦」が鄭を指すとし、A・Pは楚を指すとする。ここでは文脈上、「邦」は明らかに鄭ではなく楚を指すと考えられる。

〈44〉Fは「甚」の意とする。

〈45〉整理者は「而逡」に作り、「而後」と釈読する。文の区切り方は異なるが、P・F・Yも整理者同様「而後」とする。F・jは文を「以急。於今而後楚邦……」と区切り、P・Yは「以及於今而後。」で区切るべきとしている。またPは、下文に「雖邦之怲、将必爲師」とあるので、その意は今もなお「怲」の状態が続いていると解釈すべきであり、おおよそ、楚国に難があり今に至り、子家の君主弑殺事件を処理することが、そのために後々まで滞っているという意であるとする。Yは、「以及於今而後」とは「以及於今」と同義であり、古くは虚詞が重複することが多くあったためこのように記されたとして、『荘子』『左伝』などの例を挙げる。また、YはPのように難が今に及んでいるのではなく、Qのように大夫に相談することなく今に及んでしまったと解する。L・Qは、初めの文字を字形から「天」に、後の文字を音通関係から「厚」としている。Lによれば、「後」と「厚」とは古典籍中においてよく通用しており、『容成氏』第四十五簡「逡樂於酉」（上博楚簡二所収）の「逡」が「厚」に作られることをその例として挙げている。

「逡」と「厚」が音通するという説は、現時点では用例が確認できず、やや不確実であるが、実際 上博楚簡（『容成氏』第四十五簡）において「逡」と「厚」とが音通するという例は見られるため、今はこれに従う。「天厚」として、天が楚国を厚遇する意に解する。

〈46〉「寵光」について、整理者は「塩悷」に作り、「不調」「多悪」の意とする。F・Uは「恭厳」とする。またFは「恬淡」の可能性も指摘する。A・P・Zは「寵光」の意とし、A・Pは『左伝』の「必亡。宴語之不懐、寵光之不宣、令徳之不知、同福之不受、将何以在。」（昭公十二年）を引き、Zは「右監門衛大将軍墓誌名」「贈林経歴赴武昌都衛任序」などに「寵位」「寵栄」とあるのと同義であると説明している。また、Zは該当字と第四簡の文字「而滅光於下」の「光」が同じ文字を表していると述べる。Tは「寵炎」に作り、権勢の意とする。

上博楚簡における「光」字と「炎」字とは字形が異なる。ここでは音通関係・意味の上からも「寵光」と釈読し、名誉ある位にあることと解する。

〈47〉Pは「入地」を「下葬」の意であるとする。

〈48〉Qは上博楚簡六『平王問鄭寿』「禍敗因踵於楚邦、懼鬼神以爲怒、思先王亡所歸、吾何改而何。」（第一・二簡）と同類の語であると指摘する。

〈49〉整理者は「戕折」と釈読し、傷害の意とする。A・P・Dは「戕賊」とし、『孟子』告子上に「将戕賊杞柳而後以為杯棬也」とあり、その趙岐注に「戕、猶残也」とあるのを引いて、残賊、残殺、破壊の意とする。字形、意味の上からA・P・Dに従う。

〈50〉A・Pは『荀子』に「成名況乎諸侯、莫不願以為臣。」（非十二子）とあり、その王先謙集解が兪樾を引いて「成与盛通……成名猶盛名也。」と述べていることや、『孔子家語』に「孔子対曰、『君子者也、人之成名也』。」（大昏解）とあるのを引いて、盛名（よく知れ渡っている名声）、美名（名声・好評）の意とする。

〈51〉整理者は保留とする。Bは「滅亡」の意とし、Sは「滅厳」の意とする。ZはSが該当箇所と第二簡の「寵光」の「光」を同一の文字と考え、検討すべきとしているのに従う。「寵光」は「右監門衛大将軍墓誌名」「贈林経歴赴武昌都衛任序」などに「寵位」「寵栄」とあるのと同意であるとする。

〈52〉整理者は「疏索」を「稀少」の意とする。Fは「疏」は「粗」の意、「索」は棺を束ねる時のとじなわの意、「紘」は「束」の意とする。PもFと同様であるとしながら、『墨子』の「桐棺三寸」、「葛以緘之」（節葬篇）の用例を示す。Oは（語注〈32〉を参照）を「優」の意とする。

〈53〉整理者は「基」を『爾雅』の「始也。」（釈詁）を引いて説明する。F・Pは、城墻の基を意味するという。

〈54〉整理者は、晋人が鄭の地に進入するのに、黄河を渡る必要があるとして、「渉河」と解する。

〈55〉整理者は「進」を進言の意とする。

〈56〉該当字は、実際には「安」字の省略形「女」字で記されている。「女」字は文献中、「安」にも「焉」にも読まれ得る。上博楚簡中でも「安」と「焉」が通用する例が多く見られる（李守奎・他『上海博物館蔵戦国楚竹書（一－五）文字編』、二〇〇七年十二月）。そのため、整理者は「焉」字としているが、Fは該当字を「安」のままでとり、「乃」の意としている。『筍子』仲尼に「周公卒業、至於成王則安以無誅矣」とあり、この「安」を王念孫は「語詞」（『読書雑誌』十 筍子第二）と解している。今はこれに従い、「安」を語詞として解釈する。

〈57〉整理者は「両棠」を古い地名とする。また、ここでいう楚と晋との戦いは『呂氏春秋』に「荊興師戦於両棠、大勝晋」（至忠）や『新書』に「（楚荘王）乃与晋人戦於両棠、大克晋人」（先醒）とあるように、春秋の宣公十二年に起こった邲の戦いを指すとする。

〈58〉甲骨文においても「亡」字は（『殷墟文字乙編』）と記述され、と非常に近い字形であることが分かる。

〈59〉楚簡に見える文字は、一部が省略または追加されて表現されることが多く、はが一部省略された字体であると捉えることも可能である。しかし、その一方ではの草冠が省略された字体であった可能性も高い。いずれにせよ、両者が通用していたことが窺えるであろう。

〈60〉ただし、郭店楚簡の「猛」（）ととはつくりの形がわずかに似てはいるが、全体的な字形としては合致しない。

〈61〉楚簡において、ある文字の一部に含まれる「火」字については、横線があるものと（／上博楚簡五『鬼神之明』第八簡）ないもの（／上博楚簡三『周易』第五十三簡）の二通りの筆写法が確認できるが、単独で用いられる「炎」字については、横線の入る筆写法しか確認できない。

〈62〉楚簡中には、「巣」と「槕」が通用するというように、木偏の有無に関わらず同一の文字を表す例がある。ここでは字形・韻の上から「利」と「梨」が通用するものと考える。

注

（注1）甲本・乙本の各簡の詳細は、次の通り（なお、【　】は竹簡番号を示す）。

●甲本

【1】完簡。簡長は三三・二センチ。上端から第一契口までが九・五センチ、第一契口から第二契口までが一五・七センチ、第二契口から下端までが八・〇センチ。三六字（合文二字を含む）。

【2】完簡。簡長は三三・二センチ。上端から第一契口までが九・五センチ、第一契口から第二契口までが一五・六センチ、第二契口から下端までが八・一センチ。三三字。

【3】完簡。簡長は三三・一センチ。上端から第一契口までが九・五センチ、第一契口から第二契口までが一五・六センチ、第二契口から下端までが八・〇センチ。三六字。

【4】完簡。簡長は三三・二センチ。上端から第一契口までが九・五センチ、第一契口から第二契口までが一五・六センチ、第二契口から下端までが八・一センチ。三三字。

【5】完簡。簡長は三三・二センチ。上端から第一契口までが九・五センチ、第一契口から第二契口までが一五・五セン

チ、第二契口から下端までが八・二センチ。三三字。
【6】完簡。簡長は三三・一センチ。上端から第一契口までが九・五センチ、第一契口から第二契口までが一五・四センチ、第二契口から下端までが八・二センチ。三三字（合文一字を含む）。

【7】完簡。簡長は三三・二センチ。上端から第一契口までが九・五センチ、第一契口から第二契口までが一五・五センチ、第二契口から下端までが八・二センチ。三一字。

●乙本
【1】残簡。上端は残欠、下端は平斉（平頭）。簡長は四七・四センチ。上端から第一契口までが一三・〇センチ、第一契口から第二契口までが二二・五センチ、第二契口から下端までが一一・九センチ。三二字（合文二字を含む）。

【2】残簡。上端は平頭、下端は残欠。簡長は四六・七センチ。上端から第一契口までが一三・六センチ、第一契口から第二契口までが二一・八センチ、第二契口から下端までが一一・三センチ。三四字。

【3】残簡。上端下端ともに残欠。簡長は四四・〇センチ。上端から第一契口までが一二・九センチ、第一契口から第二契口までが二三・〇センチ、第二契口から下端までが八・一センチ。三二字。

【4】残簡。上端下端ともに残欠。簡長は三四・〇センチ。上端から第一契口までが一三・六センチ、第一契口から第二契口までが二〇・四センチ。二四字。

【5】完簡（但し、第四簡下部の残欠が大きく、第五簡との接続が不明であるため、甲本との比較から第五簡上端にもう一字分あった可能性がある）。簡長は四七・五センチ。上端から第一契口までが一三・五センチ、第一契口から第二契口までが二二・八センチ、第二契口から下端までが一一・二センチ。三〇字。

【6】残簡。上端は僅かに残欠、下端は残欠。簡長は四五・四センチ。上端から第一契口までが一三・六センチ、第一契口から第二契口までが二二・八センチ、第二契口から下端までが九センチ。三四字（合文一字を含む）。

【7】二つの断簡の綴合《ていごう》。簡長は四六・八センチ。上部が三三・三センチ、下部が一三・五センチ。上端から第一契口までが一三・六センチ、第一契口から第二契口までが二二・八センチ、第二契口から下端までが一〇・四センチ。二八字。

（注2）「満写簡」とは、両端ぎりぎりまで文字が記された竹簡を指す。「満写簡」や「墨鉤」などの出土文献に関する専門用語については、本書「（附録一）出土文献用語解説、及び出土文献における文字の通用例」参照。
（注3）これまでに日本で発表された『鄭子家喪』に関する論文には、草野友子（参考文献f・i）や、福田一也（l）、西山尚志

（m）がある。また、訳注には小寺敦（j）があるが、本節ではそれらを踏まえた上で、さらに語注において詳細な検討を加え、より正確に釈読することを目指した。

（注4）甲本と乙本とでは、字体・簡長・各簡ごとの文字数・使用文字などに差異があるものの、内容に関してはほぼ同一であると言える。甲本と乙本の文字に関する相違点については次の通り。（以下、馬承源主編『上海博物館蔵戦国楚竹書（七）』に附された対照表（一八五～一八八頁）を参考に作成した。）

第一簡…甲本一文字目の「鄭」字が、乙本では欠損しており見られない。甲本の「與」字が乙本では「与」字、甲本「丌」字が乙本では「亓」字と記されている。

第二簡…甲本では「含奠子…」と記述されているが、乙本においては「含」の文字がなく、「奠子…」と記されている。また、甲本の最後の文字「⿰礻鬼」が乙本では欠損しており見られない。他に、甲本「⿰忄卑」が乙本では「⿰忄龍」と記されている。

第三簡…甲本一文字目の「神」字と最後の三字「曰奠子」が、乙本では欠損しており見られない。甲本二七字目の文字（乙本二六字目）を原釈文は、甲本では「昏」字、乙本では「情」字と隷定している。

第四簡…甲本「丌」字が乙本では「亓」字と記される。また、原釈文が甲本において「系」と隷定し、「待考」としている文字が、乙本では「我」と隷定されている。さらに、乙本は下端の欠損が激しく、甲本にある「毋已城名立於上而戔」の九字が見られない。

第五簡…乙本第五簡は完簡とされるが、第四簡の欠損が激しいため、その接続は不明であり、上端にもう一、二字あった可能性がある（対照表は甲本第五簡を基準として図示しており、乙本第五簡が完簡とされているにも関わらず、乙本上部に「鼎於」の二字が欠損しているように見えるため、注意が必要である）。また、甲本「思」字が乙本では「囟」と記されている。

第六簡…甲本（第五簡最終文字）「巠」字が、乙本では「巠」と記されている。

第七簡…甲本の初めの三字「人牺救」が乙本では欠損しており見られない。

なお、李松儒氏（X）は、字形や筆写方法、乙本に脱字があることなどから、恐らく甲本は乙本を基として、これに訂正を加え作成されたものであろうと指摘している。小寺敦氏（j）も、乙本のオリジナル性の高さを指摘するが、それについては甲本の竹簡が乙本の竹簡より短いこと、甲本に書き損じとしか思われない文字が含まれていることを根拠としている。これに対して高祐仁氏（h）は、甲本と乙本とは簡長の長さが約十五センチ違うにも関わらず、『鄭子家喪』の書写に同じ七簡の竹簡が使用され、また各簡における文字の配分（配置）がほぼ等しい。このことから、甲本・乙本が別の版本（親本）を元に筆写されたことは明白であり、両本を比べた時に散見する誤字や脱字は、単に筆写する際にどちらかが見誤ったのであろうと述べる。

上博楚簡中には、様々な簡長・字体の文献が含まれており、単純にそれらの上位下位性、筆写の先後関係を言うことは難しい。また、上博楚簡中には『鄭子家喪』同様、同一内容の二本（甲本・乙本）が存在する文献が多く、今後は他の文献も含め、その意味について検討する必要があるであろう。

他に、上博楚簡の甲本・乙本については、羅運環氏（c〜e）や、福田哲之氏の「上海博物館蔵戦国楚竹書の特異性――『君人者何必安哉（甲本・乙本）』を中心に」（浅野裕一編『竹簡が語る中国古代思想（三）――上博楚簡研究』、汲古書院、二〇一〇年三月 所収）などがある。

（注5）『鄭子家喪』（甲本）第四簡の「而」字は、下が歪曲した形になっており、甲本中の「天」字と近似している。しかし、第一画目の歪曲の度合いや、第一画目から第二画目へ繋がる運筆には、甲本に見える他の「而」字と共通するものがある。ここでは文脈からも「而」字に解する方が良いであろう。なお、乙本（第四簡）に関しては該当字が欠損しており、どのように記されていたか不明である。

第二節　『鄭子家喪』と伝世文献との比較

前節では、『鄭子家喪』の釈読を行い、その全容を示したが、本節ではまず、第一項において『鄭子家喪』と『左伝』『史記』に見える同内容の記事とを比較することにより、『鄭子家喪』に記された一連の出来事を確認し、その上で『鄭子家喪』と伝世文献との相違点を明確にしたい。また、第二項では『鄭子家喪』にも見られる「君主を弑殺する」という行為が、中国古代においてどのように認識されていたかについて、他の伝世文献をもとに考察する。

第一項　『鄭子家喪』と伝世文献との内容比較

『鄭子家喪』には、『左伝』や『史記』と対応する記事が見える。鄭の子家が君主（霊公）を弑殺した点や死後に子家の棺が粗雑に扱われた点がそれに該当する。しかし、一方で、伝世文献にのみ見られる記述や『鄭子家喪』にのみ見られる記述もある。そこで、本項では『鄭子家喪』と伝世文献との内容を比較することにより『鄭子家喪』の特質を明らかにしたい。

前節（釈読部分）で述べた通り、『鄭子家喪』には、鄭の子家の死を契機として楚が鄭に侵攻し、鄭を救援に来た晋と両棠に争うという内容が記されていた。その内容と関連する周辺事情を簡潔にまとめると、次の表1のような流れとなっているることが分かる。

表1　関連年表（注1）

前六一六年（文公十年）	…子家は太子夷（霊公）の介添えとなって晋に赴き、陳が晋と交わるように計らった。
前六一四年（文公十二年）	…楚の荘王が即位する。
前六〇五年（宣公四年）　六月二十八日	…子公と子家が鄭の霊公を弑殺する。
前五九九年（宣公十年）	…子家没す。鄭人は霊公を弑殺した叛乱の罪を責め正して、子家の棺を壊し、その一族を追放した。

前五九八年　春 （宣公十一年）	…楚の荘王が鄭を討つ。鄭は楚に服従する。
前五九七年　春 （宣公十二年）	…楚の荘王が鄭を攻め、十七日間鄭を包囲する。 …鄭は楚との戦闘を決意するが、楚の荘王がこれを憐れみ退却する。 …鄭が城壁を修復したため、楚は再び進撃して三ヶ月で鄭を攻め落とした。鄭は楚に服従する。
六月	…晋の景公は、荀林父らに命じて三軍で鄭を救援させる。 …鄭が楚に降ったことを聞き、荀林父は引き揚げようとしたが、先縠が開戦を主張して黄河を渡ったため、全軍が黄河を渡って進撃する。 …楚は晋軍の進撃を聞いて引き揚げようとしたが、伍参が開戦を主張したため、荘王はこれに従い鄭の管に軍を止めて晋軍を待ち受けた。 …楚は少宰を遣わして晋に停戦を求め、晋の士会はこれを受諾する。 …先縠は趙括に命じて前言を撤回させ、戦闘の意を楚に伝える。 …楚は再び和睦を求め、晋もこれを承諾して盟いの日を決定する。 …楚の許伯は抜け駆けして晋軍を襲う。 …晋の魏錡は和睦の使者と偽って、楚に合戦を申し入れる。 …晋の魏錡と趙旃が和睦の使者と偽って、楚に夜襲をかける。
六月十四日	…楚の荘王は趙旃を追撃する。 …荀林父が魏錡と趙旃を迎えるため、軍を発動する。 …楚の孫叔敖は、晋軍が総攻撃を行ったものと思い、楚軍に進撃を命ずる。 …晋の中軍・下軍は崩れ、退却する。「舟中の指掬すべし」という状況。 …楚の荘王は唐狡と蔡鳩居に命じて唐恵侯の援軍を借りて、晋の上軍を攻める。 …晋の士会は上軍を率いて退却した。 …夕暮れ時、楚の荘王は邲に陣を構える。
六月十五日	…晋軍は陣立てすることができず、夜に黄河を渡って退却した。 …楚軍は進撃して衡雍に進み、黄河の神を祀って楚に帰還した。

この内、前六〇五年の子公と子家が鄭の霊公を弑殺した記事、前五九九年の子家が没した記事、前五九七年の楚と晋が争った（邲の戦い）記事に関しては、『鄭子家喪』にも言及されている。以下、それらの内容に関する記事を『左伝』や『史記』から引用して具体的に示し、『鄭子家喪』との内容比較を試みる。

（1）子公と子家の霊公弑殺事件について

まず、鄭の卿である子公と子家が霊公を弑殺した記事については、次の【資料1】『左伝』宣公四年と【資料2】『史記』鄭世家に確認できる。

【資料1】『左伝』宣公四年

（経）

夏、六月乙酉、鄭公子帰生弑其君夷。（夏、六月乙酉《いつゆう》（六月二十八日）、鄭の公子帰生 其の君夷《い》を弑す。）

（伝）

楚人献黿於鄭霊公。公子宋与子家将見。子公之食指動。以示子家曰、「他日、我如此、必嘗異味」。及入、宰夫将解黿。相視而笑。公問之。子家以告。及食大夫黿、召子公而弗与也。子公怒、染指於鼎、嘗之而出。公怒、欲殺子公。子公、与子家謀先。子家曰、「畜老猶憚殺之。而況君乎」。反譖子家。子家懼而従之。夏、弑霊公。（楚人、黿《げん》を鄭の霊公に献ず。公子宋と子家と将に見えんとす。子公の食指動く。以て子家に示して曰く、「他日、我 此くの如くんば、必ず異味を嘗めり」と。入るに及び、宰夫将に黿を解かんとす。相い視て笑う。公 之を問う。子家以て告ぐ。大夫に黿を食らわしむるに及び、子公を召して与えず。子公怒りて、指を鼎に染め、之を嘗めて出ず。公怒り、子公を殺さんと欲す。子公、子家と先んぜんと謀る。子家曰く、「畜の老いたるすら猶お之を殺すを憚る。而るに況んや君をや」と。反りて子家を譖《しん》せんとす。子家懼れて之に従う。夏、霊公を弑す。）

…（中略）…

初、楚司馬子良生子越椒。子文曰、「必殺之。是子也、熊虎之状、而豺狼之声。弗殺必滅若敖氏矣。諺曰、『狼子野心』。是乃狼也。其可畜乎」。子良不可。子文以為大慼。及将死、聚其族曰、「椒也知政、乃速行矣。無及於難」、且泣曰、「鬼猶求食、若敖氏之鬼、不其餒而」。及令尹子文卒、闘般為令尹、子越為司馬、蔿賈為工正。譖子揚而殺之、子越為令尹、已為司馬。子越又悪之、乃以若敖氏之族、圄伯嬴於轑陽而殺之。遂處烝野、将攻王。王以三王之子為質焉。弗受、師于漳澨。秋、七月戊戌、楚子与若敖氏戦于皐滸。伯棼射王。汏輈及鼓跗、著於丁寧。又射。汏輈以貫笠轂。師懼退。王使巡師曰、「吾先君文王、克息獲三矢焉。伯棼竊其二。尽於是矣」。鼓而進之、遂滅若敖氏。（初め、楚の司馬子良、子越椒を生む。子文曰く、「必ず之を殺せ。是の子や、熊虎《ゆうこ》の状にして、豺狼《さいろう》の声なり。殺さずんば必ず若敖氏を滅ぼさん。諺に曰く、『狼子は野心なり』と。是れ乃ち狼なり。其れ畜うべけんや」と。子良可とせず。子文以て大慼《たいせき》と為す。将に死せんとするに及び、其の族を聚めて曰く、「椒や政を知らば、乃ち速やかに行《さ》れ。難に及ぶこと無かれ」と。且つ泣きて曰く、「鬼 猶お食を求むれば、若敖氏の鬼、其れ餒《う》えざらんや」と。令尹子文 卒するに及び、闘般 令尹と為り、子越 司馬と為り、蔿賈《いか》 工正と為る。子揚（闘般）を譖して之を殺し、子越 令尹と為り、已（蔿賈）は司馬と為る。子越、又之を悪み、乃ち若敖氏の族を以《ひき》いて、伯嬴《はくえい》（蔿賈）を轑陽《りょうよう》に囲《とら》えて之を殺す。遂に烝野に処り、将に王を攻めんとす。王 三王の子を以て質と為す。受けずして、漳《しょう》の澨《ほとり》に師す。秋、七月戊戌（十一日）、楚子 若敖氏と皐滸《こうこ》に戦う。伯棼《はくふん》（子越）王を射る。輈《ちゅう》を汏《す》ぎて鼓跗《こふ》に及び、丁寧に著《つ》く。又射る。輈を汏ぎて以て笠轂《りゅうこく》を貫く。師 懼れて退く。王 師に巡《とな》えしめて曰く、「吾が先君文王、息に克ちて三矢を獲たり(注2)。伯棼 其の二を竊《ぬす》む。是に尽きたり」と。鼓《こ》して之を進め、遂に若敖氏を滅ぼす。）

【資料2】『史記』鄭世家

霊公元年春、楚献黿於霊公。子家・子公将朝霊公。子公之食指動。謂子家曰、「佗日指動、必食異物」。及入、見霊公進黿羹。子公笑曰、「果然」。霊公問其笑故。具告霊公。霊公召之、独弗予羹。子公怒、染其指嘗之而出。公怒、欲殺子公。子公与子家謀先。夏、弑霊公。鄭人欲立霊公弟去疾。去疾譲曰、「必以賢、則去疾不肖。必以順、公子堅長」。

堅者霊公庶弟、去疾之兄也。於是乃立子堅。是為襄公。（霊公元年春、楚 黿《げん》を霊公に献ず。子家・子公将に霊公に朝せんとす。子公の食指動く。子家に謂いて曰く、「佗日指動けば、必ず異物を食えり」と。入りて霊公に見ゆるに及び、黿の羹《あつもの》を進む。子公笑いて曰く、「果して然り」と。霊公其の笑ふ故を問う。具さに霊公に告ぐ。霊公 之を召し、独り羹を予《あた》えず。子公怒りて、其の指を染め、之を嘗めて出ず。公怒りて、子公を殺さんと欲す。子公 子家と先んぜんことを謀る。夏、霊公を弑す。）

『鄭子家喪』には、子家が君主を弑殺した経緯について詳細な記述は見られないが、第一簡に「鄭子家殺其君」（鄭の子家其の君を殺す）とあることより、霊公の殺害については言及があるとすることができる。

これに対して、【資料1】【資料2】の『左伝』や『史記』には、黿《げん》（おおきなスッポン）をめぐって子家と子公が霊公を弑殺した経緯が記されている。[注3]

また、『左伝』には、「子越又悪之、乃以若敖氏之族、圄伯嬴於轑陽而殺之。遂處烝野、将攻王。王以三王之子為質焉。弗受、師于漳澨。秋、七月戊戌、楚子与若敖氏戦于皐滸。」（子越、又之を悪み、乃ち若敖氏の族を以《ひき》いて、伯嬴《はくえい》を轑陽《りょうよう》に圄《とら》えて之を殺す。遂に烝野に処り、将に王を攻めんとす。王 三王の子を以て質と為す。受けずして、漳《しょう》の澨《ほとり》に師す。秋、七月戊戌（十一日）、楚子 若敖氏と皐滸《こうこ》に戦う）とあり、子家が霊公を弑殺した当時、楚では確かに若敖氏[注4]が反乱をおこしており、『鄭子家喪』に見える「不穀日欲以告大夫、以邦之病、以及於今。」（不穀 日々以て大夫に告げんと欲するも、邦の病を以て、以て今に及ぶ）の「邦の病」の一つに、この若敖氏の反乱を指があった可能性も考えられる。[注5]

さらに、『左伝』『史記』の記事を確認すると、霊公殺害を直接企図したのが子公（鄭の臣、公子宋）であったことが窺えるが、『春秋』の経文には「公子帰生」と子家の名のみが記されていることが分かる。些か不自然な感を拭えないが、これについては『左伝』に「書曰鄭公子帰生弑其君夷、権不足也」（書して鄭の公子帰生 其の君夷を弑すと曰うは、権足らざればなり）、その杜預集解に「子家権不足以禦乱、懼譖而従弑君。故書以首悪。」（子家権以て乱を禦ぐに足らず、譖を懼れて君を弑するに従う。故に書すに首悪を以てす）とあり、経文に鄭の子家がその君を殺したと記述されているのは、子家に子公の無道を抑える処置能力が足りなかったためと説明されている。『鄭子家喪』においても『春秋』の経文同様、子公の名は記されずに子家の名のみが記述されており、この霊公弑殺事件に関しては、『鄭子家喪』が『春秋』を襲ったにしろ襲っていないにしろ、恐らく子公がおこした反乱というよりも子家がおこした反乱、つまり子家の名に代表される謀叛として広く認識されていたのではないかと考えられる。

（2）子家の死について

次に、子家の死に関する記述について検討する。伝世文献には、次の【資料3】『左伝』宣公十年と【資料4】『史記』鄭世家の記事が見える。

【資料3】『左伝』宣公十年

（経）

楚子、伐鄭。（楚子、鄭を伐つ。）

（伝）

楚子伐鄭。晋士会救鄭、逐楚師于潁北。諸侯之師戍鄭。鄭子家卒、鄭人討幽公之乱、斬子家之棺、而逐其族。改葬幽公、謚之曰「霊。」（楚子、鄭を伐つ。晋の士会、鄭を救い、楚の師を潁北《えいほく》に逐う。諸侯の師 鄭を戍《まも》る。鄭の子家卒す。鄭人 幽公の乱を討ち、子家の棺を斬りて、其の族を逐う。幽公を改葬し、之に謚して「霊」と曰う。）

【資料4】『史記』鄭世家

襄公元年、楚怒鄭受宋賂縦華元、伐鄭。鄭背楚、与晋親。五年、楚復伐鄭、晋来救之。六年、子家卒。国人復逐其族。以其弑霊公也。七年、鄭与晋盟鄢陵。八年、楚荘王以鄭与晋盟、来伐、囲鄭三月、鄭以城降楚。（襄公元年、楚 鄭が宋

の賂を受けて華元を縦《ゆる》すを怒り、鄭を伐つ。鄭 楚に背きて、晋と親しむ。五年、楚復た鄭を伐ち、晋 来りて之を救う。六年、子家卒す。国人復た其の族を逐う。其の霊公を弑するを以てなり。七年、鄭 晋と鄢陵に盟う。八年、楚の荘王 鄭の晋と盟うを以て、来りて伐ち、鄭を囲むこと三月にして、鄭 城を以て楚に降る。）

『鄭子家喪』では、冒頭に「鄭子家喪」（鄭の子家 喪し）と子家が死亡した内容が記されており、また第二簡には「鄭子家殺其君、将保其寵光、以没入地。」（鄭の子家 其の君を殺すも、将に其の寵光を保ち、以て没して地に入らんとす。）と君主弑殺という大罪を犯しておきながら、死してなお子家が丁重に扱われている様子が描かれている。そして、そのことを不義として楚が鄭を攻めたため、鄭は「命思子家梨木三寸、疏索以紘、毋敢丁門而出、掩之城基。」（命じて子家をして梨木三寸、疏索以て紘し、敢えて門に丁たりて出すなく、之を城基に掩わしむ。）と子家の棺を粗雑に扱うことで荘王の許しを得たとされる。

それでは、伝世文献においては、子家の死についてどのように記されていたのかと言えば、先に【資料3】【資料4】に示した通り、『鄭子家喪』同様、鄭人が子家の棺を打ち壊し、子家の一族を追放したという記述が見られる。しかしその一方で、『鄭子家喪』では、子家の棺が荒く扱われた理由について、鄭人が荘王の侵攻に対する許しを得るためと明記しているのに対し、『左伝』や『史記』には荘王に関する記述は見られないという違いがあることが分かる。

また、『鄭子家喪』では、子家が霊公を殺害してから現在に至るまで、荘王が国の疲弊を理由に挙げて鄭を討伐できなかったとしているが、『左伝』や『史記』を見ると、この周辺の年に楚は何度も鄭の討伐を行っていたことが窺える。つまり『鄭子家喪』において、「不穀日欲以告大夫、以邦之悁、以及於今。」（不穀 日々以て大夫に告げんと欲するも、邦の悁を以て、以て今に及ぶ。）として国の疲弊を理由に鄭の討伐が果たせなかったとしているのは、『鄭子家喪』が若敖氏の反乱やその他史実を詳細に記述するということよりも、その物語性（説話性）をより重視して描かれた文献であったためと考えられる。(注6)

（3）楚の鄭包囲・楚と晋との争い（邲の戦い）について

最後に、楚が鄭を包囲し、楚と晋とが対戦した記事について考察する。『鄭子家喪』には、『左伝』や『史記』と同様に楚が鄭へ侵攻し、その後 鄭を救援しにきた晋と両棠に争う内容が見える。しかし、楚が鄭へ侵攻する理由・楚が鄭から撤兵する理由については、『鄭子家喪』と『左伝』『史記』との間で異なっている。以下、該当箇所について「i．楚が鄭を包囲した理由について」、「ii．楚が鄭から撤兵した理由について」として個別に確認することにしたい。

i．楚が鄭を包囲した理由について

まず、楚が鄭を包囲した理由についてであるが、これは次の【資料5】『左伝』宣公十一年、【資料6】『左伝』宣公十二年、【資料7】『史記』鄭世家に記述がある。

【資料5】『左伝』宣公十一年

厲之役、鄭伯逃帰。自是楚未得志焉。鄭既受盟于辰陵、又徼事于晋。（厲の役に、鄭伯 逃帰す。是れより楚は未だ志を得ず。鄭 既に盟を辰陵に受くるも、又た晋に事えんことを徼《もと》む。）

【資料6】『左伝』宣公十二年

（経）

十有二年、春、葬陳霊公。楚子囲鄭。（十有二年、春、陳の霊公を葬る。楚子鄭を囲む。）

夏、六月乙卯、晋荀林父帥師及楚子[注7]戦于邲。晋師敗績。（夏、六月乙卯《いっぽう》（十四日）、晋の荀林父、師を帥いて楚子[注7]と邲に戦う。晋の師敗績す。）

（伝）

十二年、春、楚子囲鄭旬有七日。鄭人卜行成。不吉。卜臨于大宮、且巷出車。吉。国人大臨、守陴者皆哭。楚子退師。

鄭人脩城。進復囲之、三月克之。（十二年、春、楚子 鄭を囲むこと旬有七日。鄭人成《たいらぎ》を行わんことを卜す。吉ならず。大宮に臨し、且つ巷に車を出さんことを卜す。吉なり。国人大いに臨し、陴を守る者 皆な哭す。楚子 師を退く。鄭人 城を脩む。（楚）進みて復た之を囲むこと、三月にして之に克つ。）

（中略）

夏、六月、晋師救鄭。（夏、六月、晋の師鄭を救う。）

【資料7】『史記』鄭世家

七年、鄭与晋盟鄢陵。八年、楚荘王以鄭与晋盟、来伐、囲鄭三月、鄭以城降楚。（七年、鄭 晋と鄢陵に盟う。八年、楚の荘王 鄭の晋と盟うを以て、来りて伐ち、鄭を囲むこと三月、鄭 城を以て楚に降る。）

【資料5】に見える「厲の役」は、宣公六年（前六〇三）に楚が鄭を攻めた争いのことを指している。この資料より、当時から楚が容易には鄭を意のままにできなかったことや、鄭が楚と盟約を結んだにも関わらず、その後晋の側につきたいという考えを抱いていたことが窺える。そして、続く【資料6】の記事にあるように、「楚子囲鄭」（楚子 鄭を囲む）と、前年の出来事を受けて、楚が晋につこうとしている鄭を攻撃していたことが分かる。

また、【資料7】でも、「七年、鄭与晋盟鄢陵。八年、楚荘王以鄭与晋盟、来伐」（七年、鄭 晋と鄢陵に盟う。八年、楚の荘王鄭の晋と盟うを以て、来りて伐つ）とあり、ここでも楚が鄭を討伐した理由が晋と同盟を結んだことにあるとしている。

つまり、『左伝』や『史記』では、楚が鄭を包囲した理由について「鄭が楚に背いて晋と盟約を結んだため」としていたことが窺われるのである。

ⅱ．楚が鄭から撤兵した理由について

次に、楚が鄭から撤兵した理由については、【資料8】『左伝』宣公十二年、【資料9】『史記』楚世家、【資料10】『史記』鄭世家に記述されている。

【資料8】『左伝』宣公十二年

鄭伯肉袒牽羊以逆。曰、孤実不天、不能事君。使君懐怒以及敝邑、孤之罪也。敢不唯命是聴。其俘諸江南、以実海浜、亦唯命。其翦以賜諸侯、使臣妾之、亦唯命。若恵顧前好、徼福於厲・宣・桓・武、不泯其社稷、使改事君夷於九県、君之恵也。孤之願也。非所敢望也。敢布腹心。君実図之。左右曰、不可許也。得国無赦。王曰、其君能下人。必能信用其民矣。庸可幾乎。退三十里、而許之平。潘尪入盟、子良出質。（鄭伯肉袒して羊を牽きて以て逆《むか》う。曰く、「孤 実に不天、君に事うること能わず。君をして怒りを懐きて以て敝邑に及ばしむるは、孤の罪なり。敢えて唯だ命 是れ聴かざらんや。其の諸を江南に俘にして、以て海浜に実《み》てんも、亦た唯だ命のままなり。其の翦《けず》りて以て諸侯に賜い、之に臣妾たらしめんも、亦た唯だ命のままなり。若し前好を恵顧して、福を厲・宣・桓・武に徼《もと》め、其の社稷を泯《ほろぼ》さず、改めて君に事うること九県に夷《ひと》しからしめんは、君の恵なり。孤の願なり。敢えて望む所に非ざるなり。敢えて腹心を布《し》く。君 実に之れを図れ」と。左右曰く、「許すべからず。国を得て赦すこと無かれ」と。王曰く、「其の君能く人に下る。必ず能く信もて其の民を用いん。庸《なん》ぞ幾《ねが》うべけんや」と。退くこと三十里にして、之に平ぎを許す。潘尪《はんおう》入りて盟《ちか》い、子良出でて質たり。）

【資料9】『史記』楚世家

十七年春、楚荘王囲鄭。三月克之、入自皇門。鄭伯肉袒牽羊、以逆曰、孤不天、不能事君、君用懐怒、以及敝邑、孤之罪也。敢不惟命是聴。賓之南海、若以臣妾賜諸侯、亦惟命是聴。若君不忘厲・宣・桓・武、不絶其社稷、使改事君、孤之願也。非所敢望也。敢布腹心。楚群臣曰、王勿許。荘王曰、其君能下人。必能信用其民。庸可絶乎。荘王自手旗、左右麾軍、引兵去、三十里而舎。遂許之平。潘尪入盟。子良出質。夏六月、晋救鄭与楚戦。大敗晋師河上。遂至衡雍

而帰。（十七年春、楚の荘王 鄭を囲む。三月にして之に克ち、皇門より入る。鄭伯 肉袒して羊を牽き、以て逆へて曰く、「孤 不天にして、君に事うること能わず、君用て怒りを懐き、以て敝邑に及びしは、孤の罪なり。敢えて惟だ命 是れ聴かざらんや。之れを南海に賓し、若しくは臣妾を以て諸侯に賜うも、亦た惟だ命 是れ聴かん。若し君、厲・宣・桓・武を忘れず、其の社稷を絶たず、改めて君に事えしむるは、孤の願いなり。敢えて望む所に非ざるなり。敢えて腹心を布く」と。楚の群臣曰く、「王許すこと勿かれ」と。荘王曰く、「其の君能く人に下る。必ず能く信もて其の民を用いん。庸《なん》ぞ絶つべけんや」と。荘王自ら旗を手にし、左右に軍を麾《さしまね》き、兵を引きて去ること、三十里にして舎す。遂に之れに平ぎを許す。潘尫入りて盟う。子良出でて質たり。夏六月、晋 鄭を救い、楚と戦う。大いに晋師を河上に敗る。遂に衡雍《こうよう》に至りて帰る。）

【資料10】『史記』鄭世家

楚王入自皇門。鄭襄公肉袒掔羊以迎、曰、「孤不能事辺邑、使君王懐怒以及弊邑、孤之罪也。敢不惟命是聴。君王遷之江南、及以賜諸侯、亦惟命是聴。若君王不忘厲・宣王、桓・武公、哀不忍絶其社稷、錫不毛之地、使復得改事君王、孤之願也。然非所敢望也。敢布腹心、惟命是聴。」荘王為卻三十里而後舎。楚群臣曰、「自郢至此、士大夫亦久労矣。今得国捨之、何如。」荘王曰、「所為伐、伐不服也。今已服、尚何求乎。」卒去。晋聞楚之伐鄭、発兵救鄭。其来持両端、故遅、比至河、楚兵已去。晋将率[注8]或欲渡、或欲還、卒渡河。荘王聞、還撃晋。鄭反助楚、大破晋軍於河上。十年、晋来伐鄭、以其反晋而親楚也。（楚王皇門より入る。鄭の襄公肉袒して羊を掔き以て迎え、曰く、「孤 辺邑に事うること能わず、君王をして怒りを懐き、以て弊邑に及ばしむるは、孤の罪なり。敢えて惟だ命を是れ聴かざらんや。君王 之を江南に遷し、及び以て諸侯に賜ふとも、亦た惟だ命を是れ聴かん。若し君王、厲・宣王・桓・武公を忘れず、哀れみて其の社稷を絶つに忍びず、不毛の地を錫《たま》い、復た改めて君王に事うること、孤の願いなり。然れども敢えて望む所に非ざるなり。敢えて腹心を布き、惟だ命 是れ聴かん」と。荘王 為に卻くこと三十里にして、而る後舎す。楚の群臣曰く、「郢より此に至り、士大夫も亦た久しく労す。今 国を得たるに之を捨つるは、何如」と。荘王曰、「伐つを為す所は、服さざるを伐つなり。今 已に服すに、尚お何をか求めんや」と。卒に去る。晋 楚の鄭を伐つを聞き、兵を発して鄭を救う。其の来たるや両端を持すが故に遅れ、河に至る比おい、楚の兵已に去る。晋の将率、(注8)或いは渡らんと欲し、或いは還らんと欲するも、卒に河を渡る。荘王聞き、還りて晋を撃つ。鄭 反りて楚を助け、大いに晋軍を河上に破る。十年、晋来りて鄭を伐つ。其の晋に反して楚に親しむを以てするなり。)

【資料8】には、後に襄公となる鄭伯が「鄭伯肉袒牽羊以逆。」(鄭伯肉袒して羊を牽きて以て逆《むか》う。)と自ら肌脱ぎになって恭しい態度で荘王を出迎えたため、荘王が「其君能下人。必能信用其民矣。庸可幾乎。」(其の君能く人に下る。必ず能く信もて其の民を用いん。庸《なん》ぞ幾《ねが》うべけんや。)と鄭を許したことが記される。また、【資料9】にも同様の記事が見え、やはり鄭伯の立派な態度により、楚軍が鄭から撤兵したことが述べられている。【資料10】では、【資料8】【資料9】と異なり、荘王が軍隊を三十里後退させた後に群臣が「自郢至此、士大夫亦久労矣。今得国捨之、何如。」(郢より此に至り、士大夫も亦た久しく労す。今 国を得たるに之を捨つるは、何如)と述べ、それに対して荘王が「所為伐、伐不服也。今已服、尚何求乎。」(伐つを為す所は、服さざるを伐つなり。今 已に服すに、尚お何をか求めんや)と答えているが、鄭伯の服従を誓う態度を受けて荘王が軍を撤兵した趣旨は、【資料8】【資料9】と同じであろう。

これに対して『鄭子家喪』では、包囲の理由について、第二簡から第三簡にかけて「天厚楚邦、思爲諸侯正。今、鄭子家殺其君、將保其寵光、以沒入地。如上帝鬼神以爲怒、吾將何以答。雖邦之恓、將必爲師。」(天 楚邦を厚くし、諸侯の正たらしむ。今、鄭の子家 其の君を殺すも、將に其の寵光を保ち、以て沒して地に入らんとす。如し上帝鬼神以て怒を爲さば、吾 將た何をか以て答えんや。邦の恓ありと雖も、將に必ず師を爲さんとす」と。)とあり、子家の件を諸侯の長である楚が征伐しなければ楚に恩恵を与えている天の意に反することになり、上帝や鬼神の怒りをかってしまうためとしている。

また、撤兵の理由については、第五簡から第六簡にかけて「鄭人命以子良爲質、命思子家梨木三寸、疏索以紘、毋敢丁門而出、掩之城基。王許之。」(鄭人命じて子良を以て質《ち》と爲し、命じて子家をして梨木三寸、疏索以て紘し、敢えて門に丁《あ》たりて出だすなく、之を城基に掩わしむ。王 之を許す。）とあるように、鄭が子家の棺を粗雑に扱い、子良を人質としたため、楚は鄭を許したと記されている。

以上のことをまとめると、次のような関係になろう。

・楚の包囲理由＝『左伝』『史記』……鄭が楚に背き、晋と盟約したため。
　　　　　　　　↔
　　　　　　『鄭子家喪』……諸侯の長として、子家の不義を正すため。
・楚の撤兵理由＝『左伝』『史記』……鄭伯（襄公）の立派な態度に、荘王が感銘を受けたため。
　　　　　　　　↔
　　　　　　『鄭子家喪』……鄭が子家の棺を粗雑に扱い、人質を出したため。

このように、『左伝』や『史記』に記された包囲・撤兵の理由と比較すると、『鄭子家喪』では一貫して子家の扱いをめぐり、楚が諸侯の長（特に覇者として楚の隆盛を築いた荘王）としての役割を守ったのだという立場で記述されていることが分かる。その上、これに上博楚簡が楚の地より出土したと考えられることを加味すれば、（注9）『鄭子家喪』が楚の鄭への侵攻を擁護（正当化）する文献であった可能性が想像される。

『鄭子家喪』と伝世文献（『左伝』『史記』）との記事を対照することにより、（1）で見た君主弑殺事件が史実であること、またそれが子家の犯した罪としてある程度流布していたことが明らかとなった。また、（2）や（3）で確認したように、鄭人により子家の棺が粗雑に扱われたことや、楚が鄭を包囲し、その鄭を救援しに来た晋と争ったという内容は伝世文献にも見られるものの、当時、複数にわたり楚が鄭へ侵攻していたという状況は『鄭子家喪』には記されておらず、逆に伝世文献に見られなかった子家の不義を是正するという鄭への侵攻理由が記されている点が『鄭子家喪』に特徴的であった。

些末な事情を取り去り、楚が鄭を討伐し、晋と両棠に争い勝利したことをメインとして、数年にわたる出来事を凝縮して描いている点が、他の伝世文献と異なり、物語性を帯びた『鄭子家喪』の特質と言うべきものではないかと考える。

第二項　君主の弑殺について

前項で述べた通り、伝世文献の内容と『鄭子家喪』に記された内容とでは、いくつかの相違があった。中でも、『鄭子家喪』に記された「楚が鄭へ侵攻した理由を、子家の不義を正すため」とする内容は、伝世文献とは大きく異なるものであり注目される。そこで本項では、まず『鄭子家喪』と同じく逆賊制裁を理由に楚が他国へ侵攻する内容が記された『左伝』や『史記』『国語』の記事を中心に取り上げて検討し、続いて古代中国において、君主を弑殺するということがどのように認識され、取り扱われていたかについて考察する。

（1）君主弑殺を理由に楚が他国を征伐する文献

君主弑殺の大罪を犯したとして、その人物を誅する名目で楚が他国を討ったという記事は、次の【資料11】『左伝』宣公十年、【資料12】『左伝』宣公十一年、【資料13】『史記』楚世家、【資料14】『左伝』昭公十一年に見える。

【資料11】『左伝』宣公十年

（経）

癸巳、陳夏徴舒弑其君平国。（癸巳、陳の夏徴舒、其の君 平国を弑す。）

（伝）

陳霊公与孔寧・儀行父飲酒於夏氏。公謂行父曰、「徴舒似女。」対曰、「亦似君。」徴舒病之。公出、自其厩射而殺之。二子奔楚。（陳の霊公、孔寧・儀行父と酒を夏氏に飲む。公 行父に謂いて曰く、「徴舒 女《なんじ》に似たり」と。対えて曰く、「亦た君に似たり」と。徴舒 之を病む。公 出ずるに、其の厩より射て之を殺す。二子 楚に奔る。）

【資料12】『左伝』宣公十一年

（経）

冬十月、楚人殺陳夏徴舒。（冬十月、楚人 陳の夏徴舒を殺す。）

（伝）

冬、楚子為陳夏氏乱故伐陳。謂陳人、「無動、将討於少西氏。[注10]」遂入陳、殺夏徴舒、轘諸栗門。[注11]因県陳。陳侯在晋。申叔時使於斉反、復命而退。王使譲之曰、「夏徴舒為不道殺其君。寡人以諸侯討而戮之、諸侯・県公皆慶寡人。女独不慶寡人、何故。」対曰、「猶可辞乎。」王曰、「可哉。」曰、「夏徴舒殺其君。其罪大矣。討而戮之、君之義也。抑人亦有言、曰、『牽牛以蹊人之田、而田主奪之牛。』牽牛以蹊者、信有罪矣。而奪之牛、罰已重矣。諸侯之従也、曰討有罪也。今県陳、貪其富也。以討召諸侯、而以貪帰之、無乃不可乎。」王曰、「善哉。吾未之聞也。反之可乎。」対曰、「吾儕小人所謂取諸其懐而与之也。」乃復封陳、郷取一人焉以帰、謂之夏州。（冬、楚子 陳の夏氏の乱の為の故に陳を伐つ。陳人に謂う、「動くこと無かれ、将に少西氏[注10]を討たんとす」と。遂に陳に入り、夏徴舒を殺して、諸を栗門に轘す。[注11]因りて陳を県とす。陳侯、晋に在り。申叔時 斉に使いして反り、復命して退く。王 之を譲《せ》めしめて曰く、「夏徴舒 不道を為して其の君を殺す。寡人 諸侯を以て討ちて之を戮し、諸侯・県公皆な寡人を慶す。女独り寡人を慶せざるは、何の故か」と。対えて曰く、「猶お辞すべきか」と。王曰く、「可なるかな」と。曰く、「夏徴舒 其の君を殺す。其の罪大なり。討ちて之を戮するは、君の義なり。抑もそも人亦た言有り、曰く、『牛を牽きて以て人の田を蹊《みち》し、而して田主 之が牛を奪う』と。牛を牽きて以て蹊する者は、信に罪有り。而して之が牛を奪うは、罰 已《はなは》だ重し。諸侯の従うや、有罪を討つと曰えり。今、陳を県にするは、其の富を貪るなり。討を以て諸侯を召して貪を以て之を帰すは、乃ち不可なること無からんや」と。王 曰く、「善きかな。吾 未だ之聞かざるなり。之を反さば可ならんか」と。対えて曰く、「吾が儕《ともがら》小人の所謂る諸を其の懐に取りて之を与うるなり」と。乃ち復た陳を封じ、郷ごとに一人を取りて以て帰り、之を夏州と謂う。）

【資料13】『史記』楚世家

（荘王）十六年、伐陳殺夏徴舒。徴舒弑其君、故誅之也。已破陳、即県之。群臣皆賀。申叔時使斉来、不賀。王問。対曰、「鄙語曰、『牽牛径人田。田主取其牛。』径者則不直矣。取之牛、不亦甚乎。且王以陳之乱而率諸侯伐之。以義伐之、而貪其県、亦何以復令於天下。荘王乃復陳国後。（（荘王）十六年、陳を伐ちて夏徴舒を殺す。徴舒 其の君を弑すが故に之を誅すなり。已に陳を破り、即ち之を県にす。群臣皆な賀す。申叔時 斉に使いして来たるも、賀せず。王問う。対えて曰く、「鄙語に曰く、『牛を牽きて人の田を径《わた》る。田主 其の牛を取る』と。径る者は則ち直ならず。之が牛を取るは、亦た甚だしからずや。且つ王 陳の乱を以てして諸侯を率いて之を伐つ。義を以て之を伐ち、而して其の県を貪らば、亦た何をか以て復た天下に令せん」と。荘王 乃ち陳国の後を復す。）

【資料12】【資料13】には、「楚が夏徴舒の誅殺を名目として、陳国を討伐した」内容が記されており、【資料11】には、この事件の前提とも考えられる、楚侵攻の一年前に起こった夏徴舒による霊公の弑殺事件が記されている。これらは、『鄭子家喪』における「子家の不義を正すことを目的とした楚の鄭討伐」と類似した内容であると言える。

しかし、【資料12】【資料13】の記事には、楚の大夫である申叔時が「王は陳の内乱を鎮めようと、諸侯の兵を率いてこれを伐ったが、大義を持ってこれを伐っても、その土地を貪って楚国の県にしてしまっては、今後どうして天下の諸侯に号令することができようか」と荘王を諫める場面があり、『鄭子家喪』とは異なっている。『鄭子家喪』には、鄭を侵略して楚の県とするという記述は見られないが、【資料12】【資料13】からは、不義を正すために逆賊を討つことは賞讃されるものの、それを理由としてその地を侵略してしまうことは、極めて横暴な行為であったと認識されていたことが窺える。

また、『左伝』と『史記』では、罪を犯したまま生存し続けている夏徴舒を誅するため、楚が陳を討ったとしているのに対して、『鄭子家喪』では、すでに亡くなっている子家に対して、「余將必思子家毋以成名立於上、而滅光於下。」（余 將に必ず子家をして成名を以て上に立たしむること毋く、下に滅光せしめん。）とその生前の大罪を貶めるために鄭を討伐するということが述べられている。この点に関しては、『鄭子家喪』が両書と僅かに異なるものと言えよう。

次に、『鄭子家喪』では「天厚楚邦」（天 楚邦を厚くし）と天の意志と鄭を討伐することとを関連させる記述が見られるが、これと類似した内容の文献を次に示す。

【資料14】『左伝』昭公十一年

（経）

夏、四月丁巳、楚子虔誘蔡侯般殺之于申。（夏、四月丁巳、楚子虔 蔡侯般を誘いて之を申に殺す。）

（伝）

楚子在申。召蔡霊侯。霊侯将往、蔡大夫曰、「王貪而無信、唯蔡於感。今幣重而言甘、誘我也。不如無往。」蔡侯不可。三月丙申、楚子伏甲而饗蔡侯於申、酔而執之。夏、四月丁巳、殺之。刑其士七十人。公子棄疾帥師囲蔡。韓宣子問於叔向曰、「楚其克乎。」対曰、「克哉。蔡侯獲罪於其君、而不能其民。天将仮手於楚以斃之。何故不克。然肸聞之『不信以幸、不可再也。』」楚王奉孫呉以討於陳、曰、『将定而国。』陳人聴命、而遂県之。今又誘蔡而殺其君、以囲其国。雖幸而克、必受其咎。弗能久矣。桀克有緡、以喪其国紂克東夷、而隕其身。楚小位下、而亟暴於二王。能無咎乎。天之仮助不善、非祚之也。厚其凶悪而降之罰也。且譬之如天其有五材而将用之、力尽而敝之。是以無拯、不可没振。」（楚子 申に在り。蔡の霊侯を召す。霊侯 将に往かんとするに、蔡の大夫曰く、「王、貪りて信無く、唯だ蔡を感《うら》む。今、幣重くして言甘く、我を誘うなり。往く無きにしかず」と。蔡侯 可《き》かず。三月丙申（十六日）、楚子 甲を伏せて蔡侯を申に饗し、酔わせて之を執う。夏、四月丁巳（七日）、之を殺す。其の士七十人を刑す。公子棄疾 師を帥いて蔡を囲む。韓宣子 叔向に問いて曰く、「楚は其れ克たんか」と。対えて曰く、「克たんかな。蔡侯 罪を其の君に獲て、其の民に能わず。[注12]天、将に手を楚に仮りて以て之を斃《たお》さんとす。何の故にか克たざらん。然れども肸《きつ》(注13)、之を聞くに『不信にして以て幸なるは、再びすべからざるなり』」と。楚王 孫呉を奉じて以て陳を討ちて、曰く、『将に而《なんじ》の国を定めんとす』と。陳人命を聴きて遂に之を県にす。今、又た蔡を誘いて其の君を殺し、以て其の国を囲む。幸にして克つと雖も、必ず其の咎を受けん。久しきこと能わず。桀は有緡に克ちて、以て其の国を喪ぼし、紂は東夷に克ちて、其の身を隕《お》とす。楚は小にして位は下れども、亟《しば》しば二王より暴なり。能く咎無からんや。天の不善を仮助するは、之を祚するに非ざるなり。其の凶悪を厚くして之に罰を降すなり。且つ之を譬うれば、天 其れ五材有りて将に之を用いんとし、力尽くれば之を敝《す》てるがごとし。是を以て拯《すく》うこと無く、没して振るうべからず」と。）

ここでは、『左伝』襄公三十年に「夏、四月、蔡世子般弑其君固。」（夏、四月、蔡の世子般 其の君固を弑す。）とあることを受け、その十二年後の昭公十一年に楚が蔡侯般をだまし討ちにし、蔡を討伐したことが記述されている。(注14) そして、「天が楚の手を借りて、蔡侯の君主弑殺や民に対する暴虐を罰した」のであって、楚が敗れることはないと説かれている。しかし、注目すべきは続いて述べられた「雖幸而克、必受其咎。弗能久矣。」（幸にして克つと雖も、必ず其の咎を受けん。久しきこと能わず。）や「天之仮助不善、非祚之也。厚其凶悪而降之罰也。」（天の不善を仮助するは、之を祚するに非ざるなり。其の凶悪を厚くして之に罰を降すなり。）という言葉である。ここでは、他国を討ってその国を侵略するという行為は、やはり暴虐なものとして忌避されるのであり、楚の行為に一見手を貸しているかのように見える天も、実はその悪事を積み重ねさせて罰を降そうとしているのだと記されている。これは『鄭子家喪』には見られない、天恵が負の側面を帯びている事例として、注意すべきであろう。

（2）その他の君主弑殺に関する記述

次に、楚以外の国における君主弑殺について検討してみたい。【資料15】【資料16】はそれぞれ、陳の簡公を殺害した陳恒と晋の霊公の殺害に関する趙盾の話である。

【資料15】『論語』憲問篇

陳成子弑簡公。孔子沐浴而朝、告於哀公曰、陳恒弑其君。請討之。公曰、告夫三子。(注15)孔子曰、以吾従大夫之後、不敢不告也。君曰告夫三子者。之三子告、不可。孔子曰、以吾従大夫之後、不敢不告也。（陳成子 簡公を弑す。孔子沐浴して朝し、哀公に告げて曰く、「陳恒 其の君を弑す。之を討たんことを請う」と。公曰く「夫の三子(注15)に告げよ」と。孔子曰く「吾大夫の後に従うを以て、敢えて告げずんばあらざるなり。君 夫の三子者に告げよと曰う」と。三子に之きて告ぐれども、可かず。孔子曰く「吾大夫の後に従うを以て、敢えて告げずんばあらず」と。）

【資料16】『左伝』宣公二年

（経）

秋、九月乙丑、晋趙盾弑其君夷皐。（秋、九月乙丑（二十七日）、晋の趙盾《ちょうとん》其の君 夷皐《いこう》を弑す。）

（伝）

乙丑、趙穿攻霊公於桃園。（杜預注：攻、如字。本或作弑。）宣子未出山而復。大史書曰、「趙盾弑其君。」以示於朝。宣子曰、「不然。」対曰、「子為正卿。亡不越竟、反不討賊。非子而誰。」宣子曰、「烏呼、我之懐矣、自詒伊慼。其我之謂矣。」孔子曰、「董狐、古之良史也。書法不隠。趙宣子、古之良大夫也。為法受悪。惜也、越竟乃免。」（乙丑、趙穿 霊公を桃園に攻む（杜預注：攻、如字。本或作弑。）。宣子（筆者中村補：趙盾）未だ山を出でずして復る。大史 書して曰く、「趙盾 其の君を弑す」と。以て朝に示す。宣子曰く、「然らず」と。対えて曰く、「子は正卿たり。亡げて竟を越えず、反りて賊を討たず。子に非ずして誰ぞ」と。宣子曰く、「烏呼、我の懐い、自ら伊《こ》の慼《うれ》いを詒《のこ》す。其れ我の謂いなり」と。孔子曰く、「董狐は、古の良史なり。法を書して隠さず。趙宣子は、古の良大夫なり。法の為に悪を受く。惜しきかな、竟を越ゆれば乃ち免れん」と。）

この二つの記事には、どちらも孔子が登場する。先にあげた【資料15】では、孔子が（他国において）君主弑殺の大罪を犯したものを討伐すべきと自国の君主に申し出ており、このように忠告することが臣下の末席にある自らのつとめであるとしている。

また、【資料16】では、実際には君主を手にかけていない趙盾が、「臣下でありながら逃亡して国境を完全に越えることなく、君主が殺害されたからといって国に戻った上、その大罪を犯した者を征伐しようともしないのは、あなたが君主を殺したも同然だ」という董狐の言葉を受け入れる内容となっている。

以上のことや、『春秋穀梁伝』隠公四年に「称人以殺、殺有罪也。」（人と称して以て殺すは、有罪を殺せばなり）とあり、その范甯集解に「有弑君之罪者、則挙国之人皆欲殺之。」（君を弑するの罪有る者は、則ち国の人を挙げて皆な之を殺さんと欲す）とあることからも分かる通り、君主を殺害したものについては、自国に限らず他国からも、また諸侯に限らずその臣下に至るまでも、国を挙げてその加害者を討伐すべきだとされていたことが分かる。

それでは、最後に『鄭子家喪』と非常によく似た『国語』の記事を【資料17】としてあげる。

【資料17】『国語』晋語

宋人弑昭公。趙宣子請師于霊公以伐宋。公曰「非晋国之急也。」対曰「大者天地、其次君臣、所以為明訓也。今宋人弑其君。是反天地而逆民則也。天必誅焉。晋為盟主、而不修天罰、将懼及焉。」公許之。（宋人　昭公を弑す。趙宣子　師を霊公に請いて以て宋を伐たんとす。公曰く「晋国の急に非ざるなり」と。対えて曰く「大なる者は天地にして、其の次は君臣なるは、明訓と為す所以なり。今　宋人其の君を弑す。是れ天地に反きて民則に逆うなり。天　必ずや焉を誅さん。晋　盟主と為りて、天罰を修めずんば、将ち及ばんことを懼る」と。公　之を許す。）

【資料17】は、君主弑殺を理由に他国を討つ点、もし天罰が下るべき宋に対して晋が諸侯の盟主でありながら天罰を行わなければ、天罰は晋へ下るとする点など、話の展開が『鄭子家喪』と酷似する。（注16）『鄭子家喪』の出土したと考えられる楚の地のみならず、晋の地についても「臣下による君主の弑殺が罰すべき大罪であり、それを見逃せば盟主である自らの国に天罰が下る」という内容の記述が残されていたという状況は、一般的にこのような認識が流布していたことを表していると考えられるだろう。

以上のように、これまで提示してきた資料から、当時、楚によって多くの弑殺事件を名目とした討伐が行われていたことが確認できた。また、君主のみならず臣下に至るまで、広く国をあげてそのような大逆事件に対して制裁を加えなければならず、万一それを見逃してしまった場合には君主弑殺と同等の罪とされ、重い天罰が降されるという認識があったことが判明した。

その上、征伐を行う際に許されるのは、その逆賊を誅殺する行為であって、それがもし他国を併呑するという行動に及べば、暴虐を働く者として非難の対象となることが分かった。楚の視点で描かれてはいるが『鄭子家喪』においても、このような君主弑殺に対する当時の一般認識が含まれていたことが窺えるであろう。

注

（注1）　関連年表は、『左伝』の記事を参考にして作成した。

（注2）　楚の文王（在位前六八九～前六七五）が息国を討った記事は『左伝』荘公十四年に見られる。

（注3）　この記事は「食指が動く」の故事としてもよく知られている。霊公の弑殺に関しては、子家が晋との関係を重視するのに対し（表1の前六一六の記事を参照）、霊王は楚との関係を重視していた（黿を楚から受けるなど）ことも関連していたように思われる。

（注4）　若敖氏とは、楚の君である熊義の末裔を指す。

（注5）　若敖氏の叛乱の記事は『史記』にも見える。該当箇所は次の通り。

(荘王) 九年、相若敖氏。人或譏之王。恐誅、反攻王。王撃滅若敖氏之族。(九年、若敖氏を相とす。人或は之を王に譏言す。誅を恐れて、反りて王を攻む。王撃ちて若敖氏の族を滅ぼす。) (『史記』楚世家)

(注6) このことについては、後に第三節の「第一項 荘王故事としての特質について」で再度触れる。『鄭子家喪』について、参考文献Kは、「様々な話が混ざり込んだ文献であり、史実を記録することに重点があったのではなく、説教をすることに重点があったのではないか」と指摘している。なお、nも同様の見解を述べている。

(注7) ここでの「及」の用法は、助字「与」と同様であろうと考える。この用例は『尚書』湯誓に「予及汝偕亡」と見え、その偽孔伝に「我与汝倶亡」とある。

(注8) 軍のかしら。将卒に同じ。『荀子』に「守時力民、進事長功、和斉百姓、使民不偸、是将率之事也。」と見え、その注に「将率、猶主領也、若今宰守。」とある。

(注9) 上博楚簡の速報や整理状況については、一九九九年一月五日付の中国の日刊紙、上海「文匯報」や、『上海博物館蔵戦国楚竹書（一）』の「前言：戦国楚竹書的発現保護和整理」を参照。

(注10) 杜預注に「少西、徴舒之祖、子夏之名。」とある。

(注11) 杜預注に「轘、車裂也。栗門、陳城門。」とある。

(注12) 「不能」については、杜預注に「不能施徳」とある。

(注13) 肸は叔向の名。

(注14) 『鄭子家喪』において、子家が霊公を弑殺してから八年、子家の死から二年という歳月をおいて、楚が鄭への討伐を行っていることと、【資料14】で蔡の君主を世子般が殺害した後、十二年という長い年月を経て楚が蔡を討伐していることとは、両者とも長期間をおいての討伐が許容されるという点で共通している。しかし、その間、楚が蔡へ侵攻したという記述は全く見られない一方、楚が鄭への侵攻を行ったという記述は枚挙に遑がない。ここからも、『鄭子家喪』が繁雑な枝葉を取り去った内容となっていることが窺える。

(注15) 三子は、魯の政権を握っていた三桓、孟孫氏・叔孫氏・季孫氏を表す。

(注16) この資料については、本章第三節第二項「上帝・鬼神について」で再度取り上げて検討する。

第三節　『鄭子家喪』の文献的性質

これまでに提出された先行研究（論文や札記類）の中には、『鄭子家喪』と伝世文献との関連について、多少言及しているものもあるものの、文字の認定に関わる指摘がその主たるものであった。しかし、上博楚簡には『鄭子家喪』の他にも多くの文献が含まれており、特に荘王・霊王・平王・昭王・恵王・簡王などの楚王が登場する文献が多数見られることは注目すべきである。よって本節では、従来ほとんど検討されてこなかった上博楚簡中の他の楚王故事と『鄭子家喪』とを比較することにより、『鄭子家喪』の位置付けと特質を明らかにしたい。また、その際、『鄭子家喪』を含む楚王故事において頻出する「上帝」「鬼神」にも注目し、両者が併用される理由やその思想的意味についても検討を加えてみたい。

第一項　楚王故事としての特質について

まず、本項では『鄭子家喪』が他の楚王故事の中で、どのような位置付けにあるかについて考えてみたい。

先述したように、上博楚簡には楚王に関する説話が多数含まれており、現在、六王について十の文献が確認できる。(注1) その内、ここでは特に春秋の五覇に数えられ、『鄭子家喪』にも登場する楚の荘王に注目して考察を進めることにする。

荘王は、『鄭子家喪』の他に、上博楚簡の『荘王既成』と『平王与王子木』にその名が見える。荘王の見える三篇の故事は、筆写されている字体が共通しているという指摘がある点、(注2) 三篇の竹簡の長さがほぼ同一（全て約三十三センチ）であるという点から、(注3) 強い関連性を持つものであると考えられる。

以上のことから、『鄭子家喪』が楚や荘王をどのように捉えた文献であったかを検討する上で、荘王の登場する『荘王既成』や『平王与王子木』の内容を検討することは、意味のあることと考える。

それではまず、【資料1】『莊王既成』の内容を確認してみたい。

【資料1】上博楚簡『莊王既成』(注4)

莊王既成無射(注5)、以問沈尹子桱(注6)曰「吾既果成無射、以供春秋嘗(注7)、以待四鄰之賓。吾後之人、幾何保之」。沈尹固辭、王固問之、沈尹子桱答曰「四與五之間乎」。王曰「如四與五之間、載之傳車(注8)以上乎。抑四舸(注9)以逾乎」。沈尹子桱曰「四舸以逾」。（莊王 既に無射を成し、以て沈尹子桱に問うて曰く「吾 既に果《よ》く無射を成し、以て春秋の嘗《しょう》に供し、以て四鄰の賓を待す。吾が後の人、幾何か之を保たん」と。沈尹固く辭するも、王固く之を問えば、沈尹子桱答えて曰く「四と五との間ならんか」と。王曰く「如し四と五との間ならば、之を傳車に載せて以て上《のぼ》さんか。抑も四舸以て逾《くだ》さんか」と。沈尹子桱曰く「四舸以て逾さん」と。）

【資料1】は、莊王が無射の大鐘を鋳造し、今後、この鐘をどれほど後まで保つことができるのかと子桱に尋ねたところ、子桱が「四・五代目の間くらいに長江流域の国に持ち去られるでしょう」と昭王期の国都陥落を予言する内容となっている。ここでは昭王期における国難が、音楽理論や財政面を無視して無射の鋳造を行った莊王期より兆し始めていたことが暗示されており、莊王の行いがあまり良いものとは捉えられていない。

次に、【資料2】『平王与王子木』を取り上げる。この篇には、平王の子である王子木と成公との問答が記されており、その会話の中に莊王が登場する。

【資料2】上博楚簡『平王与王子木』(注10)

成公起曰「臣將有告。吾先君莊王至河淮之行、煮食於⿰豸生寘(注11)、醢菜(注12)不爨。王曰『酪不盍。』先君知酪不盍、醢不爨。王子不知麻。王子不得君楚、邦國不得。」（成公起ちて曰く「臣 將に告ぐること有り。吾が先君の莊王 河淮の行に至り、⿰豸生寘に煮食するに、醢菜 爨《た》かず。王曰く『酪に盍せず』と。先君 酪に盍せず、醢に爨かざるを知る。王子 麻を知らず。王子 楚に君たるを得ず、邦國得られざらん」と。）

このように【資料２】では、王子木が無知な存在として描かれているのに対して、荘王は「醢菜不爨」（醢菜 爨《た》かず）や「酪不盍」（酪に盍せず）というような俗世のことまで知っている明察な優れた人物として描かれている。

『鄭子家喪』における荘王の描写を確認すると、第一簡・第二簡に「天厚楚邦、思爲諸侯正。今、鄭子家殺其君、將保其寵光、以沒入地。如上帝鬼神以爲怒、吾將何以答。雖邦之愐、將必爲師」（天 楚邦を厚くし、諸侯の正たらしむ。今、鄭の子家其の君を殺すも、將に其の寵光を保ち、以て沒して地に入らんとす。如し上帝鬼神以て怒を爲さば、吾 將た何をか以て答えんや。邦の愐ありと雖も、將に必ず師を爲さんとす）とあるように、君主弑殺という罪を犯したもの（鄭の子家）をめぐって、鄭の征伐を行う存在、また第五簡・第六簡に「大夫皆進曰、『君王之起此師、以子家之故。今晉人將救子家、君王必進師以迈之。』王安還軍、以迈之。與之戰於两棠、大敗晉師焉」（大夫 皆な進みて曰く、「君王の此の師を起こすは、子家の故を以てす。今 晉人將に子家を救わんとするに、君王必ず師を進めて以て之に迈るべし」と。王安《ここ》に軍を還し、以て之に迈る。之と两棠に戰い、大いに晉師を敗る）とあるように、大夫とよく相談し、その諫言に従って、晋との戦いに勝利する存在として記述されている。これは、伝世文献との比較の際にも述べたとおり、荘王を良王として捉えていると考えられる。

以上のことより、上博楚簡の荘王に関する故事には、善悪両方のイメージのものが存在することが分かった。

－イメージのもの……『荘王既成』
＋イメージのもの……『平王与王子木』・『鄭子家喪』

前節において『鄭子家喪』と伝世文献とを比較した際、『鄭子家喪』が「大罪の子家をきちんと貶めない鄭に対する制裁として、楚が鄭を包囲している」とする点は、他の伝世文献には見られず『鄭子家喪』に特徴的なものであったと指摘した。また楚の視点に立った描写や構成がなされていることから一見、『鄭子家喪』が楚の正当性を主張する目的でのみ執筆された文献であるかのようにも思われた。

しかし、『鄭子家喪』と上博楚簡中の荘王故事に見える荘王像とを比較した場合、荘王には善悪両方のイメージの故事があることが明らかとなった。つまり、善悪両方のイメージがあるということは、覇者として全盛を誇った荘王の成功談・失敗談を記すことによって、王たる者がどのように動くべきかということを荘王故事は示すためのものであった可能性がある。(注13)

以上のことから、伝世文献との比較により、一見、楚（荘王）を正当化するような文献と考えられた『鄭子家喪』であるが、実際には、単に荘王を顕彰したり楚国の侵略を肯定するように描かれた文献というわけではなく、王がどのように行動すればよいかということを示す文献群の中の一篇、すなわち教誡書として編纂された文献であったと位置付けるのが妥当であると考える。

第二項　上帝・鬼神について

次に、『鄭子家喪』やその他の楚王故事に頻出する「上帝」「鬼神」について検討したい。以下、「上帝」「鬼神」に対する認識、思想の流れを概観するために「（1）甲骨文・金文・伝世文献に見える上帝鬼神」から話を始め、次いで「（2）『鄭子家喪』に見える天・上帝・鬼神」について考察することとする。

（1）甲骨文・金文・伝世文献に見える上帝鬼神

まず、上帝と鬼神とが本来どのような存在として認識されていたかを確認するため、両者を切り離して「i．上帝」、「ii．鬼神」の順で個々に検討を加える。

ⅰ．上帝について（注14）

上帝は、もともと殷王朝における最高神として崇拝されていた存在である。次の【資料3】【資料4】に上帝が登場する文献をあげる。

【資料3】『小屯・殷虚文字乙編』六四〇七（六四〇六の反面（注15））

王占曰「帝其令雨。」（王占いて曰く、「帝、其れ雨を令せん」と。）

【資料4】『小屯・殷虚文字丙編』一一四（注16）

甲辰卜争貞「我伐馬方、帝、受我祐。」（甲辰に卜して争貞《と》う「我、馬方を伐つに、帝、我に祐を受（授）くるか」と。（注17））

資料より分かる通り、殷代の甲骨文には主に卜占が記されていたためか、その中に天候や征伐に関して上帝の意志を尋ねる内容は散見するものの、上帝に自らの望みを直接祈願するという記述は見られない。また、上帝側から直接的に禍福を降す意志を啓示するというよりは、むしろ人々（王やその他巫覡など）の占いによってそれが明らかとなっているのであり、帝は言わば自然神に近い存在であったように思われる。（注18）勿論、「帝」という名で文献上に登場し、様々な吉凶について意志を示すと言うからには、殷代において「帝」は充分に人格神として表象されていたことは間違いないであろう。しかし、『鄭子家喪』に描かれた「怒」を顕わにし、禍を降す脅威として捉えられる帝と甲骨文に記された帝とは、些か異なる存在であったように感じられる。（注19）

また、殷代には上帝の他に、山川の神（河《か》・岳《よう》）や族神など、多くの神々が祭祀されており、（注20）上帝はこれらを統べる最高神として位置付けられていた。（注21）

しかし、周代に入ると、殷代の上帝崇拝を継承しつつ、それを独自の「天」という概念に置き換える動きが見られるようになる。（注22）つまり、周代になると、文献中に上帝と天の両方の使用例が見られるようになるのである。（注23）

そこで、その上帝と天が併用される資料として【資料５】『詩経』大雅・文王、【資料６】『詩経』大雅・皇矣を、また、初めて金文資料に天が見える文献として【資料７】大盂鼎銘をあげることにする。(注24)

【資料５】『詩経』大雅・文王

有周不顯、帝命不時（有周不《おお》いに顯《あき》らかにして、帝命不《おお》いに時《よ》し）

（毛注）有周周也。不顯顯也。(注25)顯光也。不時時也。時是也。箋云、周之徳不光明乎光明矣。天命之不是乎又是矣。

文王陟降、在帝左右（文王陟降《ちょくこう》して、帝の左右に在す）

（毛注）言文王升接天、下接人也。箋云、在察也。文王能観知天意、順其所為、従而行之。

（中略）

仮哉天命、有商孫子（仮なるかな天命、有商の孫子）

（毛注）仮固也。箋云、穆穆乎文王有天子之容於美乎。又能敬其光明之徳堅固哉。天為此命之使臣有殷之子孫。

【資料６】『詩経』大雅・皇矣

天立厥配、受命既固（天 厥の配を立て、命を受くること既に固し）

（毛注）配媲也。箋云、天既顧文王、又為之生賢妃、謂大姒也。其受命之道、已堅固也。

（中略）

帝作邦作対自大伯・王季（帝、邦を作し対を作すは、大伯・王季よりす）

（毛注）対配也。従大伯之見王季也。箋云、作為也。天為邦、謂興周國也。作配、謂為生明君也。是乃自大伯、王季時則然矣。大伯譲於王季而文王起。

【資料７】大盂鼎銘（『殷周金文集成釈文』第二巻・二八三七）

丕顯文王受天有大命、在武王嗣文作邦、闢厥慝、匍有四方、畯正厥民（丕顯《ひけん》なる文王は天の大命有るを受け、武王在りて、

文〔王〕を嗣ぎて邦を作し、厥の悳《とく》を闢き、四方を匍有して、畯《おお》いに厥の民を正せり）

【資料5】【資料6】は何れも『詩経』大雅・文王之什に含まれる文献であり、文王と武王の徳を述べ、周王朝を肯定する内容となっている。同じ文王之什に含まれる「大明」にも、「有命自天、命此文王（命有りて天よりし、此の文王に命ず）」や「上帝臨女、無貳爾心」（上帝 女に臨めり、爾の心を貳《ふた》つにする無かれ）（『詩経』大雅・大明）などというように上帝と天とが併用されており、周代はじめに殷周革命の理由付けとして、殷王朝が崇拝していた「帝」を新たに「天」にシフトさせ、その命が殷ではなく周に降っているとしていた様子が窺える。

また、金文資料で初めて「天」が表記された【資料7】についても、内容は文王が天命を受けて周を興したことに関するものであり、そこには、殷の不義を責めて徳のある周に恩恵をもたらすという明確な天の意志が感ぜられる。

これに関連する文献には、他に『尚書』甘誓・湯誓・牧誓や金文「班毀《はんき》」などがある。次にその該当箇所を示しておく（【資料8】～【資料11】）。

【資料8】『尚書』甘誓

予誓告汝。有扈氏威侮五行、怠棄三正。天用勦絶其命。今予惟恭行天之罰。（予 汝に誓告せん。有扈氏、五行を威侮し、三正を怠棄す。天は用て其命を勦絶す。今、予 惟れ天の罰を恭行す。）

（偽孔伝）勦截也。截絶、謂滅之。

【資料9】『尚書』湯誓

有夏多罪、天命殛之。今爾有衆、汝曰「我后不恤我衆、舍我穡事、而割正夏。」予惟聞汝衆言、夏氏有罪、予畏上帝。不敢不正。（有夏 多罪にして、天命じて之を殛せしむ。今爾有衆、汝曰く「我が后《きみ》、我が衆を恤まず、我が穡事を舍きて、割して夏を正せん」と。予 惟れ汝の衆言を聞くも、夏氏罪有れば、予上帝を畏る。敢えて正《う》たずんばあらず。）

（偽孔伝）我后、桀也。正、改也。言奪民農功、而為割剝之政。

【資料10】『尚書』牧誓

今予発、惟恭行天之罰。（今、予発は、惟れ天の罰を恭行す。）

【資料11】「班毀」（『殷周金文集成釈文』第三巻・四三四）

王令毛公以邦冢君・徒馭・𢦚人、伐東国痟戎。（中略）三年静東国。亡不咸斁天威。（王、毛公に令し、邦冢君・徒馭・𢦚人を以て、東国痟戎を伐たしむ。（中略）三年にして東国を静す。咸な天威に斁せざるは亡し。）

なお、【資料9】『尚書』湯誓には、討伐にあたって「夏氏罪有れば、予 上帝を畏る」という記述が見え、『鄭子家喪』の「如上帝鬼神以爲怒、吾將何以答。」（如し上帝鬼神以て怒を爲さば、吾將た何をか以て答えんや）（第二簡・第三簡）という上帝を恐れる覇者荘王の態度にも繋がる重要な思想が示されていると言える。

その後、『論語』に「五十而知天命。」（五十にして天命を知る。）（為政篇）や「天喪予。」（天 予を喪ぼせり）（先進篇）とあるように、周代以降の文献には「天」が頻出するようになり、多くの天人論が述べられることとなる。(注26)

ⅱ. 鬼神について

次に、甲骨文・金文や伝世文献に見える鬼神について検討してみたい。「鬼」や「神」は甲骨文や金文に散見しており、もともと鬼には「人が死者の魌頭（祭る死者の神頭）を蒙ってしゃがんで神の座にいる」という字義があり、神には「雷鳴のひびきわたる音。それを雷神と考え、引いて、天神」としたという字義があったという。(注27) また、「鬼」が「神」と併用され、「鬼神」として使用されている例が金文に見られる。(注28)「鬼神」は、『礼記』礼運「故人者、其天地之徳、陰陽之交、鬼神之会、五行之秀気也。」（故に人は、其の天地の徳、陰陽の交、鬼神の会、五行の秀気なり。）の疏には「鬼謂形体、神謂精霊。祭義云、「気也者神之盛也。魄也者鬼之盛也。必形体精霊相会、然後物生。」（鬼は形体を謂い、神は精霊を謂う。祭義に云う、「気なる者は神の盛なり。魄なる者は鬼の盛なり。必ず形体精霊相い会して、然る後物生る。」[注29]）とあり、形体と精霊とを指すものとされている。また、『説文解字』には、「鬼、人所帰為鬼。」（鬼、人の帰する所を、鬼と為す。）と記されており、その段玉裁注に「「釈言」[注30]曰、「鬼之為言帰也。」郭注引「尸子」「古者、謂死人為帰人。」（「釈言」に曰く「鬼の言たるや帰なり」と。郭注に「尸子」を引いて「古は、死人を謂いて帰人と為す」と。）」とあり、鬼神という語に対して様々な解釈が行われていたことが分かる。

それでは、その後春秋戦国期に活躍した諸子は、一体どのように「鬼神」を捉えていたのであろうか。まずは伝世文献中の儒家における鬼神を確認してみたい。

【資料12】『論語』泰伯篇

子曰「禹吾無間然矣。菲飲食、而致孝乎鬼神、悪衣服、而致美乎黻冕、卑宮室、而尽力乎溝洫。禹吾無間然矣。」（子曰く「禹は吾 間然すること無し。飲食を菲《うす》くして、孝を鬼神に致し、衣服を悪しくして、美を黻冕《ふつべん》に致し、宮室を卑くして、力を溝洫《こうきょく》に尽くす。禹は吾れ間然すること無し」と。）

（何晏集解）馬曰、菲薄也。致孝鬼神。

（略）

（何晏集解）孔曰、損其常服、以盛祭服。

【資料13】『論語』先進篇

季路問事鬼神。子曰「未能事人、焉能事鬼。」曰「敢問死。」曰「未知生、焉知死。」（季路 鬼神に事うるを問う。子曰く「未だ人に事うる能わずんば、焉んぞ能く鬼に事えん」と。曰く「敢えて死を問う」と。曰く「未だ生を知らずんば、焉んぞ死を知らんや」と。）

（刑昺疏）正義曰、此章明孔子不道無益之語也。子路問事鬼神者、対則天曰神、人曰鬼。散則雖人亦曰神。故下文独以鬼答之。

（略）

其理何如。子曰、「未能事人、焉能事鬼」者、言生人尚未能事之、況死者之鬼神安能事之乎。

【資料12】【資料13】の「孝を鬼神に致し」や「生くる人 尚おいまだ之に事うること能わざるに、況わんや死者の鬼神 安んぞ之に能く事うるをや」から分かる通り、『論語』では鬼神が死者（祖先）として設定されて説かれている。また、同じく『論語』雍也篇には、「子曰「務民之義、敬鬼神而遠之、可謂知矣。」」（子曰く「民の義を務め、鬼神を敬して之を遠ざくれば、知と謂うべし」と。）とあるように、積極的に関わろうとした「天」とは異なり、基本的に否定はしないものの、儒家の鬼神に対する態度は、論を濁した消極的なものとなっていることが分かる。[注31]

一方、「世の顕学は儒・墨なり」と、古代、儒家と共に二大勢力を誇っていたとされる墨家は鬼神をどのように捉えていたのであろうか。『墨子』明鬼下には、「天鬼有り、亦た山水の鬼神なる者有り、亦た人死して鬼と為る者有り」とあり、鬼神に三種あることが語られている。明鬼篇では以下のように、全体を通して鬼神の存在を主張する内容が記されている。

【資料14】『墨子』明鬼下

故尚者夏書、其次商周之書、語数鬼神之有也、重有重之。此其故何也。則聖王務之。以若書之説観之、則鬼神之有、豈可疑哉。（故に尚《かみ》は夏書、其の次は商周の書、語りて鬼神の有るを数しばするや、重ねて有《ま》た之を重ぬ。此れ其の故は何ぞや。則ち聖王 之に務むればなり。若《こ》の書の説を以て之を観れば、則ち鬼神の有ること、豈に疑うべけんや。）

孫詒譲注：「尚者」、旧本作「尚書」。王云「尚書夏書、文不成義。尚与上同。（以下略）」

【資料15】『墨子』明鬼下

今絜為酒醴粢盛、以敬慎祭祀。若使鬼神請有、是得其父母姒兄而飲食之也。豈非厚利哉。若使鬼神請亡、是乃費其所

為酒醴粢盛之財耳。自夫費之、非特注之汙壑而棄之也。内者宗族、外者郷里、皆得如具飲食之。雖使鬼神請亡、此猶可以合驩聚衆、取親於郷里。（今 絜く酒醴粢盛《しゅれいしせい》を為り、以て祭祀を敬慎す。若し鬼神をして請《まこと》に有らしむれば、是れ其の父母姒兄を得て之に飲食せしむるなり。豈に厚利に非ずや。若し鬼神をして請に亡からしむれば、是れ乃ち其の為る所の酒醴粢盛の財を費すのみ。夫の之を費すよりすれば、特だに之を汙壑《おがく》に注ぎて之を棄つるに非ざるなり。内は宗族、外は郷里、皆な得て具に之を飲食するがごとし。鬼神をして請に亡からしむると雖も、此れ猶お以て驩《かん》(注32)を合わせ衆を聚め、親を郷里に取るべし。）

【資料14】では、『尚書』の甘誓や湯誓に見える記事を引き、墨子が鬼神の存在を強く肯定していることが分かる。しかし、その一方で『墨子』には【資料15】に「若し鬼神をして請《まこと》に有らしむれば……若し鬼神をして請《まこと》に亡からしむれば」とあるように、その存在自体が問題なのではなく、鬼神を信ずることにより、たとえ不在であっても人々にとって利益を与えることになるのだと受け取れる記述も見られる。これは、鬼神を敬して遠ざけるべきとした儒家に比べ、墨家の方がより功利的な思考で鬼神を積極的に認知していたことが窺える資料だと言えるであろう。

また、『墨子』には「故昔三代聖王、禹・湯・文武、欲以天之為政於天子、明説天下之百姓。故莫不犓牛羊、豢犬彘、潔為粢盛酒醴、以祭祀上帝鬼神、而求祈福於天。」（故に昔三代の聖王、禹・湯・文武、天の政を天子に為すことを以て、明らかに天下の百姓に説かんと欲す。故に牛羊を犓《か》い、犬彘を豢《やしな》い、潔く粢盛酒醴を為り、以て上帝鬼神を祭祀して、福を天に求祈せざるは莫し。）（天志篇）というように、「天」と「上帝」、「鬼神」が全て同時に登場する用例が非常に多く、このように三者が併用される点は『鄭子家喪』と共通するものであると言える。

以上、これまで確認してきた「上帝」「天」「鬼神」について簡潔にまとめると、次のようになる。

上帝……もともと殷王朝の最高神であり、諸神の頂点におかれ、卜占を通じてその意志（吉凶）を示す存在であった。
天　……殷の様式を周が活用するにあたり、殷の最高神「帝」に代わって周の設定した管理者。
鬼神……天や山川にある神霊、親類の祭祀の対象となる祖先神（主に儒家）など。

甲骨文や金文、伝世文献に見える上帝（天）鬼神について、周の礼法を重んずる儒家では、「帝」ではなく多く「天」が用いられており、また先に『論語』で見たとおり「鬼神」を敬して遠ざける存在としていた。

しかし、同時期に活躍した墨家には、鬼神を肯定的に説く明鬼篇があり、また「天」と並行して「上帝」が登場していることが注目される。その上、『墨子』において、上帝は多く「上帝鬼神」という形で表されており、これは『鄭子家喪』の記述方法と類似するものであることが明らかとなった。(注33)

（2）『鄭子家喪』に見える天・上帝・鬼神

『鄭子家喪』には、天の加護や上帝鬼神の怒りを意識した荘王の様子が描かれている。具体的には、第二簡から第三簡にかけて「天厚楚邦、思爲諸侯正。今、鄭子家殺其君、將保其寵光、以沒入地。如上帝鬼神以爲怒、吾將何以答。雖邦之悟、將必爲師。」（天　楚邦を厚くし、諸侯の正たらしむ。今、鄭の子家　其の君を殺すも、將に其の寵光を保ち、以て沒して地に入らんとす。如し上帝鬼神以て怒を爲さば、吾　將た何をか以て答えんや。邦の悟　ありと雖も、將に必ず師を爲さんとす。）とあり、楚は天の厚遇により諸侯の長（覇者）となり、君主弑殺の大罪を犯して、今なお丁重に扱われている子家に分相応の処罰を降さなければ、上帝や鬼神の怒りを招いてしまう可能性があるとしている。また、第三簡から第四簡にかけて「鄭子家顚覆天下之禮、弗畏鬼神之不祥、戕賊其君。」（鄭の子家、天下の禮を顚覆して、鬼神の不祥を畏れず、其の君を戕賊す。）とあり、子家がいかに天下

の礼を乱し、鬼神の処罰を恐れずに君主弑殺を行ったかが述べられている。[注34]

ここで『鄭子家喪』における天・上帝・鬼神について指摘できることは、まず第一に、「天」が楚を厚遇し、諸侯の長としたにも関わらず、その長としての働きを行わなかった場合、荘王が怒りを露わにすると考え恐れたのが「上帝・鬼神」であったということである。つまり、荘王は「天」から恩恵（盟主としての使命）を受け、「上帝・鬼神」から怒りを受けると考えていたのである。

第二には、荘王が軍隊を起こすことについて、上帝鬼神の怒りを招かぬためという理由付けがされている点である。つまり、荘王の行為は上帝鬼神の意志によるものとして保証されるものだという立場で描かれていることが分かる。

また、第三には、君主の弑殺が礼を転覆する行為として、鬼神の不祥（処罰）を招く原因と考えられていることである。ここには、古来、（特に儒家が）「鬼神＝祖先神」と捉えていたことと異なる、君臣関係を重視する鬼神の姿が見えている。

それでは、天と上帝・鬼神との関係はいかなるものであったのか。

第二節の君主弑殺に関する文献として挙げた【資料14】『左伝』昭公十一年には「蔡侯獲罪於其君、而不能其民。天将仮手於楚以斃之。」（蔡侯　罪を其の君に獲て、其の民に能わず。[注35]天、将に手を楚に仮りて以て之を斃《たお》さんとす。）、【資料17】『国語』晋語には「大者天地、其次君臣、所以為明訓也。今宋人弑其君。是反天地而逆民則也。天必誅焉。晋為盟主、而不修天罰、将懼及焉。」（大なる者は天地にして、其の次は君臣なるは、明訓と為す所以なり。今　宋人其の君を弑す。是れ天地に反きて民則に逆うなり。天　必ずや焉を誅さん。晋　盟主と為りて、天罰を修めずんば、将ち及ばんことを懼る）とあり、[注36]それぞれ「君主弑殺の罪を犯した他国の討伐を、天の意志によるもの」としていることが分かる。これらは、君主弑殺を理由に天意を受けて他国を打つとしている点が『鄭子家喪』と類似しているが、『鄭子家喪』と伝世文献とでは、諸侯の長（盟主）[注37]が「罰を与える存在」として恐れている対象が異なっている。

・『鄭子家喪』……「**天** 楚邦を厚くし、諸侯の正たらしむ」「如し**上帝鬼神** 以て怒を為さば、吾将た何を以て答えんや」「**鬼神**の不詳を畏れず」

（天が恩恵を与え、楚を諸侯の長に任命。上帝鬼神が禍を降す）

↕

・『左伝』昭公十一年……「**天** 将に手を楚に仮りて以て之を斃さんとす」

・『国語』晋語……「**天** 必ずや焉を誅さん」（天が禍を降す）

『鄭子家喪』においては、「天」が恩恵を与え、「上帝鬼神」が禍を降すとしているのに対して、『左伝』や『国語』では、「天」のみが登場し禍を降す存在として描かれている。ここから窺えるのは、周初に諸神から切り離され、絶対的な存在として設定された「天」の影響が『左伝』昭公十一年や『国語』晋語の記事には見られるが、それに対して、楚の地で発見された『鄭子家喪』には、上帝鬼神などの神々が融合した殷代的な要素が見られるということである。(注38)

上博楚簡中には、『鄭子家喪』の他にも天や上帝鬼神が見える文献が多く含まれている。楚王故事に関する文献のうち、天や上帝鬼神が登場するものには以下の文献がある。

『昭王与龔之脽』……天と君主との繋がりが見られる。
『平王問鄭寿』………鬼神と君主との繋がりが見られる。
『君人者何安哉』……鬼（神）と民衆と君主との繋がりが見られる。
『柬大王泊旱』………上帝と鬼神と君主との繋がりが見られる。
『鄭子家喪』…………天・上帝鬼神と君主との繋がりが見られる。

これらの文献は「天のみ登場するもの」、「鬼（神）のみ登場するもの」、「上帝鬼神が併用されるもの」に分けられる。

天のみ登場する文献には、上博楚簡『昭王与龔之脽』[注39]があり、「天加禍於楚邦、霸君呉王身至於郢、楚邦之良臣所暴骨。」（天 禍を楚邦に加え、霸君呉王 身《みずか》ら郢に至り、楚邦の良臣 骨を暴する所となる。）と記される。この文献では、楚が制裁を加える側として描かれていた『鄭子家喪』とは逆の立場となっており、楚が天の懲罰（覇者である呉王の侵略）を受けた事例と理解できる。

次に、鬼（神）のみ登場する文献として上博楚簡『君人者何必安哉』を見ると、「民有不能也、鬼無不能也。民詛而思祟之、君王雖不長年可也。」（民能わざること有るも、鬼能わざること無し。民 詛《のろ》いて之に祟《たた》るを思い、君王 年を長らえずと雖も可なり。）と記されている。ここには、民を助け君主に禍を降す鬼神の姿が記述されており、鬼神が民と非常に強い繋がりを持つものであったことが窺える。[注40]

また、上帝鬼神が併用されるものとしては、『柬大王泊旱』[注41]に「釐尹爲楚邦之鬼神之主、不敢以君王之身變亂鬼神之常古。夫上帝鬼神高明甚。將必知之。」（釐尹は楚邦の鬼神の主を為《おさ》むれば、敢えて君王の身を以て鬼神の常故を変乱せず。夫れ上帝鬼神の高明なるや甚だし。将に必ず之を知らんとす）とあり、また「帝將命之、修諸侯之君之不能治者、而刑之以旱。夫雖毋旱、而百姓移以去邦家。」（帝は将に之（旱母）に命じ、諸侯の君の治むること能わざる者を修めて、之に刑するに旱を以てせんとす。夫れ旱母しと雖も、百姓は移りて以て邦家を去らん）とある。『柬大王泊旱』は、自らの失政のために旱魃が起こっていることを理解せず、新たに山川の神を祭祀してその災いをはらおうとした楚の簡王を、太宰が諫めた内容が記された文献である。ここでは「鬼神」が山川の神々として記述されており、またそれらは大変明察な存在であって「今まで楚で行われてきた祭祀のしきたりを王の個人的理由によって破り、新たに祭祀の対象となる山川神を増やすという行為が不正である」ことを認識するものだろうと述べられている。また、「帝 将に之（旱母）に命じ」とあるように、上帝が旱母（鬼神）に命ずる立場、つまり鬼神の上位に位置付けられていたことが分かる。この上帝鬼神の記述も、『鄭子家喪』同様、最高神である帝と鬼神（ここでは山川の神）が関連付けられて説かれた、諸神融合の要素を示すものと言えるであろう。

以上、本項では「上帝」「鬼神」を中心に『鄭子家喪』の特質を検討してきた。その結果、本篇には墨家を除く先秦諸子がほとんど言及することのなかった「上帝鬼神」の連結した語句が見え、本篇が諸神の融合した殷代的要素を保有した文献であったことが明らかとなった。また、上博楚簡中には、上帝鬼神の怒りを恐れて、鄭の討伐を行う荘王が描かれた『鄭子家喪』の他、鬼（神）が災いを降す『君人者何必安哉』や上帝・鬼神にそれぞれの役割分担を与える『柬大王泊旱』など、上帝・鬼神に関する多様な内容の文献が含まれていたことが判明した。このように、上帝や鬼神の記述が散見するのは楚王故事に共通する特質であり、そこには天のみを絶対的存在とする周王朝初期の思想や、それを尊ぶ儒家思想とは異なる特色を見ることができる。ただし、楚王故事中には、天のみが絶対神として登場する『昭王与龔之脽』も含まれている。そのため、楚では周の天信仰が受容される一方、上帝鬼神を説く文献も並行して記されたと考えるべきであろう。

注

（注1）楚王故事の各文献の概要については、左表の通りである。

上博楚簡における楚王故事と楚王在位年表（※「王の描かれ方」に見える＋や－の記号は、王のイメージを表している）

王名	在位年	上博楚簡に含まれる関連文献名	内容	王の描かれ方
荘王	前六一三～前五九一	『荘王既成』	無射の大鐘を鋳造した荘王が、子桱に「後の荘王がこれをいつまで保つことができるか」と質問する内容。子桱の発言は四代後の昭王期に楚が呉に国都を侵略されることを予言するものであった。	四代後の昭王期の国難が、実は覇者と呼ばれ全盛を誇った荘王期に萌していたと記述されている。（－）
		『平王与王子木』（※平王の欄に同じ。）		荘王は世俗の知識にも長け、楚王となるに足る人物として、王子木と対照的な人物として描かれている。（＋）
		『鄭子家喪』【上帝・鬼神】	鄭の子家の死を契機として、楚が鄭に侵攻し、それを救援に来た晋と両棠に戦うという内容が記されている。鄭の子家は生前に君主である霊公を弑殺しており、それにも関わらず死後、丁重に葬られようとしている。楚は上帝・鬼神の命を受けた諸侯の長として、これを見逃すことはできないというのが名目上の鄭征伐の理由となっている。	荘王は、大罪を犯した子家の不当な扱いを正すために鄭へ侵攻しており、また大夫とよく相談し、その諫言に従って晋との戦いに勝利したとされる。（＋）
共王（荘王の子）	前五九〇～前五六〇			
康王（共王の子）	前五五九～前五四五			
郟敖（康王の子）	前五四四～前五四一			

霊王（康王の弟）	前五四〇～前五二九	『申公臣霊王』	陳公子皇（穿封戌）と王子囲（楚霊王）とのやりとりが記された文献。楚が鄭の城麇に進軍した際、鄭の皇子（皇頡）を穿封戌が捕らえた。王子囲は皇頡を奪おうとして、穿封戌と争った。その後、囲は即位し、霊王となり、陳公に過去の一件について「忘れた訳ではなかろうな」と尋ねたが、それに対して陳公は「もし、あなたが王となることが分かっていれば、私はあなたを殺していました」と話した。霊王はこれを笑って許し、陳公は霊王の臣下となることを誓った。	霊王について『左伝』にある康王を殺害したというような記述は見られないが、穿封戌の捕らえた皇頡を奪おうとするなど横暴な態度が窺える。しかし、その一方で陳公の非礼を笑って水に流そうとする霊王の寛大な態度も描かれている。（一十）
訾敖（康王の弟）	前五二九			
平王（康王の弟）	前五二八～前五一六	『平王問鄭寿』【鬼神】	平王と鄭寿の問答を中心に展開する書。平王が国難を憂え、何を改めればよいのかと鄭寿に問う場面より始まる。しかし、平王はそこで鄭寿の述べた忠告には従うことができないと返す。その後、鄭寿は病と称して出仕しなかったが、翌年、王と会見することになった。王は笑いながら鄭寿の言うようにはならず国難が去ったと話したが、しかし、それに対して鄭寿は「王が自ら私のようなもののために出向き、自らを多く改められたために邦を保つことができたのです」とのべた。王が後の楚王について尋ねると、鄭寿は「後の王も謙って優れた徳を持てば、民は王を仰ぐでしょう」と語った。	国難を抱えていた平王であるが、鄭寿の言に従わずとも、亡国の危機を避けることができた。その後、鄭寿はそれが王自身の改心によるものと説いている。（一十）

		『平王与王子木』	王子木と成公幹（乾）とのやりとりを記した書。平王は、王子木（建）を城父の守りに行かせた。王子木はその途中、成公に麻畑や麻について尋ねた。成公は王子木に対し、「先君の荘王は『発酵品には蓋をせず、薫製品は炊かない』という世俗のことまでご存じでしたのに、あなたは麻のことさえ知らない。王となることはできないでしょう」と告げた。	平王については、初めに王子木に命じて城父に行かせたという記述しかなく、捉えられ方は不明である。しかし、王子木に関しては、世間知らず・見識不足という悪評価で記される。（平王については不明。王子木＝－）
昭王（平王の子）	前五一五～前四八九	『昭王毀室』	父母の合葬を願う君子の行動とそれに対する昭王の対応とが記された文献。落成式を迎えた宮室に喪服の男が現れ、父の亡骸が宮室の下に埋葬されており、これを母と合葬したいと申し出る。それを聞いた昭王は彼の願いを聞き入れ、竣工したばかりの宮室を取り壊させた。	完成したばかりの宮室を取り壊し、君子の願い（父母の合葬）を許す寛大な王として記されている。（＋）
		『昭王与龔之脽』【上天】	御者である龔之脽の服装・勤務態度をめぐって、大尹と昭王との問答が記されている。寒そうな龔之脽の服装を昭王に訴えた大尹の発言により、王から上着を賜った龔之脽であるが、襟を露わにするという非礼によって謁見禁止となる。これを知った大尹は自分に罪があると申し出るが、王は呉の侵攻により疲弊した民から龔之脽の態度が反感を買うことがないように謁見禁止の措置をとったと述べる。	対呉戦争後における昭王の洞察・振る舞いが的を射たものとして描かれている。（＋）
		『君人者何必安哉』【鬼神】	昭王と范乗との問答形式で記される。范乗が昭王に対し、伝統的礼楽の不備・妾妻制の不充実などの三つの問題点をあげて諫言する。 　桀・紂・幽・厲や楚の霊王のように強欲・享楽的であっても、昭王のように過度に抑制的であっても「安邦」や「利民」は得られず、王者の統治の難しさを説く。	『昭王毀室』・『昭王与龔之脽』とは異なり、礼楽に対する昭王の抑圧・抑制的態度が批判される。（－）

恵王（昭王の子）	前四八八～前四三二	『王居』（＋「志書乃言」）	恵王が、大夫を讒言して無能な者を賢人として推挙した観無畏を処罰し、大夫の実力を正しく判断・報告した彭徒を取り立てる内容が見える。	恵王が理想的な王として描かれている。（＋）
簡王（恵王の子）	前四三一～前四〇八	『柬大王泊旱』【上帝・鬼神】	旱魃を鎮めるため、簡王が様々な卜筮や祈祷を行う内容が記されている。簡王が旱魃に悩まされ、亀卜によって太陽に向かったところ、皮膚病を患った。これを祭祀されない高山深渓の祟りと誤解し、王は、私的な理由からこれまでの前例を破って祭祀増加を命じた。しかし王の発言に疑問を抱いた陵尹と釐尹は太宰に相談をもちかけ、そんなことをしなくとも病は介抱に向かうと告げるようにとの忠告を受ける。……【欠簡】……簡王は鼓を打ち鳴らしながら夏水を渡河する雨乞いの儀式によって、旱魃を打開しようとするが、太宰の「君王の失政によるものである」との発言により、行いを改め城郭の修繕に励んだ結果、大雨が降り出し、楚の全域で穀物が実った。	内容中、簡王は自己の失政に由来する旱魃に対し、誤った方法で対処するなど、かなり愚鈍な描かれ方をしている。しかし、原文中、「君王は元王なれば」と二度にわたって記されており、また最後には太宰の諫言に従って行動し、旱魃の危機を打開するに至っている。（一）

なお、上博楚簡には、この他にも楚国に関連する故事が見えるが（『成王為城濮之行』『霊王遂申』『陳公治兵』『邦人不称』『命』）、それらは臣下に関わるものであり、楚王が中心となって話が展開するものではない。しかし、楚王故事のみならず、これらの臣下に関する故事にも、教誡的な内容が色濃く見られるため、楚国関連故事全篇をとおして、子弟教育や教誡書として用いられる目的で編纂された可能性が、複数の研究者により指摘されている。

（注2）先行研究eに、書写者は異なるが、共通した古隷書体で記されているという指摘がある。

（注3）各文献の書誌情報に関する詳細は、本書の（附録二）を参照。因みに『鄭子家喪』（甲本）の簡長は三十三・一～三十三・二センチ、『荘王既成』は三十三・一～三十三・八センチ、『平王与王子木』は約三十三センチである。

（注4）『荘王既成』に関しては、湯浅邦弘「上博楚簡『荘王既成』の「予言」」（浅野裕一編『竹簡が語る古代中国思想（二）』汲古書院／二〇〇八年九月）に詳しい。

（注5）無射とは、十二律の一つである大鐘（第六番目の鐘）を指す。『左伝』昭公二十一年や『国語』周語下に周の景王が鋳たという記事が見える。

（注6）沈尹子桱は、荘王の覇業をたすけた人物である。『呂氏春秋』不苟論賛能篇に登場する「沈尹茎」との関連が指摘されている。

（注7）嘗《しょう》とは、秋にその年、新しくとれた穀物を祖先の霊に供える祭りの意。

（注8）伝車は、宿場と宿場とを連絡する車（駅伝の車）の意であり、ここでは中原の国を暗示していると考えられる。

（注9）舸は、おおぶねを表し、長江流域の国を指すものと思われる。（注8）の伝車に対するものと考えられる。

（注10）『平王与王子木』に関しては、湯浅邦弘「太子の「知」――上博楚簡『平王與王子木』――」（浅野裕一編『竹簡が語る古代中国思想（二）』汲古書院／二〇〇八年九月）に詳しい。

（注11）𧲸寘は「𧲸蒐」と釈読する説（何有祖・凡国棟）や、「𧲸廋」と釈読する説があるが、みなこれを地名と捉えている点は同じである。今は整理者（陳佩芬氏）の指摘に従い「𧲸寘」としておく。

（注12）醢は、肉の塩から、燻製の意。

（注13）他の楚王の善悪のイメージについては、（注1）に掲げた「上博楚簡における楚王故事と楚王在位年表」を参照のこと。なお、楚王故事が楚の王権に対する教戒の書であった可能性については、湯浅邦弘氏や葛亮氏の論文に指摘がある。

（注14）上帝については、「上帝は、甲骨文では、帝と称されていることが多いが、上帝とも称されている。その上天から監臨し降下する意をとって上の字を冠したのであろう」（赤塚忠『中國古代の宗教と文化――殷王朝の祭祀――』研文社／一九九〇年一月）とする指摘がある。

　また、殷文化晩期の始め（武丁期）には、最高神である帝と殷王の祖先とが異なる神として扱われていたが、後に康丁・武乙・文丁期になると、祖先の霊を帝の機能に近いものとして考えるようになったことが推測できる甲骨文が現れるとする論述もある。（吉池孝一「武丁時代甲骨文にみる神と王」古代文字資料館『KOTONOHA』十一号／二〇〇三年十月）

（注15）董作賓『小屯・殷虚文字乙編』（中央研究院歴史語言研究所／一九四九－五三年）。

（注16）張秉権『小屯・殷虚文字丙編』上輯（二）（中央研究院歴史語言研究所／一九五九年十月初版）。

（注17）「受」はここでは、「授」の意。楚簡において、よく文字の一部が省略されるが、甲骨文においても同様の現象が見られる。他に、合文も甲骨文と楚簡とに共通した現象である。

（注18）赤塚忠氏は、「旱天や淫雨は、観念的な問題でなしに、現実に邑の運命を絶つ惨事であった。その意味で、祈念祭は殷王朝にとって切実に必要なものであって、すべての祭礼はここに集中する。殷代に上帝を信仰したのは、豊年によって王国の安定を得るためであったといってよいであろう。」と述べている。（『中國古代の宗教と文化――殷王朝の祭祀――』（研文

社／一九九〇年一月／五三五頁）

（注19）帝についての検討が見られる書には、島邦男『殷墟卜辞研究』（汲古書院／一九七五年）や日本甲骨学会編『甲骨学』上・下（汲古書院／一九七二年六月）などがあり、甲骨文や金文の平易な解説書には赤塚忠『甲骨・金文研究』（研文社／一九八九年一月）がある。

（注20）例えば、甲骨文には、「貞「翌甲戌、河、弗令雨」。」（貞う「翌甲戌に、河、雨を令せざるか」と。）（李済総編輯・董作賓主編『小屯・殷虚文字乙編』三一二一／中央研究院歴史語言研究所／一九九四年六月、二版）や「乙卯卜貞「誉（求）禾高……」」（乙卯に卜して貞う「禾を高に𠦪《いの》り……」」）（董作賓『小屯・殷虚文字甲編』七八五／中央研究院歴史語言研究所／一九四八年四月）などの神々も登場している。

なお、「𠦪」については、赤塚忠『中國古代の宗教と文化――殷王朝の祭祀――』（研文社／一九九〇年一月）に「茂った草を根本を先にして両手でささげるさまであって、𠦪《き》の原形、祈るの意である」とある。

（注21）『詩経』大雅文王の「克配上帝」の集伝に「上帝、天之主宰也。」（上帝、天の主宰なり）とある。（『朱子全書』第壹冊／上海古籍出版社／二〇〇二年十二月）

なお、上帝について郭沫若は『中国古代社会研究　青銅時代』（人民出版社／一九八二年九月）に「由卜辞看来、可知殷人的至上神是有意志的一種人格神。上帝能够命令。上帝有好悪。一切天時上的風雨晦冥、人事上的言凶禍福、如年歳的豊嗇、戰争的勝敗、城邑的建築、官吏的黜陟、都是由天所主宰。」と述べる。

（注22）赤塚忠氏は周代になると「殷代の豊年のような現実的効果の期待からは遠ざかって、上帝は一層抽象的普遍的な統治の保障となり、しかも神的権威が周開国の祖の文王に集中することになっている」と述べる。（『中國古代の宗教と文化――殷王朝の祭祀――』研文社／一九九〇年一月／五一五頁）

また、殷の「帝」が周における「天」と同一であるという詳細な説明が、島邦男『殷墟卜辞研究』（汲古書院／一九七五年）の第三章第一節第三項目「帝と天について」に見える。そこでは、殷代に多く用いられていた「天」字は、「大」字の意で使用されていたことや、金文においては康王時の大盂鼎に初めて上帝の別称としての「天」が記述されていることなどが述べられている。

（注23）甲骨文においては、「天」字が上天、あるいは天神の意で使用されている例はなく、全て「大」の意で用いられていたことが指摘されている。（注22）を参照。

（注24）（注22）を参照。

（注25）「不顕」とは、金文に頻出する語で、「不」は「丕」の仮借と考えられている。「丕」は『説文解字』に「丕、大也。」とあることにより、「不」は「大」の意として用いられている。

（注26）『論語』において「帝」が見られるのは、堯曰篇の一箇所のみである。該当箇所は、殷の湯王の発言とされており、『尚書』湯誥中にも類似した内容が見える。次にその該当箇所を示す。
　曰「予小子履、敢用玄牡、敢昭告于皇皇后帝。有罪不敢赦。帝臣不蔽、簡在帝心。朕躬有罪、無以万方。万方有罪、罪在朕躬。」（『論語』堯曰）

（注27）水上静夫『甲骨金文辞典』（雄山閣出版／一九九五年六月）。また、鬼については、「そうした面具をつけた人物が祖先の霊のよりましとなって、子孫たちの祭祀を受けた」との説明もある。（小南一郎・神塚淑子・三浦国雄「鬼神」（『中国思想文化事典』所収／東京大学出版会／二〇〇一年七月））

（注28）「陳昉簋蓋」（戦国早期のものとされる）に「恭寅鬼神。畢恭畏忌。」とある。（教育部人文社会科学重点研究基地・上海市政府重点学科・華東師範大学中国文字研究与応用中心編『金文引得』広西教育出版社／二〇〇二年十月）
　なお、はじめは「鬼神」のうち、「神」よりも先に「鬼」の字が出現し、両者にあまり明確な区分はなかったものと考えられている。しかし『礼記』祭義に「衆生必死、死必帰土、此之謂鬼。骨肉斃于下、陰為野土。其気発揚于上、為昭明焄蒿悽愴、此百物之精也。神之著也。因物之精、制為之極、明命鬼神。」とあるように、やがて鬼神が区別されるようになった。その後、鬼神の持つ能力（幽体である神の所有する力）が重視され、より神の側に近い存在としての「鬼神」認識が生まれると同時に、その一方で、より鬼の側へと分化したものが、漢代以降、悪鬼と呼ばれ人々に危害を及ぼす存在として定着するようになったと考えられている。（小南一郎・神塚淑子・三浦国雄「鬼神」（『中国思想文化事典』所収／東京大学出版会／二〇〇一年七月）、中林史朗「鬼神の性格に関する一考察――礼記を中心として――」（大東文化大学『漢学会誌』第十五号 所収／一九七六年三月））

（注29）『礼記』祭義については、（注28）を参照。

（注30）『爾雅』釈訓の誤りと考えられる。釈訓に「鬼之為言帰也。」とある。

（注31）ちなみに、『論語』に「鬼神」が見えるのは、引用資料として挙げた三例のみである。

（注32）驩は、歓ぶの意。『荀子』大略「夫婦不得不驩。」の注に「驩、与歓同。」とある。

（注33）その他諸子の書では、戦国末期の『呂氏春秋』季秋紀・順民を除き、「天」「上帝」「鬼神」が併用されている文献は見られない。

（注34）「第一節、『鄭子家喪』釈読」を参照。
（注35）「不能」については、第二節（注12）を参照。
（注36）詳細については、第二節の【資料14】、【資料17】を参照。
（注37）『左伝』昭公十一年の記事には、直接的に楚を盟主と示す内容は見られない。しかし、前五三一年当時、楚を治めていたのは荘王の孫にあたる霊王であったと考えられる。恐らく、覇者となった荘王の功績は、孫の霊王の時代まで、ある程度語り継がれ、余威を与えていたのではなかろうか。そのため、『左伝』に、「他国討伐のために、天が楚の力を借りた」という内容が記されたのであろうと思われる。
（注38）浅野裕一氏は「上天・上帝が王（王子）に命じて天下を統治させ、王の為政の善悪に応じて賞罰を降すとの上天・上帝信仰は、もともと周王室のイデオロギーであった」（「上博楚簡『柬大王泊旱』の災異思想」／『集刊 東洋学』百号／二〇〇八年十一月）と述べ、周の支配イデオロギーを記す『詩経』雅頌や『尚書』には「天命」が強調されており、『詩経』においては「鬼神」の語が皆無であるとしている。

本節の一部（拙稿「上博楚簡『鄭子家喪』訳注」）が『中国研究集刊』第五十一号（二〇一〇年十月）に掲載された後、福田氏（参考文献1、七十八頁）より、以下のようなご指摘を賜った。

金城（中村旧姓）氏は、覇者が諸侯の長としての務めを果たさなかった場合、天から災いを受ける例として、『国語』晋語とともに、『左伝』昭公十一年の「蔡侯獲罪於其君而不能其民。天将仮手於楚以斃之」を挙げる。しかし、『左伝』の中で楚は覇者の国として登場しているわけではないので、『鄭子家喪』と類似の事例とするのは適切ではないであろう。

この点に関しては、確かに氏のご指摘通り、言葉足らずで誤解をまねく記述であったと反省し、本書をまとめるにあたり修正を加えた。しかし、同氏が「確かに、『鄭子家喪』には「鬼神」も登場しており、この点は晋語との差異として注目されよう。しかし、「天」と「上帝」との間には、本当に氏の指摘するような明確な区別が設けられているのであろうか。（中略）もっとも、当初は殷の祖先神であった「上帝」と、周の最高神であった「天」とは、語源的には異なる由来をもつ。だが、周代に両者は結合し、いずれも世界の最高神である「天」を指す用語として使用されるようになる。以上のことよりすれば、『鄭子家喪』にみえる「天」と「上帝」は同一のものを指しており、為政者に恩恵や刑罰をもたらす絶対的な存在として認識されていると考えるべきであろう」と述べておられることに関しては、些か補足が必要なのではないかと感ずる。筆者も「上帝」と「天」が周代において、同一視されていたことは了解している。しかし、上博楚簡（特に楚王故事）中、

「鬼神」は為政者に対し「禍」を降す存在としてしばしば登場することや、『呂氏春秋』以前の先秦諸子の書に「上帝」が頻出する文献は、『墨子』を除いてはほぼ見られないことから、この「上帝」と「鬼神」との結合や、それらが「禍」を降すとされる内容には、注意しなければならないとしたのである。

上博楚簡中には、天が為政者に対し、「禍（災い）」を降すとする内容も見られるが（『三徳』『昭王与龔之脽』等）、逆に「鬼神（上帝鬼神）」が諸侯に恩恵をもたらし、最終的に盟主に任ずるといった内容は見られない。上博楚簡（特に楚王故事）において、「鬼神」は為政者に「過」を降す存在として登場する（『平王問鄭寿』『君人者何安哉』）。周代に入り、天と上帝が同様に最高神として扱われるようになったとは言え、『墨子』を除く先秦諸子の書では、やはり「上帝」は「天」と同程度に頻出するものではなく、その記述は『尚書』や『詩経』の引用に多く見られるといった特殊性を帯びている。そのため、『鄭子家喪』において、「上帝」が「鬼神」と結合し記述されている点を、筆者は重く考える。

（注39）『昭王与龔之脽』に関しては、湯浅邦弘「語り継がれる先王の故事――上博楚簡『昭王与龔之脽』の文献的性格――」（『中国研究集刊』第四十号／二〇〇六年六月）や季旭昇主編『上海博物館蔵戦国楚竹書（四）読本』（万巻楼／二〇〇七年三月）を参考とした。

（注40）また、『平王問鄭寿』には、宗廟に入り、鄭寿に質問する平王の語に「鬼神」が見える。該当箇所では、「禍敗因重於楚邦、懼鬼神以取怒、思先王亡所帰、吾何改而可。」（禍敗、楚邦に因重し、鬼神以て怒りを取るを懼れ、先王の帰る所亡きを思う。吾何をか改めて可ならんか。）と記されており、この鬼神が楚の祖先神であろうことが窺える。なお、ここでも鬼神は「王に対し、罰を降す存在」として捉えられていることが分かる。

（注41）『柬大王泊旱』については、浅野裕一「上博楚簡『柬大王泊旱』の災異思想」（『集刊　東洋学』百号／二〇〇八年十一月）に詳しい。

【参考文献】

これまでに発表された『鄭子家喪』に関する論文や札記類は、以下の通りである（発表年月日順）。

A．陳偉「《鄭子家喪》初読」（二〇〇八年十二月三十一日）［簡帛網］

B．凡國棟「釈《鄭子家喪》的〝滅覆〟」（二〇〇八年十二月三十一日）［簡帛網］

C．凡國棟「《上博七・鄭子家喪》校読札記両則」（二〇〇八年十二月三十一日）［簡帛網］

D. 何有祖「上博七《鄭子家喪》札記」（二〇〇八年十二月三十一日）［簡帛網］
E. 羅小華「《鄭子家喪》、《君人者何必安哉》選釈三則」（二〇〇八年十二月三十一日）［簡帛網］
F. 復旦大学出土文献与古文字研究中心研究生読書会「《上博七・鄭子家喪》校読」（二〇〇八年十二月三十一日）［復旦網］
G. 程燕「上博七読后記」（二〇〇八年十二月三十一日）［復旦網］
H. 郝士宏「読《鄭子家喪》小記」（二〇〇九年一月三日）［復旦網］
I. 張新俊「《鄭子家喪》〝㤅〟字試解」（二〇〇九年一月三日）［復旦網］
J. 一蟲「由《鄭子家喪》看《左傳》的一処注文」（二〇〇九年一月三日）［復旦網］
K. 葛亮「《上博七・鄭子家喪》補説」（二〇〇九年一月五日）［復旦網］
L. 侯乃峰「《上博（七）・鄭子家喪》〝天後（厚）楚邦〟小考」（二〇〇九年一月六日）［復旦網］
M. 孟蓬生「〝㞕〟讀為〝應〟補證」（二〇〇九年一月六日）［復旦網］
N. 孟蓬生「〝㞕〟讀為〝應〟續證」（二〇〇九年一月六日）［復旦網］
O. 熊立章「読釈〝舂〟及《上博七》中的幾個字」（二〇〇九年一月八日）［簡帛網］
P. 陳偉「《鄭子家喪》通釈」（二〇〇九年一月十日）［簡帛網］
Q. 李天虹「《鄭子家喪》補釈」（二〇〇九年一月十二日）［簡帛網］
R. 楊澤生「《上博七》補説」（二〇〇九年一月十四日）［復旦網］
S. 高佑仁「釈《鄭子家喪》的「滅嚴」」（二〇〇九年一月十四日）［復旦網］
T. 侯乃峰「上博（七）字詞雑記六則」（二〇〇九年一月十六日）［復旦網］
U. 劉信芳「《上博藏（七）》試説（之三）」（二〇〇九年一月十八日）［復旦網］
V. 郭永秉「《競公瘧》篇〝病〟字小考」（二〇〇九年一月二十三日）［復旦網］
W. 劉雲「上博七詞義五札」（二〇〇九年三月十七日）［簡帛網］
X. 李松儒「《鄭子家喪》甲乙本字跡研究」（二〇〇九年六月二日）［簡帛網］
Y. 宋華強「《鄭子家喪》〝以及於今而後〟小議」（二〇〇九年六月十二日）［簡帛網］
Z. 宋華強「《鄭子家喪》〝滅光〟試解」（二〇〇九年六月十二日）［簡帛網］
a. 巫雪如「楚簡考釋中的相關語法問題試探」（二〇〇九年六月十八日）［簡帛網］
b. 宋華強「《鄭子家喪》《平王問鄭壽》〝就〟字試解」（二〇〇九年七月二十一日）［簡帛網］

c．羅運環「楚簡帛字體分類研究（一）」（二〇〇九年七月二十八日）［簡帛網］
d．羅運環「楚簡帛字體分類研究（二）」（二〇〇九年七月二十八日）［簡帛網］
e．羅運環「楚簡帛字體分類研究（三）」（二〇〇九年七月二十八日）［簡帛網］
f．草野友子「中国古代における王の呼称――上博楚簡『鄭子家喪』を中心として」（『待兼山論叢』第四十三号 哲学篇、二〇〇九年十二月）
g．高佑仁「『鄭子家喪』・『競公瘧』諸〝病〟字的構形考察」（二〇一〇年一月四日）［簡帛網］
h．高佑仁「鄭子家喪「以入地」考釈及其相関問題」（二〇一〇年一月九日）［復旦網］
i．草野友子「上海博物館蔵戦国楚簡における誤写の可能性について――『武王践阼』『鄭子家喪』を中心に」（『京都産業大学論集』人文科学系列 四十一／二〇一〇年三月）
j．小寺敦「上海博楚簡『鄭子家喪』訳注――附・史料的性格に関する小考」（『東洋文化研究所紀要』第百五十七冊／東京大学東洋文化研究所二〇一〇年三月）
k．蘇建洲「『鄭子家喪』甲1「就」字釈読再議」（二〇一〇年五月一日）［復旦網］
l．福田一也「上博楚簡『鄭子家喪』にみえる天人相関思想」（『中国研究集刊』第五十二号（中国出土文献研究 2010）／二〇一一年二月）
m．西山尚志「上博楚簡『鄭子家喪』に見える歴史改編」（中国出土資料学会『中国出土資料研究』第十五号／二〇一一年三月）
n．何有祖「釈《鄭子家喪》的〝祀〟（修訂稿）」（二〇一五年三月三十日）［簡帛網］

第二章　上博楚簡『成王既邦』の検討

第一節　『成王既邦』釈読

本章では二〇一一年五月に刊行された『上海博物館蔵戦国楚竹書（八）』に所収の文献『成王既邦』を研究対象として取りあげる。本篇には、成王と周公旦が複数の問答を行う様子が記されており、伝世文献には窺うことのできない内容が見える。ただし、本篇は大部分が断簡であり、また欠失した簡も多くあったであろうことが予測される。そのため、本篇の全容を把握することは甚だ困難であり、現時点において文献全体を明快に通読した論考は見られない。

そこで、本節では、『成王既邦』の編聯や復元について、これまでの先行研究を踏まえつつ再考し、さらに内容や字体・文体に注目することにより、本篇がいかなる構成となっていたか、またいかなる思想内容を含んでいたか、基礎的な検討を試みたい。

第一項　書誌情報

本篇の整理者・濮茅左氏の「説明」に基づけば、竹簡は全部で十六簡。完簡は二枚あり、それぞれの長さは、四十五・六cm（第十四簡）と四十五・九cm（第十五簡）である。上端から第一契口までは、約一・四cm、第一契口から第二契口までは約二十二cm、第二契口から第三契口までは約二十一cm、第三契口から下端までは約一・四cm。三道編綫、簡端は平斉である。図示すれば、次のようになる。

また、一簡あたりの完簡の書写文字数は、約三十五字。全篇を通して三一九字が記されており、その中に合文記号が一、重文記号が三、また明確に判読できない不鮮明な文字が二字ある。

第二項　釈読

まず、編聯や内容を検討する前に、本篇全体の釈読を行う。本篇の復元（配列）については、既に多くの案が提示されているが、ここでは便宜上、整理者の定めた原釈文の配列に従い、訳注を示す。

釈文

【1】四時常事必至西行弗來▬[1]。成王既封周公二年[2]、而王重其任[3]、乃訪□……

【2】……王在鎬、翟（召）周公旦曰「亞（嗚）虐（呼）、敬之才（哉）。奮[4]聒（聞）才（哉）

【3】……□欲明知之」。周公曰「旦之聞之也、各在其[5]身而

【4】……白（伯）层（夷）・弔（叔）齊餓（餓）而死於售（雖）滓[6]（濆）、不辱其身、精……

【5】「焉不曰日彰而冰澡[7]（消）乎」。成王曰「嗚呼。□[8]（道）……

【6】……「天子」之正道也」。成王曰「請問天子之正道」。周公曰……

【7】「天子之正道、弗朝而自至、[9] 弗審而自周、[10] 弗會而自剸（圍）[11]」。成王曰「請問其事……」。

【8】……皆欲（𧰼－豫）其親而親之、皆欲以其邦就之、[12] 是謂……

【9】㭒市（皇）明之德其世也。[13]……

【10】□而賢者、能以其六藏之守[14]取親焉[15]、是謂六親之約[16]」。成王曰「請問其方」。周［公］……

【11】先弍（二）史（事）[17]之修也。外道之明者、少置於身[18]、非天子……

【12】道大才（哉）[19]、宅（沌）[20]虖=[21]（乎。吾）欲擧之不果━、以進則湯（傷）[22]焉。達……

【13】是之[23]不果━、毀之不可━、其狀膏脞[24]、以澤[25]深

【14】皆見章于天[26]」。成王曰「夫夏繒氏之道[27]、可以知善否、可以知亡在[28]。可謂有道乎」。周公曰「是夫

【15】重=光=[29]其昌也、可羿（期）[30]而須[31]也。此六者[32]皆逆[33]┗。民皆有夬（乖）廌（離）之心、而國有相串（患）割（害）[34]之志、
是謂重=[35]［殃=］

【16】……之至、在周之東、乃命之曰「昔者有神

訓読

【1】成王 既に周公を封ずること二年にして、[2] 王 其の任を重んじ、[3] 乃ち訪□……

【2】……王 鎬に在り、周公旦を召して曰く「嗚呼、之を敬しまんかな。[4] 龔聞哉

【3】……□之を明知せんと欲す」と。周公曰く「旦の之を聞くや、各おの其の身に在りて[5]

【4】……伯夷・叔齊餓えて雝瀆《ようとく》[6]に死せども、其の身を辱めず、精……

【5】「焉んぞ 日彰るくして 冰消《と》くと[7]曰わざらんや」と。成王曰く「嗚呼。□[8]（道）……

【6】……［天子］の正道なり」と。成王曰く「請うらくは、天子の正道を問わん」と。周公曰く……

【7】「天子の正道とは、朝せしめざるも自《おのずか》ら至り、〈9〉審せしめざるも自ら周《あまね》き、〈10〉會せしめざるも自ら圜《あつま》るなり」〈11〉と。成王曰く「請うらくは其の事……問わん」と。

【8】……皆 其の親を豫《やすん》じて之に親しまんと欲し、皆 其の邦を以て之に就〈12〉かんと欲するは、是謂……

【9】時 皇明の德を其の世に……なり〈13〉。

【10】□而賢者は、能く其の六藏の守〈14〉を以て親〈15〉を取る、是を六親〈16〉の約と謂う」と。成王曰く「請うらくは其の方を問わん」と。周 [公]……

【11】二事〈17〉の修を先んずるなり。外道の明たる者、少置〈18〉於身、非天子……

【12】道大いなるかな〈19〉、沌〈20〉なるかな〈21〉。吾之を擧げんと欲すれども果たせず、以て進めば則ち傷〈22〉つく。達……

【13】是之をすこと〈23〉果たせず、之を毀つこと可ならず、その狀膏脞〈24〉として、以澤深〈25〉……

【14】皆 章〈26〉を天に見《あら》わす」と。成王曰く「夫れ夏の繒氏《しょうし》の道〈27〉、以て善否を知る可く、以て亡〈28〉在を知る可し。道有ると謂う可きか」と。周公曰く「是れ夫れ
【15】重光〈29〉。重光其れ昌《さかん》なるや、期〈30〉にして須〈31〉いる可きなり。此の六者 皆〈32〉逆《あ》〈33〉わん。民 皆 乖離の心有り、而して國 相〈34〉い患害の志有り、是れ重〈35〉[殃]と謂う。

【16】……之至、周の東に在り、乃ち之に命じて曰く「昔者 神有り

現代語訳

【1】成王が、すでに周公を〔魯に領主として〕封じてより二年、王はその役目を重んじて、そこで訪□……
【2】……王は鎬にいて、周公旦を召して言うには「ああ、これを敬しまれよ。聋聞哉
【3】……□これをはっきりと理解したいと思う」と。周公が言うには「〔私〕旦がこれを拝聴しますに、それぞれその身

にあり

【4】……伯夷と叔斉は、餓えて雝瀆《ようとく》で息絶えたが、〔信念を守り抜いたので〕その身を辱めることなく、精……

【5】どうして日が照り輝いて氷が溶けると言わないでしょうか」と。成王が言うには「ああ。□〔道〕

【6】……〔天子〕の正道です」と。成王は言った「どうか天子の正道について、尋ねさせて欲しい」と。周公は言った

……

【7】「天子の正道とは、参内させなくとも〔諸侯は〕自然に朝見し、詳しく審査させずとも〔諸侯は〕自然に綿密でよく行き届いた振る舞いをし、会盟を〔して諸侯を招き寄〕せずとも、〔諸侯は〕自然に団結するものです」と。成王は言った「どうか、その事……尋ねたい」と。

【8】……皆　その親《しん》〔親しいもの〕を安逸にしてこれ〔天子〕と親しくしたいと望み、皆　その邦をこれ〔天子〕と親しみ結びつけたいと思うのは、これ……いいます……

【9】柎　天子の明徳をその世に……である。

【10】□而賢者は、その六つの内にある〔守るべき〕徳目で親しい者を得ることができる、これを六親の約〔父子、兄弟、夫婦など親族の誓い〕といいます」と。成王は言った「どうかその方法を尋ねたい」と。周〔公〕……

【11】二事の処理を先に行うのです。外道〔小人の道〕に明らかな者は、少置於身、非天子……

【12】道は偉大なものであり、区別のはっきりしない混沌としたものである。私はこれをどうにかしたいと思うけれどうすることもできず、そうして〔無理に〕行動すれば傷つけてしまう〔ものである〕。達……

【13】是　これをすことはできず、これを壊すこともできず、その形は膏腟〔流動的な様を表すか〕として、以沢深

【14】皆　章《しるし》を天に現す」と。成王は言った「そもそも夏の繒氏《しょうし》の道は、善否を理解し、存亡を認識していた。〔この場合〕

道は有るというべきだろうか」と。周公は言った「これはそもそも

【15】　重光。素晴らしい光（徳）が輝くならば、時宜にかなうよう用いるべきです。この六つのものは全てそろうでしょう。民は皆 異なる思いを抱き、そうして国は互いに災いを与える邪心を持つ、これを災いを重ねると言います。

【16】　……之至、周の東に在り、そこでこれに命じて言うには「昔 神がいて

語注

〈1〉「四時常事必至西行弗來」の下に墨節があり、その上部と下部とは別文献であったことが分かる。そのため、該当箇所については、「訓読」以下、省略する。

なお、筆者は平成二十四年八月二十八日に中国出土文献研究会の一員として、上海博物館を訪れ、竹簡の実見調査を行った。その際、第一簡墨節上部の文献について、博物館の葛亮氏よりお話を伺った。葛亮氏によれば、墨節上部の筆写者は墨節下部と同一人物と考えられるが、内容は異なっており、現時点においてそれがいずれの文献と関連するものであったかは不明であるという。さらに、本篇に関しては、当初、李零氏が整理作業に当たっており、それが後に濮茅左氏に引き継がれ、その仮題も『尚父周公之一』『尚父周公之二』から『成王既邦』へと変更されたという情報を得た。併せてここに附記しておく。

〈2〉『成王既邦』には、もともと篇題がなく、整理者が第一簡の四字をとって篇題としている。

整理者は第一簡十四字目の「」を「邦」字と隷定し、「成王既邦、周公二年（成王既に邦し、周公二年）」と釈読するが、復旦吉大古文字専業研究生聯合読書会（以下、聯合読書会）や子居氏は「」字を「封」字とし、「成王既封周公二年（成王既に周公を封ずること二年）」と連続して文意を解する。

音韻上、「邦」字と「封」字は通用していたと考えられる（董同龢『上古音韻表稿』）。また、先秦代の文献中に、「既邦」あるいは「周公二年」という表現が見受けられないことからも、ここは聯合読書会や子居氏の指摘する通り、「成王が周公旦を封じてより二年」と捉えるべきであろう。

〈3〉「而王重其任」については、王が自らの任務を重いと考えた、あるいは周公旦の任を重んじたという二通りの解釈が可能であるが、『尚書』君陳の序に「周公既没、命君陳分正東郊成周（周公既に没し、君陳に命じ分ちて東郊の成周を正さしむ）」とあり、その偽孔伝に「成王重周公所営故命君陳分居、正東郊成周之邑里官司（成王 周公の営む所を重んずるが故に君陳に命

じて分居せしめ、東郊成周の邑里の官司を正さしむ）」とあることなどを参考にして、今は王が周公旦の役目を重んじた意と解することとする。

〈4〉整理者は「雚」字を「朕」字と隷定するが、聯合読書会は、下文の接続が不明であるため、これを保留としている。

上博楚簡中、「雚」字は『容成氏』や『鮑叔牙与隰朋之諫』などに見られるが、そこでは全て「乗」の意で用いられている。そのため、ここでは聯合読書会同様、判断を保留したい。

〈5〉「各在其身」については、『管子』内業に「不以物乱官、不以官乱心、是謂中得。有神自在身、一往一来、莫之能思。失之必乱、得之必治（物を以て官を乱さず、官を以て心を乱さず、是を中得と謂う。有神自ら身に在り、一往一来、之を能く思うもの莫し。之を失えば必ず乱れ、之を得れば必ず治まる）」とある。また『管子』形勢解には「道者、所以変化身而之正理者也、故道在身、則言自順、行自正、事君自忠、事父自孝、遇人自理（道とは、身を変化して正理に之《ゆ》く所以の者なり。故に道 身に在れば、則ち言 自ら順い、行 自ら正しく、君に事うること自ら忠、父に事うること自ら孝、人を遇すること自ら理《おさ》まる）」とある。

李鋭氏（参考文献K所収）は、第三簡と第十四簡を連続可能とするが、その根拠は不明である。

〈6〉「售」字について、整理者は甲骨文や金文を例に「讎」字であろうと指摘する。「湋」字については「瀆」字とし、「溝」の意としている。また、「讎瀆」は地形を表しており、『大戴礼記』曾子制言の「（筆者補：昔者伯夷・叔斉）死於溝澮之間（筆者補：昔者 伯夷・叔斉）溝澮の間に死す）」と合致することから、「首陽山」を指すとする。さらに、「讎」字のみで地名を表す可能性も指摘している。

〈7〉整理者は「澡」字について、『説文解字』水部の「澡、洒手也。从水喿声」や、『玉篇』の「澡、洒手也、治也」を引き、「冰澡」と熟して読み、徳を守り悪事に染まらず、身を清くする意であるとしている。一方、聯合読書会は出土文献中「喿」は「肖」と通用するとして、「澡」字を「消」字と定めている。

確かに、聯合読書会の指摘する通り、上博楚簡『競建内之』に見える「寡人之不剿也」の「剿」字は、「肖」字の意と考えられ、「喿」字と「肖」字が通用していることが分かる。そのため、今は聯合読書会に従う。

〈8〉聯合読書会は、第五簡の断絶部分の文字について、残部の字形が第六簡・第七簡の「道」字と類似していることから、「道」字が記されていた可能性を指摘する。

〈9〉「弗朝而自至」について、整理者は「天子の正道があれば、忠信が四夷に周知され、皆服従するので、四方の諸侯は自然と朝見しに来る」意と解する。文脈上、正しいと思われるためこれに従う。

〈10〉「審」字を聯合読書会・程少軒氏（参考文献K所収）は「密」字と釈読する。しかし、字形から見れば、該当字は「審」字に近いと思われるため、「審」字として解することとする。
「周」については、『管子』九守に「人主不可不周（人主は周ならざるべからず）」とあり、その尹知章注に「周、謂謹密也（周とは、謹密を謂うなり）」とある。

〈11〉「團」を聯合読書会は「断」とし、「決断」の意と解する。しかし、ここでは文脈上、整理者の述べるとおり、「團」字と捉えるべきであろう。「会盟をして諸侯を招き寄せずとも、諸侯は自ら団結する」意と考える。

〈12〉何有祖氏は、該当字を「戚」字とするが、字形上、整理者の隷定する通り、「就」字とすべきであろう。

〈13〉整理者は「⿰木寺」字を『説文』木部の「⿰木寺、槌也」や『類篇』の「或作樀」、さらに『説文』門部の「⿵門詹謂之樀。樀、廟門也」を引いて、廟門の意とし、第九簡全体を「⿰木寺・市明之、徳其世也」と定め、「廟門や定期市などでこれを公示し、世の中を平穏にする」意としている。また、蘇建洲氏は整理者が「市」と定める文字「」について、郭店楚簡『唐虞之道』第十九簡の「重（）」字と下部が類似するとして、字形から「往」字ではないかとし、さらに「往」字は「皇」字と通用することから、該当字を「皇」字と隷定する。
整理者は、廟門や市場は公開の場であり、「明」の公示するという意と合致すると述べるが、伝世文献中にこのような表現は見えず、疑問が残る。一方、蘇建洲氏の指摘する通り、上博楚簡中に見える「市」字（（『容成氏』第十八簡）・（『容成氏』第三十六簡）・（『競建内之』第十八簡）など）と「往」字（（『周易』第三十簡）・（『周易』第二十簡）・（『周易』第四十四簡）など）は字形が近く、該当字は「往——皇」字であった可能性がある。また、「皇明」は班固の西都賦に「天人合応、以発皇明（天人合応して、以て皇明を発す）」と見え、その劉良注に「皇大也。此則天意人事合応、以発我皇大明之徳（皇とは大なり。此れ則ち天意人事合応し、以て我が皇の大明の徳を発するなり）」とある。「⿰木寺」の意は未詳であるが、今は蘇建洲氏に従い、原文を「皇明之徳其世也」と解釈することとする。

〈14〉「六蔵之守」について、整理者は「守」を「獣」とし、「蔵之獣」を旧物の意とする。聯合読書会・子居氏は「六蔵之守」と隷定する。また子居氏は『六韜』文韜・六守の「太公曰「一曰仁、二曰義、三曰忠、四曰信、五曰勇、六曰謀、是謂六守」（太公曰く「一に曰く仁、二に曰く義、三に曰く忠、四に曰く信、五に曰く勇、六に曰く謀、是を六守と謂う」と）」を挙げ、その関連性を指摘している。

〈15〉整理者は「新」字と隷定する。一方、聯合読書会・子居氏は「親」字とする。
全体の内容は、整理者の述べる「君子は古きを革め新しきを取る」という解釈よりも、聯合読書会や子居氏の指摘する通り、

「六蔵の守をもって、親しむ」という解釈の方が自然であるように思われる。そのため、ここでは該当字を「親」字と捉えることとする。

〈16〉 整理者は「六親之約」の「親」字が「新」字であった可能性も指摘する。「六親」については『老子』に「六親不和、有孝慈（六親和せずして、孝慈有り）」とあり、その王弼注に「父子、兄弟、夫婦也」とある。

〈17〉 整理者は字形から「先国変之修也」に作り、単育辰氏は「先二史之修也」に作る。
該当字をその他の上博楚簡に見える文字と比較すると、字形の上では「二」「史」字により近いことが分かる。そのため、ここは単氏の説に従う。

〈18〉 「⿱罒疋」字について、整理者は「待考」としながらも、「疏」字の可能性を指摘しているが、蘇建洲氏は甲骨文との対照により「置」字と隷定している。今は蘇建洲氏に従って解釈する。

〈19〉 整理者は「才」を「在」とするが、黄杰氏や子居氏は「哉」と釈する。「在」「哉」は、どちらも「才」と音通するが、文脈上「哉」であった可能性が高いと考えられるため、後者に従う。〈語注20〉を参照。

〈20〉 整理者は、本文を「道大在屯」と区切り、「宅」を「屯」と釈読しており、「屯難」（苦しみ悩む）の意と解する。聯合読書会も同様に文を区切るが、「宅」字については、「待考」としている。一方、黄杰氏は「宅」字を「宅」と隷定し、「純」字（もしくは「沌」字）ではないかと指摘する。黄杰氏の検討を受け、子居氏は該当箇所を「有神道、大哉。純乎。」（第十六簡＋第十二簡）と区切り、釈読する。また、劉信芳氏は「宅」字について、「混」字の可能性を指摘する。
整理者の述べるように、「道が苦しい状況に直面している」と解釈することは文脈上難しいため、今は字形から最も通用していた可能性の高い「沌」字として解することとする。

〈21〉 「虖〓」について、整理者・聯合読書会は「嗚呼」字の合文と解するが、黄杰氏は、そのような用例は見られないとして、字形から「乎」字と「吾」（虐）字の合文とする。
黄杰氏の指摘する通り、上博楚簡中「嗚呼」の合字を「虖〓」と表現する方法は見られないため、今は「乎」と「吾」（虐）との合文として釈読したい。

〈22〉 整理者は、「逿」字を「跌倒」（つまずき倒れる）意と解する。劉信芳氏は『周易』序卦の「進必有所傷（進めば必ず傷るる所有り）」を引き、「傷」の意とする。黄杰氏も同じく「傷」の意とする。

〈23〉 「」字について、整理者は「抻」と隷定し、「展」の意としている。一方、聯合読書会は「擅」あるいは「譠」と読み、意味的に下の「毀」と応ずるとしている。蘇建洲氏も聯合読書会の意見に従う。

〈24〉「膏脞」について、整理者は重要な比喩、もしくは緊迫した様子の喩えとする。聯合読書会は「脞」を「淫」字としており、そこから「膏脞」を「驕淫」と解釈する。単育辰氏は「脞」を「危」字として、「膏危」あるいは「高危」とすべきではないかと指摘する。

聯合読書会は「脞」字の右部「坐」を「壬」と隷定し直しているが、図版を確認する限り、やはり該当部分は「坐」字に近く、これだけでは上接の文字と同時に「膏脞」を「驕淫」と読み得るか疑問が残る。また、単氏が「脞」字を「危」字としている根拠は不明であり、この断簡のみからは、単氏の説が正しいかを判断することも難しい。そのため、今は整理者の隷定に従って解釈することとする。

〈25〉「以澤深」の「澤」字について、整理者は「澤」字の他に「睪」字の可能性（意は「敗」「死病」とする）を挙げる。「」字については、整理者は「季」と隷定し「厲」の意で解するが、聯合読書会は字形から「来」、また単育辰氏は「来」を読み換え「陵」としている。

〈26〉整理者は「章于天」について、『詩経』大雅・文王之什・棫樸に「倬彼雲漢、為章于天（倬彼たる雲漢、章を天に為す）」とあるのを引き、周公旦が素晴らしい文王の道（人材教育・登用に力を入れ、また善悪を知る）を用いて成王に説いたのだとする。

その他、『詩経』大雅・文王之什・文王にも「文王在上、於昭于天（文王上に在り、於《ああ》天に昭たり）」とあり、また『詩経』周頌・閔予小子之什・桓にも武王の徳を称える類似の表現「於昭于天、皇以間之（於《ああ》天に昭《あき》らかにして、皇として以て之（筆者注：天）に間《かわ》る）」が見える。そのため、ここでは良君（道を得た君主）の徳が天に輝いたという意に解したい。なお、清華簡『尹至』においても、「夏有祥、在西在東、見章于天」の表現が見えるが、文意は異なるものと思われる。

〈27〉「鄫」（繒《しょう》）は、夏の禹の子孫が封ぜられた国。春秋の時、莒に滅ぼされる。

〈28〉整理者は「亡才」と定めるが、聯合読書会は上部に見える「善否」と対応する句型であろうとし、「亡在」と解している。文脈上正しいと思われるため、聯合読書会に従う。

〈29〉『尚書』顧命に「昔君文王・武王宣重光、奠麗陳教則肄肄不違。（昔君文王・武王は重光を宣《あら》わし、麗を奠《さだ》めて教えを陳べ、肄肄《いい》として違わず）」とある。

〈30〉楚簡中「羿」字は「旗」字を表す。整理者は「旗」を号令の意で解する。聯合読書会は該当字を「旗」の異体字として「期」字と隷定する。

「旗」字と「期」字は、両字とも之部陰声開口に属すため、音通すると考えられる。そのため、ここでは文脈から「期」字とし、時（機会）の意で解することとする。

〈31〉整理者は、字形から該当字を「寡」字とするが、聯合読書会は「須」字とする。聯合読書会が指摘する通り、該当字は、上博楚簡『昭王毀室』（第五簡）や、上博楚簡『三徳』（第一簡）に見える「須」字と近似している。そのため、聯合読書会に従い、「須」字と釈読する。

〈32〉配列や欠損・欠失簡の問題により、「六者」が何を指すかは不明である。

〈33〉『尚書』夏書・禹貢に「同為逆河入于海（同じく逆河となりて海に入る）」とあり、その鄭玄注に「下尾合、名為逆河。言相向迎受（下に尾合するに、名 逆河と為す。言うこころは、相い向いて迎受するなり）」とある。

〈34〉整理者は「串」・「割」と隷定するが、聯合読書会は上に見える「乖離」と応ずる意であるとして、それぞれ「患」・「害」とする。文脈上、正しいと思われるため、今はこれに従う。

〈35〉整理者は「重」の下に「光」字があったのではないかと述べる。子居氏は、欠字について、単育辰氏の次の説を引用する（筆者訳）。

「重光」（第十五簡）は好ましい事態に使用するものであり、ここでは危機的な事態を表す「重殃」の方が適当であると考えられる。そのため欠字には、「殃」を補うべきであろう。

単氏の指摘する通り、上文では「民皆乖離の心有り」や「国相い患害の志有り」などと、退廃的な状況が示されているため、該当箇所は、「重光」とするよりも、「重殃」と解するべきであろう。

第三項　『成王既邦』の構成及び文献的特色

（1）復元案について

本篇には、断簡が多く、欠失した簡も相当量存在する可能性が高いことから、全体構成を捉えることは極めて困難であると考えられる。これまでにも複数の復元案が提示されてきたが、いまだ全体を通読し解釈し得たものはない。しかし、その中でも積極的に内容解釈に取り組み、また竹簡の編聯や復元作業に尽力したものとしては、次の子居氏（参考文献F）の案が挙げられる（算用数字は竹簡番号を、網掛け部分は子居氏が原釈文の配列を変更した箇所を表す）。

・子居……「1＋16＋12＋13＋3＋14＋11＋6＋7＋8＋15＋10＋9＋5」

子居氏は、第二簡・第四簡を別文献として本篇から除き、さらに第二簡に関しては、李鋭氏が『逸周書』宝典と関連のある内容ではないかとする意見に同意している。

また、聯合読書会は、「6＋8＋7」を連読可能とし、さらに第四簡について、その他の竹簡と異なる筆跡で記されており、それは上博楚簡六『慎子曰恭倹』と類似しているとして、判断を保留すると述べる。

他にも、第三簡と第十四簡は連続して読めるとする説（李鋭）や、第九簡は本篇とは別文献のものではないかとする説（程少軒）、子居氏が通読可能とする第十一簡と第六簡は実際には通読することができないとする説（高佑仁）や、第十二・十三・十六簡は文意や字体などから、他篇の一部であろうとする説（李松儒）などがある。

このように、復元や配列に関して多くの指摘がなされる中、特に注目すべきは、諸研究者が一定のまとまりを持つと捉えている「天子之正道」に関する第六・七・八簡の配列であろう。

図版を確認すると、第八簡（上部欠損簡）の断裂部分には、わずかながら文字の痕跡が窺える。これに対して、第六簡（下部欠損簡）の断裂部分にはそのような痕跡を窺うことはできない。第六簡と第八簡を綴合した場合、簡長や編縄痕の位置などから、両簡の間に文字があったとは考えにくく、そのため、聯合読書会の指摘する「6＋8＋7」の配列案は成立しないものと思われる。

第六簡下部（断裂部）

第八簡上部（断裂部）

また、第六・七簡に関しては原文中に「天子之正道」という語句が見えることから、両者に何らかの関連があったことが認められるが、第八簡については、「周公曰」や「成王曰」など発言者を特定し得る情報や、「天子之正道」の語句が見られないことから、厳密に第六・七簡と接続していたか否かの判断を下すことは困難であると言える。

さらに、第六・七・八簡の前後の配列にも目を向ければ、子居氏の述べる第十一簡と第六簡とは、竹簡の編縄痕位置や綴合後の竹簡の長さなどから、直接接続しないことが分かる。さらに、同氏が指摘する第八簡と第十五簡・十簡との接続についても、「六者」や「六蔵」「六親」などの関係性が不明であり、それらを直ちに連読可能と判断することは難しいだろう。

（2）本篇の釈読上の問題点

以上、諸研究者も指摘する通り、本篇中には字体や文体の異なる簡が多く見受けられる。そのため、本篇全体を一つの文献と捉えることは不可能であると思われる。以下、その理由を三点挙げる。

①字体の相違

先にも述べたが、聯合読書会や李松儒氏が主張するように、本篇には明らかに字体の異なる簡が存在する。特に第二・四簡は、その他の竹簡に書写された文字に比べ、細く均一な字体で記されており、別篇あるいは異なる書写者によって記された可能性があるだろう。

また第九簡・第十二簡は、他の竹簡よりも書写された文字の字間が広く、中でも第十二簡の「道」字は、第十一簡や第十四簡に見られる字体と、一画目や辶の位置が異なることが分かる。さらに第十三簡では「其」字が他簡（第一簡・第七簡など）とは異なり、下部が内側に反った字体で記され、第十六簡については、「周」字や「又・有」字が、それぞれ他簡（第一簡・第三簡、第十四簡・第十五簡）と異なる字体で記されている。（注1）

（道）（第十二簡）	（第十一簡）	（第十四簡）
（其）（第十三簡）	（第一簡）	（第七簡）
（周）（第十六簡）	（第一簡）	（第三簡）
（又・有）（第十六簡）	（第十四簡）	（第十五簡）

このような字体の相違は、同一人物による書き分けともとれるが、断簡の多い本篇においては、慎重に取り扱い検討すべきであろう。

②文体の相違

李鋭氏や子居氏は、文体面において、第二簡と『逸周書』宝典との関連性を指摘している。確かに、本篇には「嗚呼、之を敬しまんかな」（第二簡）や、「成王曰く「嗚呼……」」（第五簡）など、『尚書』や『逸周書』を連想させる表現が見える。また、第三簡や第六簡・第十四簡が周公旦の発言を「周公曰」と記すのに対し、第二簡には「周公旦曰」と記述されており、呼称にも違いが見られる。このことも、本篇を一文献と見なすことを躊躇《ためら》わせる要因と言えよう。

③内容の相違

本篇には、第一簡に「王 其の任を重んじ、乃ち訪□」とあり、成王が周公旦に質問する内容が記されている。しかしその直後、第二簡には「王鎬に在り、周公旦を召して曰く」と記述され、成王が鎬京におり、周公旦を呼び出す内容が見える。これは字体や文体の相違を含め、内容面においても、第二簡が別篇である可能性が高いことを表していると考えられる。少なくとも、これらの状況から判断して、第二簡を第一簡と直接接続する簡と捉えることは難しいであろう。

また、本篇には第六・七簡に「天子之正道」を説くように、政治的な教訓を述べる箇所が見える一方、第十六簡に「周の東に在り、乃ち之に命じて曰く「昔者 神有り」」と、一見神仙に関する内容が記されているかに思われる箇所もある。

このように、本篇中には様々な相違点が見受けられ、単純に本篇を一つの文献と見なすことは困難であると考えられる。

（3）「其の親をじて」の解釈

本篇第八簡には、「皆 其の親をじて之に親しまんと欲し、皆 其の邦を以て之に就かんと欲す」とある。該当簡は接続に疑問は残るものの、周公旦の言と捉えられている。もし、これが周公旦の言であったとすれば、ここにはどのような思想が示されているのであろうか。

まず、該当簡の文字について考えてみたい。第八簡の字については、先行研究においても、多くの研究者が疑問を呈しており、いまだ文字の確定には至っていない。整理者は、該当字を「欲」字ではないかと述べ、「俗」（風俗・習俗）の意に解する。一方、聯合読書会は、「豫」字と隷定し、「舍（捨）」の意とする。

「欲」は、『成王既邦』において、次のように記される[注2]。

（第三簡 第一文字目）

（第八簡 第二文字目）

（第八簡 第十文字目）

この文字の旁（右半分）の字形は、と明らかに異なるものであり、該当字を整理者の主張する「欲」字と読むことは困

難であると思われる。

さらに、上博楚簡に見えるその他の近似する字形、「豫」字（『周易』第二十四簡）や「豫」字（『仲弓』第十簡）を確認すれば、次のように記されている。

『周易』第二十四簡

『仲弓』第十簡

字形から言えば、該当字は『仲弓』の字体と近く、これは「豫」字であった可能性がある。「豫」「豫」と「豫」は通用し、さらに「豫」（喩紐魚部）と「舎（捨）」（書紐魚部）とは音通する。聯合読書会の指摘するように、『周易』に記された「豫」字が、今本では「舎」と記述されていることからも、該当字を「舎」とし、「其の親を捨てて」と読むことも可能であるように思われる。

しかし、該当箇所を「捨」と読んだ場合、「親しい者を捨てて天子に近づきたい」という第八簡上部と、「邦をもって天子と親しみたい」、つまり、国家を率いて天子と和するとする下部が相反する意となってしまう。該当字を「捨」とした場合、このように矛盾が生じてしまうのである。

では、一体どのようにこの文字を理解すれば良いであろうか。上博楚簡第二分冊に所収の『孔子詩論』にも、字形の類似する文字字が見える。該当箇所は次の通り。

与賤民而（豫）之（賤民と而《よ》く之を豫《の》ぶ）

鄭玉姍・季旭昇両氏は音通関係から、ここに見える「豫」字（喩紐魚部）を「抒」（神紐魚部）や「舒」（審紐魚部）の意と捉えている。（注3）しかしながら、文脈上『成王既邦』中のの意をこのように「抒」の意と解釈することは難しく、異なる

使用法であったものと考えられる。

この他、郭店楚簡『六徳』にも「（⿰彳免（逸・豫））其志」とあり、該当字と近似する文字が見える。李天虹氏はこの文字について、「「谷」に従い、「兔」に従う。「逸」の異体字ではないか」とし、隠匿あるいは間適、安楽の意の可能性を指摘している。(注4)

研究者により、いずれの文字に隷定するかは異なるが、楚簡における「⿰彳免」字および「⿰彳象」字は、全て「豫」字を表すとする研究者も存在する。(注5)「豫」は『爾雅』釈詁に「豫・寧・綏・康・柔、安也」とある。すなわち、李天虹氏は『六徳』に見える字を「逸」の異体字ではないかと判断しているが、該当字は「豫」字であった可能性もあり得る。その妥当性は暫くおくとしても、李氏が該当字について「間適・安楽」の意を指摘したことは、『成王既邦』のについて考える上で、大いに参考とすべきであろう。

周公旦の言説は『論語』や『呂氏春秋』にも見える。『論語』微子には「周公謂魯公曰「君子不施其親、不使大臣怨乎不以。故旧無大故、則不棄也。無求備於一人」」（周公 魯公に謂いて曰く「君子は其の親を施《す》てず、大臣をして以いざるに怨みしめず、故旧 大故無ければ、則ち棄てざるなり。備わるを一人に求むること無かれ」）」とあり、子・伯禽に君子たるもの、その親族を大切にし、重臣に不満を抱かせず、昔なじみの者は大きな過ちのない限り見捨てず、一人に〔多くのことが〕備わるのを求めてはいけないと教戒する周公旦の姿が見える。また、『呂氏春秋』審応覧・重言には、成王が弟の唐叔虞に戯れで「諸侯に封じよう」と言ったことを知り、「天子に戯れの言葉はなく、実際に唐叔虞を封ずるべきだ」と成王に対して諫言する周公旦の様子が描かれている。(注6)さらに、これに続けて『呂氏春秋』には、「周公旦は善く説くと謂うべし。一たび称して成王をして益ます言を重んぜしめ、弟を愛するの義を明らかにし、有《ま》た王室の固めを輔く」と周公旦の評価が記されている。

このように、『論語』や『呂氏春秋』には、「親」（親族・親しきもの）を重視する周公旦の姿が描かれている。ここには、周公旦に対してそのような評価を与えようとした後学の存在が推測されるであろう。

そこで、再び本篇の内容を振り返ってみれば、第八簡の「其の親をじて」の解釈は、以上の点からも「捨てる」ではなく、「豫《やす》んずる」という読みが支持されると言えよう。君子とは、親類・親族を和し、その上で天子に付き従うべき存在である。本篇にはそのような周公旦の姿勢が記されていたと考えられる。

小結

本節では、先行研究を踏まえ『成王既邦』の釈読を行うことにより、その内容が「天子の正道に関するもの」や「『尚書』や『逸周書』の文体と類似するもの」、また「夏の繒氏の道」や「六蔵の守」「六親の約」を説くものなど多岐に渉っており、一つの文献として捉えることが難しいことを指摘した。公開当初より、整理者をはじめ、諸研究者により、上博楚簡中には儒家系の断簡が多く含まれていると認識されてきた。本篇は、これらの竹簡が十分な配慮なしに「周公旦に関するもの」という括りでまとめられた結果、複数の文献を混同することとなったのではなかろうか。

さらに、本節においては、諸研究者により問題にされてきた第八簡の文字と内容について検討することで、それが「親を捨てて天子につく」というものではなく、『論語』に見える周公旦の発言と類似するもの、すなわち「親（親族・親しき者）を率いて天子に仕える」という内容であった可能性を述べた。恐らく、そこには何らかの意図を持って、周公旦を表彰する後学の存在があったものと思われる。

本篇には、『尚書』や『詩経』には見ることのできない、周公旦と成王との問答が記されており、大いに注目される。他簡との相違が見られた第二・四・九・十二・十三・十六簡を除けば、そこには主に周公旦の政治的発言が記述されていたと考えられる。本節に引き続き、次節において、『成王既邦』の文献的特質や成書年代について更に検討し、その中に描かれた周公旦像を明らかにしてみたい。

注

（注1）第二・四・十二・十三・十六簡と他簡との文字の具体的な相違については、「第四十八回中国出土文献研究会（平成二十四年七月十五日～十六日）」において、福田哲之氏より御教示を頂いた。厚く御礼申し上げたい。

（注2）本篇第十二簡にも「欲」字が見えるが、第十二簡は、そもそも内容や字体から別篇であると考えられるため、ここでは省略する。

（注3）参考文献Aの一五頁。

（注4）参考文献Bの一三四頁。筆者は、平成二十四年八月二十九日、中国出土文献研究会の一員として、武漢大学簡帛研究中心に赴き、そこで李天虹氏・劉国勝氏・宋華強氏との座談の機会を得た。その際、郭店楚簡『六徳』に見える字について尋ねた所、李氏からは、旁の部分（右部分）は「兔」であるが、偏（左部分）については諸説あり、不明との回答を得た。また劉氏より、「兔」字と「象」字は通用関係にはないが、文字がくずれて書写された場合、字形が似通ってくる可能性がある。その場合には、前後の文脈や偏によって該当字を判断する、とのお話を伺った。

（注5）李守奎・曲氷・孫偉龍編著『上海博物館蔵戦国楚竹書（一－五）文字編』（作家出版社、二〇〇七年十二月）や、滕壬生『楚系簡帛文字編　増訂本』（湖北教育出版社、二〇〇八年十月）。

（注6）成王与唐叔虞燕居、援梧葉以為珪、而授唐叔虞曰「余以此封女」。叔虞喜、以告周公。周公以請曰「天子其封虞邪」。成王曰「余一人与虞戯也」。周公対曰「臣聞之、天子無戯言。天子言、則史書之、工誦之、士称之」。於是遂封叔虞于晋。周公旦可謂善説矣、一称而令成王益重言、明愛弟之義、有輔王室之固。（『呂氏春秋』審応覧・重言）

第二節　『成王既邦』の思想的特質――周公旦像を中心に――

清華簡『成王既邦』には、伝世文献には窺うことのできない成王と周公旦との問答が記されており、古来、聖人と見なされてきた周公旦像を再検討する上で、極めて重要な文献であると考えられる。本節では前節に引き続き、本篇に見える周公旦の発言を検討することにより、その思想的特質と本篇の思想史上における位置づけを明らかにしたい。

第一項　『成王既邦』の場面設定と構成と――『尚書』・『逸周書』との比較――

本篇第一簡には「成王 既に周公を封ずること二年にして、王 其の任を重んじ、乃ち訪□……」（注1）とある。この「乃訪□……」について、整理者は、『尚書』洪範の「王訪于箕子（王 箕子を訪《と》う）」（注2）を引く。また聯合読書会は、本簡の末には欠損した文字が見え、これが第五簡の「於」の形と類似していることから、ここに「於」字が記されていた可能性を指摘する。『尚書』洪範に見える「王」は武王を指し、また王が訪ねる相手も「箕子」であり、本篇とは異なるが、他にも『逸周書』大開式解に武王が周公旦に質問する場面が見え、（注3）また『逸周書』大戒解には成王が周公旦に質問する場面が見える。（注4）そのため、本篇の場面設定はこれらと類似するものと考えられ、「封周公二年」に成王が周公旦に教えを請う内容から説き起こされていたと考えられる。

しかし、『尚書』洪範や『逸周書』大開式解・大戒解などの冒頭に見える紀年の定型句「惟十有三祀」や「維王一祀二月」、「維正月既生魄」などは『成王既邦』には見られない。（注5）逆に、『成王既邦』は成王と周公旦の問答形式で記され、「請うらくは、天子の正道を問わん」（第六簡）、「請うらくは其の事……問わん」（第七簡）、「請うらくは其の方を問わん」（第十簡）、「夫れ夏の繒氏の道…（中略）…道有ると謂う可きか」（第十四簡）などと謙虚な姿勢で幾度となく質問する成王の姿が描かれているものの、『尚書』や『逸周書』においては、そのような内容の文献はほぼ見られない。

『尚書』中、周公旦の発言は金縢・召誥・洛誥・無逸・君奭・多方・立政の諸篇に見えるが、その内、金縢には、病の武王に代り、自らが犠牲になろうとする周公旦の姿が見え、召誥には、召公奭・周公旦が洛邑遷都の際に夏・殷の滅亡を肝に銘じ、敬んで行動しなければならないと教戒する内容が記されている。また無逸には、成王の安逸を戒めるため、君奭には周公旦の振るまいに疑念を抱く召公奭を諭すために、一方的に自らの意見を述べる周公旦の様子が記されており、多方には諸国に天命の推移を告げ、周に従うよう命ずる成王の言葉を代弁する周公旦が、さらに立政には官僚の長を立てることを成王に説く周公旦の言葉が見える。しかし、これらの篇は全て、王との問答形式では記されていない。

これに対し、洛誥は成王と周公旦の対話形式で記されているが、その内容は成王が周公旦に遷都に関して占わせ、以後の統治についてもよく助けるよう命ずるものであり、『成王既邦』のように政治に関して積極的に質問する成王の姿や、具体的にその質問に返答する周公旦の姿は描かれていない。

『逸周書』においても、周公旦は多くの篇に登場するが、(注6)本篇のように周公旦への問いを幾度も繰り返す成王の様子は、どの篇にも窺うことはできない。

このように、本篇は一見、『尚書』や『逸周書』と類似した場面設定がなされているかに思われるが、『尚書』や『逸周書』に見える紀年の定型句は使用されておらず、また、それらの文献に見られない成王や周公旦の様子が描かれており、異なる要素を有することが分かる。

それでは、このような政治について問答を行う成王と周公旦の様子は、他文献には窺うことのできないものなのであろうか。また、本篇において周公旦は如何なる発言をし、如何なる考えを示しているのか。以下、本篇中における周公旦の言説を検討することで、その思想的特質を明らかにしたい。

第二項　『成王既邦』における周公旦の言説

武王・成王を助け周王朝の樹立に貢献し、孔子より尊崇されたと考えられている周公旦であるが、実はその発言はほとんど残されていない。伝世文献中、周公旦の言を検討する上で、特に重要と思われるのは、『尚書』・『詩経』などの経典類であるが、その中には、主に周公旦が文王・武王の徳を賞賛し、天命を強調する内容や、成王や召公奭・その他諸侯に対して敬んで行動するよう述べる内容が記されている。しかし、本篇における周公旦の発言は、それらの記述とは異なる。以下、具体的な発言を通して確認してみたい。

なお、前節「上博楚簡『成王既邦』釈読」で指摘した通り、本篇には別篇と考えられる竹簡が混入している。そこで、それら別篇と考えられる六簡（第一・四・九・十二・十三・十六簡）を除外して、以下、検討を進めることとする。『成王既邦』中、周公旦の発言と考えられる箇所を示せば、次の通りである。

【3】	……□之を明知せんと欲す」と。周公曰く「旦の之を聞くや、各おの其の身に在りて
【5】	「焉んぞ日彰るくして冰消《と》くと曰わざらんや」と。成王曰く「嗚呼。□（道）……
【6】	……「天子」の正道なり」と。成王曰く「請うらくは、天子の正道を問わん」と。周公曰く……
【7】	「天子の正道とは、朝せしめざるも自《おのずか》ら至り、審せしめざるも自ら周《あまね》き、會せしめざるも自ら摶《あつま》るなり」と。 成王曰く「請うらくは其の事……問わん」と。
【8】	……皆 其の親を豫《やすん》じて之に親しまんと欲し、皆 其の邦を以て之に就かんと欲するは、是謂……

【10】□而賢者は、能く其の六藏の守を以て親を取る、是を六親の約と謂う」と。成王曰く「請うらくは其の方を問わん」と。周［公］……

【14】皆 章を天に見《あら》わす」と。成王曰く「夫れ夏の繒氏《しょうし》の道、以て善否を知る可く、以て亡在を知る可し。道有ると謂う可きか」と。周公曰く「是れ夫れ

第三簡（【3】）は残欠により、具体的にどのような内容が記されていたか不明であるが、第五・十四簡については、どちらも「良王の治政」と「道」とに関する問答がなされていたと考えられる。また、第十簡については、「賢者」が「六つの内にある〔守るべき〕徳目で親しい者を得ることができる」といった内容が記述されていたと見られ、さらに成王の「請うらくは其の方を問わん」という問いが、第七簡の「請うらくは其の事……問わん」と類似する句形であったことが窺える。字体や形制などが近似していることからも、これらの竹簡には何らかの関連性があったと推察されるが、残念ながら竹簡の残存状況が極めて悪く、内容を詳細に検討することは難しい。

しかし、「天子の正道」を説くと考えられる第六・七・八簡については、比較的残存状況が良く、成王と周公旦との問答が如何なるものであったか、具体的に検討する上で注目される。無論、第八簡については、「周公旦」や「成王」などの発言者を特定し得る単語や、「天子の正道」といった語句が明記されていないことから、第六・七簡との接続に疑問が残ることは否めない。しかしながら、字体や形制・その内容から、該当簡を成王に「天子の正道」を説く周公旦の語と判断しても差し支えないと考える。

それでは、これら第六～八簡に見られる周公旦の言説には、どのような思想が示されているのであろうか。

まず、第六簡においては、成王が周公旦に「天子の正道」とは何かと問う内容が記されている。それに対し、周公旦は

「参内させずとも〔諸侯は〕自然に朝見し、詳しく審査させずとも〔諸侯は〕自然に綿密でよく行き届いた振る舞いをし、会盟を〔して諸侯を招き寄〕せずとも、〔諸侯は〕自然に団結するもの」（第七簡）と回答する。さらに、第八簡には周公旦のものと考えられる「皆　その親《しん》（親しいもの）を安逸にして之（天子）と親しくしたいと望み、皆　その邦を之（天子）と親しみ結びつけたいと思う」という発言が見え、邦（一族）を率いて天子に従おうとする諸侯の様子が示されている。すなわち、ここでは、強制的に統治するのではなく、天子が何もなさずとも周りが天子を慕い服従する政治を「天子の正道」としていることが読み取れるであろう。

第三項　「天子の正道」の思想的特色

本項では、前項で確認した「天子の正道」が、中国古代思想史上、どのように位置づけられるかについて、伝世文献との比較を通して検討してみたい。以下、特に『成王既邦』に見られた特徴「無為の治」と「その親や邦を安んじ率いて、天子に親しむこと」を中心に取り上げ、考察を進めることとする。

（1）無為の治

まず、「天子の無為の治」について、関連する内容が含まれる『老子』『論語』『荀子』の記述と『成王既邦』とを比較してみたい。

i．『老子』における無為の治

『成王既邦』に見える「天子が何もせずとも諸侯は服従し正しく振る舞う」と同様の思想は、無為自然を説く『老子』にも見られる。『老子』第四十八章には「取天下常以無事、及其有事、不足以取天下（天下を取るは常に事無きを以てし、其の事有るに及びては、以て天下を取るに足らず）」とあり、天下を統治する方法を「何もしないこと」と説いている。しかし、『老子』の該当箇所直前には「為学日益、為道日損。損之又損、以至於無為。無為而無不為（学を為すものは日に益し、道を為すものは日に損す。之を損し又た損し、以て無為に至る。無為にして而も為さざる無し）」とあり、その根底には「道」を修める必要性が述べられていることが分かる。ここには、道を修めることにより欲を去り、何事もなさずとも全てのことをなせるようになると記述されており、諸侯側の服従理由を「天子に親しみたい」ためとする『成王既邦』とは、異なる理論が展開されていると考えられる。これと同様に、『老子』には、その他第三十二章・三十七章・五十四章にも、王侯が「道」を守れば、万物は自ずと従い、天下は治まるという内容が見え、(注7)天子の無為の治の根本が、「道」と強く関連づけられていたことが窺える。

『老子』は「道」について「道生之、徳畜之、物形之、勢成之。是以万物莫不尊道而貴徳。道之尊、徳之貴、夫莫之命而常自然（道 之を生じ、徳 之を畜い、物 之を形づくり、勢 之を成す。是を以て万物 道を尊び徳を貴ばざるは莫し。道の尊く、徳の貴きは、夫れ之に命ずる莫くして常に自ら然り）」（第五十一章）と述べ、道を万物を生み出す尊い存在と位置づけている。この記述からも、『老子』が思想の根本に「道」を据え、それを活用することにより、君主の統治法を説いていたと理解することができる。

また、『老子』第五十七章には、禁令や法、武器や技術が発展し雑多になればなるほど、人民は離反し、国家は乱れるが、聖人が何もしなければ民は自然とよく治まると述べられている。(注8)さらに、第三章や第六十五章には、それぞれ次のような記述がある。

　是以聖人之治、虚其心、実其腹、弱其志、強其骨。常使民無知・無欲、使夫智者不敢為也。為無為、則無不治（是を以て聖人の治は、其の心を虚しくして、其の腹を実たし、其の志を弱くして、其の骨を強くす。常に民をして無知・無欲ならしめ、

夫の智者をして敢えて為さざらしむるなり。為す無きを為さば、則ち治まらざること無し）（第三章）

古之善為道者、非以明民、将以愚之。民之難治、以其智多。故以智治国、国之賊。不以智治国、国之福（古の善く道を為す者は、以て民を明らかにするに非ず、将に以て之を愚にせんとす。民の治め難きは、其の智多きを以てなり。故に智を以て国を治むるは、国の賊なり。智を以て国を治めざるは、国の福なり）（第六十五章）

これを見れば、『老子』において「人君が人民を無知にすれば国は治まる」という愚民政策が推奨されていたことが分かる。つまり、『老子』では「道に従うこと」と「愚民政策」とが、無為の治を成し遂げるための天子の行うべき方法として説かれていたと考えられるのである。

ⅱ.『論語』における無為の治

天子の無為の治については、『論語』にも関連する内容が見える。該当箇所は以下の通り。

①子曰「無為而治者、其舜也与。夫何為哉。恭己正南面而已矣」（子曰く「無為にして治まる者は、其れ舜なるか。夫れ何をか為さんや。己を恭しくし正しく南面するのみ」と）（衛霊公）

②子曰「為政以徳、譬如北辰居其所而衆星共之」（子曰く「政を為すに徳を以てすれば、譬えば北辰の其の所に居て衆星之に共するが如し」と）（為政）

③葉公問政。子曰「近者説、遠者来」（葉公　政を問う。子曰く「近者は説び、遠者は来る」と）（子路）

①では、古えの聖人舜が天子の位についただけで、何もなさずとも世の中が治まったという内容が説かれている。②では、徳をもって政治を行えば、多くの星々が北極星に向かい整うようなものと記されており、①②を通して、国家統治を語る上で、何如に儒家が「徳治」を重視していたかが窺える。また、③では直接的に無為の治が説かれているわけではないが、政治について問うた葉公に対し、「近くにいる者が悦び、遠くにいる者は〔君主を慕って〕やってくる」ものであると答える孔子の言葉が見える。「君主を慕い遠方から訪れる者がある」という発想も、やはり儒家の重視した「徳治」に根ざすものと言えよう。この考え方は、『老子』には見られないが、『成王既邦』において、「天子の正道とは、朝せしめざるも自ら至り、審せしめざるも自ら周《あまね》き、會せしめざるも自ら團《あつま》るなり」と説かれることと類似している。すなわち、この点よりすれば『成王既邦』における「天子の正道」には、儒家の性格に近い言説が含まれていた可能性が考えられるだろう。

なお、『墨子』にも儒家同様、「天子に、諸侯や賢人・万民が慕い帰服する国家統治」を説く箇所が見える。

> 是故上者天鬼富之、外者諸侯与之、内者万民親之、賢人帰之。以此謀事則得、挙事則成、入守則固、出誅則彊。故唯昔三代聖王堯・舜・禹・湯・文・武之所以王天下正諸侯者、此亦其法已。（是の故に上は天鬼之を富まし、外は諸侯之に与し、内は万民之に親しみ、賢人之に帰す。此を以て事を謀れば則ち得、事を挙ぐれば則ち成り、入りて守れば則ち固く、出でて誅すれば則ち彊し。故に昔 三代の聖王 堯・舜・禹・湯・文・武の天下に王とし諸侯に正たる所以の者と唯《いえど》も、此れ亦た其の法のみ）（尚賢中）

該当箇所では古代聖王と関連づけた説明がなされており、墨家も儒家同様に、聖王に託け、自らの理想と考える統治を説いていたことが分かる。しかし、この直前には「賢者之治国也、蚤朝晏退、聴獄治政。是以国家治而刑法正（賢者の国を治むるや、蚤《はや》く朝し晏《おそ》く退き、獄を聴き政を治む。是を以て国家は治まり刑法は正し）」とあり、該当箇所全体は「賢者を貴ぶことにより、国家が治まる」「古の聖王もこの方法により国を治めていた」という意であったと考えられる。ここには、天子の為すべき大きな仕事として賢者の登用が述べられており、(注9)『論語』や『成王既邦』に見られるような「無為の治」という概念とは異なる思想が含まれているように思われる。従って、『成王既邦』はやはり、『老子』や『墨子』というよりは、『論語』の内容と近く、儒家系の思想を有する文献であった可能性が高いと考えられるだろう。

ⅲ.『荀子』における無為の治

ところが、儒家系文献と言っても、『荀子』には『墨子』と類似する「尚賢思想」と「天子の無為の治」とを結び付けて説く箇所が見える。該当箇所は以下の通り。

故能当一人而天下取、失当一人而社稷危。不能当一人而能当千人・百人者、説無之有也。既能当一人、則身有何労而為。垂衣裳而天下定。故湯用伊尹、文王用呂尚、武王用召公、成王用周公旦（故に当を一人に能くして天下を取り、当を一人に失いて社稷危し。当を一人に能くせずして、当を千人・百人に能くする者は、説之有ること無きなり。既に当を一人に能くすれば、則ち身有《ま》た何の労をか而《こ》れ為さん。衣裳を垂れて天下定まる。故に湯 伊尹を用い、文王 呂尚を用い、武王 召公を用い、成王 周公旦を用う）（『荀子』王覇）

ここでは、『墨子』における記述同様、適切な者（賢臣）を一人任命すれば、君主は何の苦労もなく、衣裳を着ているだけで天下は安定すると説かれている。また、その例として成王が周公旦を用いたことを挙げて説明している点は注目される。つまり、該当箇所では、周公旦が成王の治を善政へと導いた賢臣として扱われていることが窺えるのである。しかし、

『荀子』の記述には以下の通り、続きがある。

人主者、以官人為能者也。匹夫者、以自能為能者也。人主得使人為之、匹夫則無所移之。百畝一守、事業窮、無所移之也。今以一人兼聴天下、日有余而治不足者、使人為之也。大有天下、小有一国、必自為之然後可、則労苦秏悴莫甚焉。如是、則雖臧獲不肯与天子易埶業。以是県天下、一四海、何故必自為之。為之者、役夫之道也、墨子之説也。論徳使能而官施之者、聖王之道也、儒之所謹守也。

（人主なる者は、人を官するを以て能と為す者なり。匹夫なる者は、自ら能くするを以て能と為す者なり。人主は人をして之を為さしむることを得、匹夫は則ち之を移す所無し。百畝を一守し、事業窮するも、之を移す所無きなり。今一人を以て天下を兼聴し、日余り有りて治足らざるは、人をして之を為さしむればなり。大は天下を有ち、小は一国を有ち、必ず自ら之を為して然る後に可ならば、則ち労苦秏悴焉より甚だしきは莫し。是の如くんば、則ち臧獲（筆者補：楊注に「奴婢」とある）と雖も肯えて天子と埶業を易ず。是を以て天下を県し、四海を一にするに、何が故に必ずしも自ら之を為さんや。之を為す者は、役夫の道なり、墨子の説なり。徳を論じ能を使いて之を官施する者は、聖王の道なり、儒の謹しみて守る所なり。）

ここには、『墨子』を痛烈に批判する言葉が見える。具体的に言えば、墨子の説く「天子自ら行動し治める」という行為は、労役者のすることであり、それでは天下を治めることはできない。そこで荀子は、聖王の統治法とは、徳ある者や能力ある者を使って政治を行うことであり、これは儒家が謹んで守り行う方法であると述べるのである。

他にも、『荀子』には『墨子』批判が多く記されている。

①我以墨子之「非楽」也、則使天下乱。墨子之「節用」也、則使天下貧。非将堕之也、説不免焉。（中略）墨子大有天下、

小有一国、将少人徒、省官職、上功労苦、与百姓均事業、斉功労。若是則不威、不威則罰不行。賞不行、則賢者不可得而進也。罰不行、則不肖者不可得而退也。賢者不可得而進也、不肖者不可得而退也、則能不能不可得而官也。若是則万物失宜、事変失応、上失天時、下失地利、中失人和、天下敖然、若焼若焦、墨子雖為之衣褐帯索嚽菽飲水、悪能足之乎。

（我以らく墨子の「非楽」や、則ち天下をして乱れしむ。墨子の「節用」や、則ち天下をして貧ならしむ。将に之を堕たんとするに非ざるなり、説免かれざるなり。（中略）墨子大は天下を有ち、小は一国を有たば、将た人徒を少くし、官職を省き、功を上びて労苦し、百姓と事業を均しくし、功労を斉しくせん。是の若くなれば則ち威あらず、威あらざれば則ち罰行われず。賞行われざれば、則ち賢者得て進む可からず。罰行われざれば、則ち不肖者得て退く可からず。賢者得て進む可からず、不肖者得て退くべからざれば、則ち能・不能得て官す可からざるなり。是くの若くんば則ち万物 宜しきを失い、事変 応を失い、上 天の時を失い、下 地の利を失い、中 人の和を失い、天下敖然として、焼くが若く焦すが若く、墨子之が為に褐を衣 索を帯にし 菽を嚽り水を飲むと雖も、悪んぞ能く之を足さんや。）（富国）

②故墨術誠行、則天下尚倹而彌貧、非闘而日争、労苦頓萃而愈無功、愀然憂戚非楽而日不和。『詩』曰「天方薦瘥、喪乱弘多。民言無嘉、憯莫懲嗟」。此之謂也（故に墨術誠に行わるれば、則ち天下倹を尚びて彌いよ貧しく、闘を非として日に争い、労苦頓萃して愈いよ功無く、愀然として憂戚し楽を非として日に和せざらん。『詩』に曰く「天方に瘥《うれい》を薦《かさ》ね、喪乱弘多なり。民言嘉《よ》きこと無くして、憯《かつ》て懲嗟《ちょうさ》すること莫し」と。此の謂なり）（富国）

③故先王聖人為之不然。知夫為人主上者、不美不飾之不足以一民也、不富不厚之不足以管下也、不威不強之不足以禁暴勝悍也。（中略）夫天下何患乎不足也。故儒術誠行、則天下大而富、使而功、撞鐘撃鼓而和。

（故に先王・聖人之を為すは然らず。夫の人の主上為る者は、不美不飾の以て民を一にするに足らず、不富不厚の以て下を管するに足らず、不威不強の以て暴を禁じ悍に勝つに足らざるを知る。（中略）夫れ天下何ぞ不足を患えんや。故に儒術誠に行わるれば、則ち天

下は大にして富み、使にして功あり、鐘を撞き鼓を撃ちて和す）（富国）

①では、墨家の説く「非楽」や「節用」という思想は、国家崩壊をもたらすものであると否定され、また百姓と仕事を共にし、功労を等しくする方法では、賞罰は行われず、賢者を登用することもできないとされる。『墨子』には「尚賢」篇があり、改めて取り上げるまでもなく、そこには「尚賢」が説かれていることが分かる。しかし、『荀子』においては、『墨子』の尚賢が以上の理由により機能しないものと見なされていた可能性がある。②でも、墨家の方法では、国家が治まらないと強く批判する内容が見え、さらに経典である『詩経』を引用して、その傍証としている。これらの記述には、墨子が天下の困窮や乱れを救おうとして粗末な褐衣を着て、縄の帯を締め、節用するとしても、どうして天下を豊かにすることができようかという荀子の非難が示されていると言える。一方③では、墨子の説を否定する論拠として、古えの聖王、さらに儒家の統治法について述べている。ここには、先王や聖人は荘厳な装飾の美しさがなくては、民衆を統一することができないと記され、また不足なく全てを充足させた上で、褒賞や刑罰を与えることにより、それらが適切に機能し、賢者を抜擢することが可能となるという内容が説かれている。

このように、『墨子』と『荀子』とでは、一見、賢者を登用しさえすれば、天子は何もせずとも治まるという共通概念があるかに見えるが、実はその内容は異なるものであり、荀子は墨家の掲げる「非楽」や「節用」などを否定し、『墨子』のような方法では賢者を登用することができないと述べていることが明らかとなった。

それでは、『荀子』が説く統治法は、『論語』に見える統治法と同様のものなのであろうか。以下に、『荀子』中、「徳」について述べられている箇所を示す。

凡兼人者有三術。有以徳兼人者、有以力兼人者、有以富兼人者。彼貴我名声、美我徳行、欲為我民、故辟門除涂、以

迎吾入。因其民、襲其処、而百姓皆安、立法施令、莫不順比。是故得地而権彌重、兼人而兵俞強、是以徳兼人者也（凡そ人を兼ぬる者に三術有り。徳を以て人を兼ぬる者有り、力を以て人を兼ぬる者有り、富を以て人を兼ぬる者有り。彼我が名声を貴び、我が徳行を美とし、我が民為らんと欲す、故に門を辟き涂を除して、以て吾が入るを迎う。其の民に因り、其の処に襲《よ》りて、百姓皆安んじ、法を立て令を施せば、順比せざること莫し。是の故に地を得て権彌いよ重く、人を兼ねて兵兪いよ強し、是徳を以て人を兼ぬる者なり）（議兵）

ここには、人民を統治するためには、三つの方法（「徳」「力」「富」を用いる）があると説かれている。その内、「徳」による統治については、君主の名声や徳行を慕い、他国の人民が集まってきた所へ、法律を定め命令を下せば、彼らは尽く付き従うと記されている。『荀子』では、「徳」が人民を統治する要素として重視されているものの、『論語』に見られたように聖王の徳により、何もせずとも天下が全てうまく治まるとされている訳ではない。『荀子』中には、『墨子』同様、天子の仕事として、賢臣を任用することの重要性が説かれており、また徳に随ってきた者に対し、法律を定めて命令を下せば、天下を治めることができるとして、「法令」を重んずる内容も見える。以上のことより考えれば、恐らく、荀子の活動した戦国時代後期は、『論語』に見えるような単純な「徳治」では、天下を治めることのできない世情へと変化していた可能性がある。諸国が乱立し、争い合う状況の中で荀子は、より具体的な政策を挙げ、為政者自らが行うことはせず賢臣を用い、より多くの民衆を一斉に統治する手法（法令）を考慮しなければならなかったのであろう。

『荀子』と『成王既邦』とを比較した場合、両者には等しく「徳治」が説かれていることが分かる。これは、大枠で考えれば、両者が儒家的性格を含むことに起因していると思われる。しかし資料的制約はあるものの、現時点において『成王既邦』には、『荀子』に見られるような墨家批判や複雑な統治法は記されておらず、より『論語』に近い古代聖王を彷彿させるような、淳朴な思想が説かれていたと考えられる。

（2）その親（親族・親しいもの）や邦を安んじ率いて、之（天子）に親しむことについて

次に、『成王既邦』第八簡に見える周公旦の「皆 その親《しん》（親しいもの）を安逸にして天子と親しみたいと望み、皆 その邦を天子と親しみ結びつけたいと思う」という発言を検討したい。この発言には、親（親族や親しいもの）を安心させ、自国を率いて、天子に帰服するという、諸侯の内から外へと向かう国家統治論が展開されていると考えられる。『論語』泰伯には「君子篤於親、則民興於仁。故旧不遺、則民不偸（君子 親に篤ければ、則ち民 仁に興こる。故旧遺《わす》れざれば、則ち民 偸《うす》からず）」とあり、君子が近親に手厚くし、古い付き合いの者に真摯に対応したなら、民もそれに感化され、思いやりをもって行動するようになると説かれている。また、『論語』顔淵には「一朝之忿、忘其身以及其親、非惑与（一朝の忿《いかり》に、其の身を忘れて以て其の親に及ぼすは、惑いに非ずや）」とあり、一時の怒りに我が身を忘れ、近親にまでその影響を及ぼすことは惑いであると述べられている。ここから、儒家が「君子にとって近親は利するものであって、害することがあってはならない」という思想を有していたことが読み取れるだろう。

さらに、『論語』微子には「周公謂魯公曰「君子不施其親、不使大臣怨乎不以。故旧無大故、則不棄也。無求備於一人」（周公 魯公に謂いて曰く「君子は其の親を施《す》てず、大臣をして以いざるに怨みしめず、故旧 大故無ければ、則ち棄てざるなり。備わるを一人に求むること無かれ」）」と、周公旦が子・伯禽に向かって「君子たる者はその近親を捨てず、重臣にも不満を持たせず、古い付き合いの者は大きな過失がなければ見捨ててはならない」と説く内容が見える。この記述は『成王既邦』に見える周公旦の発言とも合致するもので、儒家系文献における周公旦に付与されたイメージとも推測される。[注10]

一方、『老子』においては、儒家系文献と異なり、下の者に慕われる君主を最上の君主とはしていない。そこには、「太上下知有之、其次親而誉之、其次畏之、其次侮之（太上は下 之有るを知るのみ、其の次は親しみて之を誉む、其の次は之を畏る、其の次は之を侮る）」（第十七章）とあり、下の者がその存在を認識しているだけの君主が、親しみ誉められる君主の上位に位置づけられている。また、「故失道而後徳、失徳而後仁、失仁而後義、失義而後礼（故に道を失いて而る後に徳あり、徳を失い

て而る後に仁あり、仁を失いて而る後に義あり、義を失いて而る後に礼あり）」（第三十八章）とあるように、『老子』は無為にして為さざること無き「道」という根源が失われることにより、「徳」や「仁」、「義」や「礼」が起こるのだとしている。第三十八章は後学により記された可能性が指摘されているが、いずれにせよ、ここには「徳治」を主張する儒家を痛烈に批判する道家の言葉が示されていると言えよう。

　これに対し、墨家は儒家同様、次のように、先王に託け、まず近くにいる者や親族を親しみ従わせるべきであるとする。

近者不親、無務来遠。親戚不附、無務外交。（中略）是故先王之治天下也、必察邇来遠。君子察邇而邇脩者也。（近き者親まざれば、遠きを来たらすに務むること無かれ。親戚附かざれば、外交に務むること無かれ。（中略）是の故に先王の天下を治むるや、必ず邇《ちか》きを察して遠きを来たらしむ。君子は邇きを察して邇く脩むる者なり）（修身）

　しかし、これとは逆に『墨子』尚賢中には「逮至其国家之乱・社稷之危、則不知使能以治之、親戚則使之、無故富貴・面目佼好則使之（其の国家の乱・社稷の危きに至るに逮《およ》びては、則ち能を使い以て之を治むるを知らず、親戚は則ち之を使い、無故の富貴・面目佼好は則ち之を使う）」と、国家が乱れ社稷が危うくなると、賢者を登用せず、親戚を用いるとされたり、「是故古者聖王之為政也、言曰『不義不富、不義不貴、不義不親、不義不近』（中略）親者聞之、亦退而謀曰『始我所恃者親也、今上挙義不辟疏、然則我不可不為義』近者聞之、亦退而謀曰『始我所恃者近也、今上挙義不辟遠、然則我不可不為義』（是の故に古者 聖王の政を為すや、言いて曰く『不義なれば富さず、不義なれば貴くせず、不義なれば親しまず、不義なれば近づけず』と。（中略）親き者は之を聞き、亦た退きて謀りて曰く『始め我の恃みし所の者は親なり、今 上は義を挙げて疏を辟けず、然らば則ち我は義を為さざる可からず』と。近き者 之を聞きて、亦た退きて謀りて曰く『始め我の恃みし所の者は近なり、今 上は義を挙げて遠を辟けず、然らば則ち我は義を為さざる可からず』と。）」（尚賢上）と述べ、古えの聖王が賢臣を推奨する手段としては、正しいものであれば、疎遠の者や遠方の者でも構わず用いると語られているなど、「親」や「近」をむやみに厚遇することを批判的に捉える記述も見える。

以上、儒家・道家・墨家の思想と、『成王既邦』の「親（親族・親しいもの）を豫じ」や「之（天子）に親しむ」という内容とを照らし合わせてみれば、『成王既邦』にはやはり、儒家の性格に近い言説が見られると言えるであろう。

第四項　『成王既邦』と諸子の書に見える周公旦像との比較

それでは、『成王既邦』は一体いつ、いかなる人物によって、どのような意図のもと記されたものなのか。本項では先秦諸子の書に見える周公旦像を検討し、それらを『成王既邦』の記述と比較することにより、『成王既邦』の思想史上における位置付けを試みたい。

(1) 周公旦の親族への対応

周公旦は、『孟子』公孫丑下において「古聖人也（古の聖人なり）」とされ、『墨子』公孟に「周公旦為天下之聖人（周公旦天下の聖人たり）」と語られる通り、聖人としてのイメージが定着している。また他にも、『墨子』においては「子墨子曰「去之苟道、受狂何傷。古者周公旦非関叔、辞三公東処於商蓋、人皆謂之狂。後世称其徳、揚其名、至今不息（子墨子曰く「之を去るに苟しくも道あらば、狂を受くるも何ぞ傷まん。古者《むかし》周公旦 関叔に非られ、三公を辞して東のかた商蓋に処り、人皆之を狂と謂う。後世 其の徳を称して、其の名を揚げ、今に至るまで息《や》まず）」（耕柱）や、「子墨子曰「昔者周公旦朝読書百篇、夕見漆十士。故周公旦佐相天子、其脩至於今（子墨子曰く「昔者 周公旦 朝に書百篇を読み、夕に漆十士を見る。故に周公旦 天子に佐相たり、其の脩 今に至る）」（貴義）とある通り、周公旦は一度「狂人」として扱われたものの、後世にはその徳行から称賛されるようになり、さらには天子の補佐役となるに至って、その名が廃れることはなかったと記述されている。

周公旦は法家の書においても、后稷・皐陶・伊尹・太公望などの十四人の臣下と同様、賢臣として扱われ、「此謂霸王之佐也（此を霸王の佐と謂うなり）」（『韓非子』説疑）と評価されている。[注11]

しかし、諸子の書が全て、周公旦を聖人や賢臣として称賛していた訳ではない。『荘子』盗跖には「王季為適、周公殺兄、長幼有序乎。儒者偽辞、墨者兼愛、五紀六位将有別乎（王季は適と為り、周公は兄を殺すに、長幼 序有るか。儒者は辞を偽り、墨者は兼愛す、五紀六位将た別有るか）」とあり、周公旦が兄・管叔を誅殺したことを挙げ、これでも長幼の序があるといえるか、と儒家や墨家の主張を非難している。また、『墨子』非儒には「孔某与其門弟子間坐、曰「夫舜見瞽叟孰然、此時天下圾乎。周公旦非其人也邪。何為舍其家室而託寓也」（孔某 其の門弟子と間坐し、曰く「夫れ舜は瞽叟を見ること孰然たり、此の時 天下は圾乎たり。周公旦は其れ人《じん》に非ざるか。何為れぞ其の家室を舍てて託寓せるや」）」と、孔子が舜や周公旦を批判するような記述が見える。非儒は後学により編纂された可能性が指摘されており、主に儒家の行為を批判する内容が記されている。先述した通り、儒家や墨家は基本的に周公旦を聖人と認めているが、このような批判的な内容が記述された背景には、恐らく『荘子』盗跖や『墨子』非儒に見えるような周公旦の管叔殺害や、周公旦が政治闘争に敗北した後、家庭を捨てて東遷したことなどが、聖人のそれとするにはあまりにも冷徹であり、多くの者たちに疑問を抱かせる状況にあったからではないか。[注12] このような周公旦の親族に対する冷酷な仕打ちは、戦国期において大きな物議を醸していたものと思われる。

本節第三項で述べた通り、『論語』微子には「周公謂魯公曰「君子不施其親、不使大臣怨乎不以。故旧無大故、則不棄也。無求備於一人」（周公 魯公に謂いて曰く「君子は其の親を施《す》てず、大臣をして以いざるに怨みしめず、故旧 大故無ければ、則ち棄てざるなり。備わるを一人に求むること無かれ」）」とあり、『成王既邦』の「其の親を豫《やすん》じて之に親しまんと欲」すと類似する、「親」に誠実に振る舞うことを説く周公旦の記述が見える。これに対し、白川静氏は、「微子」に見える周公旦の発言を「後世の作り話であろう。群弟の流言によってついにこれを誅滅した周公の行為は、「君子はその親を施《す》てず」という周公自身の訓言と、もっとも矛盾するもので、後世の周公論の大部分は、もっぱらその弁護に費やされている」と指摘する。[注13] また、武内義雄氏も『論語』の中で季氏・陽貨・微子の三篇はその体裁からも文章からも比較的新しいものと考えられるとしている。(注14) 確かに、この発言は、後世の儒家によって周公旦が聖人として表彰されるようになる中、創作されたものであったかもしれない。しかし、仮にそうだとすれば、儒家が周公旦に「親を施《す》てず」というイメージを付加したのは、いつ頃のことであったのだろうか。

『荀子』儒効には、周公旦が周室を保全したことを大儒の効力とする、次の内容が見える。

大儒之効。武王崩、成王幼、周公屏成王而及武王以属天下、悪天下之倍周也。履天子之籍、聴天下之断、偃然如固有之、而天下不称貪焉。殺管叔、虚殷国、而天下不称戻焉。兼制天下、立七十一国、姫姓独居五十三人、而天下不称偏焉。教誨開導成王、使諭於道、而能揜跡於文・武。周公帰周、反籍於成王、而天下不輟事周、然而周公北面而朝之。天子也者、不可以少当也、不可以仮摂為也。能則天下帰之、不能則天下去之。是以周公屏成王而及武王以属天下、悪天下之離周也。成王冠成人、周公帰周、反籍焉、明不滅主之義也。周公無天下矣。郷有天下、今無天下、非擅也。成王郷無天下、今有天下、非奪也。変勢・次序節然也。故以枝代主而非越也、以弟誅兄而非暴也、君臣易位而非不順也。因天下之和、遂文・武之業、明枝主之義、抑亦変化矣、天下厭然猶一也。非聖人莫之能為。夫是之謂大儒之効。

（大儒の効。武王崩じ、成王幼なり、周公 成王を屏《おお》いて武王に及《つ》ぎ以て天下を属するは、天下の周に倍《そむ》くを悪めばなり。天子の籍を履み、天下の断を聴き、偃然として之を固有するが如く、而も天下 焉を貪と称せず。管叔を殺し、殷国を虚にして、而も天下 焉を戻と称せず。天下を兼制して、七十一国を立て、姫姓独り五十三人に居り、而も天下 焉を偏と称せず。成王を教誨・開導し、道に諭らしめて、能く跡を文・武に揜《つ》がしむ。周公 周を帰し、籍を成王に反し、而して天下 周に事うることを輟《や》めず、然り而して周公 北面して之に朝す。天子なる者は、少を以て当たる可からざるなり、仮摂を以て為す可からざるなり。能なれば則ち天下 之に帰し、不能なれば則ち天下 之を去る。是を以て周公 成王を屏《おお》いて武王に及《つ》ぎ、以て天下を属するは、天下の周を離るるを悪めばなり。成王冠して成人し、周公 周を帰し籍を反すは、主を滅せざるの義を明らかにするなり。周公 天下無し。郷《さき》に天下有りて、今天下無きは、擅《ゆず》るに非ざるなり。成王郷《さき》に天下無くして、今天下有るは、奪えるに非ざるなり。変勢・次序の節 然ればなり。故に枝を以て主に代りて越に非ざるなり、弟を以て兄を誅して暴に非ざるなり、君臣 位を易えて不順に非ざるなり。天下の和に因りて、文・武の業を遂げ、枝主の義を明らかにす、抑《そも》そも亦た変化なるも、天下 厭然として猶お一のごときなり。聖人に非ざれば之を能く為すこと莫し。夫れ是を之 大儒の効と謂う）（儒效）

ここでは、周公旦が幼い成王に代り、武王の位を引き継いだのは、天下の国々が周に背くことを恐れたためであると説明されている。また、周公旦が天子のように振る舞っても天下はそれを貪欲とはせず、兄である管叔を誅殺し、殷の都を廃墟にしても、天下はそれを人道に背く行為とは言わず、天下を統制して七十一国を立て、その中に周公旦と同じ姫姓のものを五十三人置いても、天下の者はそれを偏っていて不公平であるとは言わなかった。成王が成人すると、周公旦は成王に天下を返したが、これらのやりとりは、勢位が変わり、順序が頃合いを迎え移り変わったためである。そのため、分家でありながら本家に代って天下を動かしても越権ではなく、弟でありながら兄を誅伐しても暴虐ではないと述べられている。

ここに見える記述は、全体を通して、周公旦にかけられた嫌疑・悪評を払拭するために記された可能性が高いと考えられる。管叔誅殺についても肯定的に受け止められ、決して非道とは取られていない。周王朝樹立を目指し奔走した周公旦は、その過程において難を避けるために逃れたり、時には討伐を行うことも多々あったであろう。王朝交代の混乱期に、戦闘はつきものである。しかし、『孟子』尽心下に「尽信書、則不如無書。吾於「武成」、取二三策而已矣。仁人無敵於天下。以至仁伐至不仁、而何其血之流杵也（尽く書を信ずれば、則ち書無きに如かず。吾「武成」に於いて、二三策を取るのみ。仁人〔筆者注：ここでは武王を指すと考えられる〕は天下に敵無し。至仁を以て至不仁を伐つ、而るに何ぞ其の血の杵を流さんや）」とあるがごとく、周公旦を聖人と表彰する儒家にとって、その周公旦が兄を伐ち、家庭を顧みなかったという不仁であってはならなかったのだと考えられる。

『孟子』滕文公下には、『尚書』の内容を引き、殷の紂王討伐を称賛する記事が見える。(注15)また、『荀子』においても「王が力によらず道理によって天下を治めようとしても服従しないもののある場合には、これを誅伐する」(注16)とあり、討伐を行うことの正当性が示されている。さらに『荀子』王制には次のようにある。

故古之人、有以一国取天下者、非往行之也、脩政其所莫不願、如是而可以誅暴禁悍矣。故周公南征而北国怨、曰「何独不来也。」東征而西国怨、曰「何独後我也。」孰能有与是鬪者与。安以其国為是者王（故に古の人、一国を以て天下を取る者有り、往きて之を行うに非ざるなり、政を其の願わざること莫き所に脩むるのみ、是くの如くにして以て暴を誅し悍を禁ずべし。故に周公南征して北国怨む、曰く「何ぞ独り来らざるや」と。東征して西国怨む、曰く「何ぞ独り我を後にするや」と。孰か能く是れと鬪う者有らんや。安に其の国を以て是れを為す者は王たり）

ここには、周公旦が南へ征伐に行けば、北国が「なぜ北に来ないのか」といい、東征すれば、西国が「どうしてこちらを後にするのか」と怨んだという内容が記されている。このように周公旦の事蹟を正当化する考え方は、戦国中期の『孟子』の頃より見受けられ、はじめ紂や不服従の国を討伐することに対する正当化であったものが、やがて管叔誅伐の正当化、践祚問題の正当化へと発展し、戦国後期、『荀子』の頃には儒効に見られたように大々的に周公旦を称え、擁護する内容へと展開していったのではなかろうか。恐らく、その内容から察するに、『論語』微子や『成王既邦』に見える周公旦の言説も、比較的早い段階にその事跡を正当化する目的で創作され、流布した可能性がある。

（2）武王・成王と周公旦と

周公旦は、兄である武王と、武王の子成王の二王に仕えたとされる。しかし、そのどちらの王と結び付けて説かれたかについては、諸子の書ごとに異なる。まず、周公旦を武王に仕える存在として記している文献から確認してみたい。

ⅰ．武王と周公旦と

武王と周公旦との関係を説くのは、『墨子』所染・『荘子』天下の次の箇所である。

舜染於許由・伯陽、禹染於皐陶・伯益、湯染於伊尹・仲虺、武王染於太公・周公。此四王者所染当、故王天下、立為天子、功名蔽天地（舜は許由・伯陽に染み、禹は皐陶・伯益に染み、湯は伊尹・仲虺に染み、武王は太公・周公に染む。此の四王の者は染むる所当る、故に天下に王となり、立ちて天子と為り、功名は天地を蔽う）（『墨子』所染）

黄帝有「咸池」、堯有「大章」、舜有「大韶」、禹有「大夏」、湯有「大濩」、文王有辟雍之楽、武王・周公作「武」（黄帝に「咸池」有り、堯に「大章」有り、舜に「大韶」有り、禹に「大夏」有り、湯に「大濩」有り、文王に辟雍の楽有り、武王・周公は「武」を作す）（『荘子』天下）

『墨子』では舜や禹、湯や武王が、それぞれ良臣の影響を受けたため、天下に王となり、名声が天地を覆うほどであったとされる。ここでは、周公旦が武王にとって、太公望と同列に位置づけられていることが注目される。また、『荘子』には、古えの聖王が、楽を重視し、それぞれの楽を作成していたことが示されている。ここでは武王と周公旦がともに「武」という楽を手がけたことが見え、周公旦が賢臣としてではなく、まるで古代聖王と同等に近い存在として描写されているかのように見受けられる。
『墨子』所染、『荘子』天下は、どちらも後学が編纂した可能性が指摘されているが、いずれにせよ、両篇は墨家系、また道家系の思想系統の上に位置づけられる文献であると考えられる。これら両篇が、周公旦と殷を滅ぼし周王朝を樹立した武王とを関連付けて説くことには、恐らく、周公旦を周王朝の創始者の一人として捉えようとする意図があったものと考えられる。

それでは、儒家系文献である『孟子』において、両者の関係は一体どのように記されているのか。

『孟子』滕文公下には「周公相武王、誅紂、伐奄、三年討其君（周公 武王を相け、紂を誅し、奄を伐ち、三年にして其の君を討つ）」とあり、『墨子』に見えるがごとく武王に仕える「良臣」としての周公旦像が見える。また、公孫丑上には「且以文王之徳、百年而後崩、猶未洽於天下。武王・周公継之、然後大行（且つ文王の徳、百年にして後 崩ずるを以てしてすら、猶お未だ天下に洽かず。武王・周公之に継ぎ、然る後大いに行わる）」とあり、『荘子』同様、武王と並び立つかに見える周公旦像が描かれている。さらに、離婁下には「禹悪旨酒而好善言。湯執中、立賢無方。文王視民如傷、望道而未之見。武王不泄邇、不忘遠。周公思兼三王、以施四事。其有不合者、仰而思之、夜以継日（禹は旨酒を悪んで善言を好む。湯は中を執り、賢を立つること方無し。文王は民を視て傷つけるが如く、道を望むこと未だ之を見ざるが而《ごと》し。武王は邇《ちか》きに泄《な》れず、遠きを忘れず。周公は三王を兼ね、以て四事を施さんことを思う。其の合せざる者有れば、仰ぎて之を思い、夜以て日に継ぐ）」とあり、周公旦が禹・湯・文王・武王の三朝四王の統治を兼ね備え実践しようとしていたことが述べられている。（注17）ここからは、周公旦が歴代聖王を敬い、その方法を会得しようと努力する一方で、もしそれが当世に合わないものであるならば、その打開策を見つけるべく思い悩んでいた様子が窺える。

以上の記述よりすれば、『孟子』でもまた、周公旦を武王に仕える賢臣、周王朝の創始に携わり、武王の後を引き継ぐ為政者として認識していたと言うことができるだろう。戦国期においては、このように周公旦を武王と共に描くことにより、殷周革命の立役者と見る見方が主流であったと考えられる。

ⅱ．成王と周公旦と

次に、成王と周公旦とが結び付けられて説かれる文献を確認したい。『荀子』中には、両者が以下のように記述されている。

①故能当一人而天下取、失当一人而社稷危。不能当一人而能当千人・百人者、説無之有也。既能当一人、則身有何労而為。垂衣裳而天下定。故湯用伊尹、文王用呂尚、武王用召公、成王用周公旦（故に当を一人に能くして天下を取り、当を一人に失いて社稷危し。当を一人に能くせずして、当を千人・百人に能くする者は、説之有ること無きなり。既に当を一人に能くすれば、則ち身有《ま》た何の労をか而《こ》れ為さん。衣裳を垂れて天下定まる。故に湯伊尹を用い、文王呂尚を用い、武王召公を用い、成王周公旦を用う）（王覇）

②論法聖王、則知所貴矣、以義制事、則知所利矣。論知所貴、則知所養矣、事知所利、則動知所出矣。二者是非之本、得失之原也。故成王之於周公也、無所往而不聴、知所貴也。（中略）故尊聖者王、貴賢者覇、敬賢者存、慢賢者亡、古今一也。故尚賢使能、等貴賤、分親疏、序長幼、此先王之道也（論聖王に法れば、則ち貴ぶ所を知り、義を以て事を制すれば、則ち利する所を知る。論貴ぶ所を知れば、則ち養う所を知り、事利する所を知れば、則ち動に出づる所を知る。二者は是非の本にして、得失の原なり。故に成王の周公に於けるや、往きて聴かざる所無きは、貴ぶ所を知ればなり。（中略）故に聖を尊ぶ者は王たり、賢を貴ぶ者は覇たり、賢を敬う者は存し、賢を慢る者は亡ぶは、古今一なり。故に賢を尚び能を使い、貴賤を等し、親疏を分ち、長幼を序するは、此れ先王の道なり）（君子）

③有大忠者、有次忠者、有下忠者、有国賊者。以徳復君而化之、大忠也。（中略）若周公之於成王也、可謂大忠矣（大忠

なる者有り、次忠なる者有り、下忠なる者有り、国賊なる者有り。徳を以て君を復いて之を化するは、大忠なり。（中略）周公の成王に於けるが若きは、大忠と謂う可し）（臣道）

①には、第三項「「天子の正道」の思想的特色」でも取り上げた通り、賢者を用いれば天下が治まると記述されており、武王は側近として召公奭を用い、成王は周公旦を用いたことが説かれている。また②では、聖王の方法に従えば、尊重すべきものが分かるとされ、成王が周公旦の意見を全て聞き入れたのも、彼がそれら聖王の方法を知っていたためと記されている。③では、周公旦が成王を徳により感化したとして、大忠であったと評価されている。これらは全て、尚賢に関わる内容であり、成王に賢臣として仕えた周公旦の姿を描き出していると考えられる。

また、山東省臨沂県の銀雀山漢墓より出土した銀雀山漢簡「論政論兵之類」には、『君臣問答』と名付けられた文献が見え、その中にも成王と周公旦が登場する（「成王与周公旦」）。内容は以下の通りである。

①成王問周公旦曰「願聞有國……（成王周公旦に問いて曰く「願わくは国を有《たも》つ……聞かん）

②……爲大。」周公旦曰「□以人之悪自爲善（……大と爲す」と。周公旦曰く「□人の悪を以て自ら善と爲し）

③……【周公】旦曰……（……【周公】旦曰く……）

「成王与周公旦」には欠損部分が多く、一つの文献として通読することは不可能であるが、ここには『成王既邦』同様、成王が周公旦に対して国を保つ上での重要事項を問う内容が見え、政治的な質疑応答が記されていたものと考えられる。『君臣問答』には古代聖王とその賢臣との問答がその他十文献収められており、中には「堯問善巻曰「願聞有国之大失」……（堯 善巻に問いて曰く「願わくは国を有つの大失を聞かん」と……）」（「堯与善巻・許由」）や、「文王問太公曰「願聞有国之大失」。太公【曰】……為大」。文王曰「願聞其所以為大」。太公曰「国不法法以為政、不……」」（文王 太公に問いて曰く「願わくは国を有つの大失を聞かん」と。太公【曰く】……大と為す」と。文王曰く「願わくは其の大と為す所以を聞かん」と。太公曰く「国法に法らず以て政を為せば、不……」）」（「文王与太公」）など、「成王与周公旦」と同じ形式で記されている文献が多く含まれている。（注18）これら他の『君臣問答』所収の文献よりすれば、「成王与周公旦」の①簡「成王問周公旦曰「願聞有國……」」の欠損部分にも、「之大失」の三字が続くのではないかと推測される。

「論政論兵之類」には、「兵之恒失」や「将失」などの篇題より窺える通り、国を失うことに繋がる失敗や原因を述べる文献が散見する。これらは戦闘が激化し、戦争の勝敗が一国の存亡を左右するようになった戦国後半期の情勢を表すものであった可能性が高い。このような亡国の原因を列挙する「論政論兵之類」の記述形式は、『成王既邦』には見られないものである。

しかし、伝世文献中に殆ど見ることのできない成王と周公旦との問答が、銀雀山漢簡に含まれていたことは、大いに注目される。「成王与周公旦」の存在により、「聖王が政治について賢臣に質問を重ねる」という構成の文献、つまり聖王と賢臣との問答に託つけて権威付けを図る文献が、漢代以前にはある程度存在し流布していたことが窺われよう。

谷中信一氏（参考文献M）は、『尚書』『逸周書』における周公旦について、「『尚書』に於ける周公旦の言葉は、その大部分が成王の摂政の時のものであること、そして成王に代わり摂政という周王朝の最高権力者としての立場から発せられたいわゆる「誥誓号令」であることがわかる」（六十一頁）と述べ、さらに「『逸周書』に於ける周公旦像は、先秦から漢代にかけての文献に見られるおおかたの周公旦像、すなわち賢者賢臣としての周公旦像とさして違わないことが知られ」、「このことは、『尚書』中の周公旦が摂政時代の周公に焦点が当てられていたのに対し、『逸周書』ではむしろ武王に仕える周公に焦点が当てられていたこととも、何らかの関わりがあるのではないか」（六十二頁）としている。この指摘は、『尚書』と『逸周書』との性格を考える上で、極めて重要であると思われるが、ここには諸子の書において、周公旦が武王・成王のいずれの王と関連付けて説かれていたかが明示されていない。

本項において、諸子の書における周公旦と先王との繋がりを検討した結果、墨家や道家、戦国中期の『孟子』では、周公旦が武王と関連付けられ、賢臣や周王朝の創始に関わる者として捉えられているが、戦国後期の『荀子』や銀雀山漢簡「成王与周公旦」においては、成王の賢臣としてのイメージが強く付与された存在へと転換していることが確認できた。恐らく、時代が降るにつれて、武王を助け数々の討伐を行い周王朝の樹立に携わった周公旦像や、成王を差し置き天子の位を踏んだという周公旦像が問題となり、諸子間で議論となっていたのであろう。儒家系文献である『荀子』では、到底そのような周公旦像は受け入れられるものではなく、そのため成王を助ける賢臣としての周公旦像を頻出させ、強調したのではないか。その思想が普及するに従って、銀雀山漢簡のような兵家の書においても、周公旦は成王の賢臣として扱われるようになったものと考えられる。(注19)『成王既邦』にも、これと近似した周公旦像が描き込まれていたのではなかろうか。

(3)『成王既邦』の位置づけ

『孟子』や『荀子』などの儒家系文献には、孔子を周公旦と結び付けて説く箇所も多く見受けられる。『孟子』滕文公上には「吾聞用夏変夷者。未聞変於夷者也。陳良楚産也。悦周公・仲尼之道、北学於中国。北方之学者、未能或之先也。彼所謂豪傑之士也（吾 夏を用て夷を変ずる者を聞く。未だ夷に変ずる者を聞かざるなり。陳良は楚の産なり。周公・仲尼の道を悦び、北のかた中国に学ぶ。北方の学者、未だ之に先んずる或る能わず。彼は所謂 豪傑の士なり）」とあり、周公旦と孔子の道を正統的なものとして扱っている。また、『孟子』では、周公旦は蛮夷討伐に力を注いだ存在としても理解されており、「魯頌曰『戎狄是膺、荊舒是懲』。周公方且膺之（魯頌に曰く『戎狄は是れ膺《う》ち、荊舒は是れ懲らす』と。周公 方に且つ之を膺つ）」（滕文公上）や、「昔者禹抑洪水而天下平、周公兼夷狄、駆猛獣而百姓寧、孔子成『春秋』而乱臣・賊子懼。『詩』云『戎狄是膺、荊舒是懲。則莫我敢承』。無父無君、是周公所膺也。我亦欲正人心、息邪説、距詖行、放淫辞、以承三聖者。豈好弁哉。予不得已也。能言距楊墨者、聖人之徒也（昔者 禹 洪水を抑《とど》めて天下平らかなり、周公 夷狄を兼ね、猛獣を駆りて百姓寧《やす》し、孔子『春秋』を成して乱臣・賊子懼る。『詩』に云う『戎狄は是れを膺ち、荊舒は是れを懲らす。則ち我に敢えて承《あた》ること莫し』と。父を無みし君を無みするは、是れ周公の膺つ所なり。我も亦た人心を正し、邪説を息め、詖行《ひこう》を距《ふせ》ぎ、淫辞を放ち、以て三聖者に承《つ》がんと欲す。豈に弁を好まんや。予已むを得ざればなり。能く言いて楊・墨を距ぐ者は、聖人の徒なり）」（滕文公下）などと記述されている。ここでは、禹の治水事業と、周公旦の夷狄併合・猛獣の追撃、また孔子の『春秋』作成が同列に挙げられ称賛されている。さらに、蛮夷併合だけではなく、「父を無視し君主を等閑にする者は、周公旦の伐つ所のものである」と、周公旦が君臣父子の序を重んじ、それを破る者を討伐することに正当性を与える発言も見られる。これと同様に、後学による述作が指摘されている『荀子』宥坐にも、孔子が少正卯を誅殺した理由を、湯や文王、周公旦などの聖賢に求め、正当化しようとする内容が見える。(注20)

他にも、『孟子』万章上には、周公旦や孔子が天下を保つことのできなかった理由について、次のように記述されている。

匹夫而有天下者、徳必若舜禹、而又有天子薦之者。故仲尼不有天下。継世而有天下、天之所廃、必若桀紂者也。故益・伊尹・周公不有天下（匹夫にして天下を有つ者は、徳必ず舜・禹の若くにして、又た天子の之を薦むる者有り。故に仲尼は天下を有たず。世を継いで而して天下を有つもの、天の廃する所は、必ず桀・紂の若き者なり。故に益・伊尹・周公は天下を有たず）

ここには、いくら徳があっても、天子の推薦がなければ天下は保てず、そのため孔子は天子となることができなかったと説かれている。また、天は位を継ぐ家系の者をむやみに排斥しないため、益・伊尹・周公旦は天下を治めることができなかったとされている。これは、『論語』に記される「無為の治」とは異なり、聖賢が上位に立つだけでは天下を統べることが難しいとして、孔子や周公旦を擁護する記述であると考えられる。

以上のように、儒家系文献では、周公旦と孔子とを関連付け、様々な理由を挙げて両者が討伐や天下統治に至らなかったことへの正当化を図ろうとしていたことが窺える。これらの記述よりすれば、『孟子』においては既に、周公旦を儒家と深く結びつけ、表彰する姿勢が見えていたとすることができるであろう。その後、荀子の活動した戦国後期に至るに及んでは、さらに周公旦に成王の賢臣としてのイメージが付与され、より周公旦の「賢人像」が強化されていったと考えられる。『荀子』儒効には、周公旦が恭しく倹約家であることを否定して、目標を明確にし、時勢に随って行動した所に大儒たる所以があるとする内容が見え、(注21)「徳」以外にも様々な側面から周公旦が評価されていたことが窺える。また『韓非子』外儲説右上には、太公望に処士をめぐる発言で、諫められる周公旦の姿が描かれている。(注22)このように、戦国後期には、多くの周公旦にまつわる故事や伝承が作成され、遊説の士達に取り入れられ、伝播していったのだと思われる。

本篇には、聖人の統治を彷彿とさせる「天子の正道」（第六・七簡）が説かれ、また「其の親を豫じて之に親しまんと欲し」（第八簡）や「六親の約」（第十簡）など、親族や血縁関係者を重視し、天子に自ら従おうとする諸侯の様子が見える。これらは徳治を説く儒家の思想と近いと考えられるが、「親を豫じ」という表現には、周公旦の管叔誅伐を擁護する側面が、また周公旦を成王の賢臣として描く点には、周公旦が越権して天子として振る舞っていないことを主張する目的があった可能性がある。すなわち、本篇には、賢臣として成王に仕える周公旦を描くことによって、王権を奪い、成王の立場を脅かしたという類の周公旦像を払拭し、その賢者としてのイメージを普及させようとする撰者の思惑もあったのではなかろうか。

周公旦の討伐や東遷に関する正当化は、孟子の活動した時期には既に行われていたと考えられる。また、周公旦を成王の賢臣として説く文献は、『荀子』以降頻出するようになるが、『成王既邦』には、『荀子』のような墨家批判や尚賢説を窺うことはできず、どちらかと言えば『論語』に見える聖王の徳治を理想とする政治思想が示されていたものと思われる。これは『成王既邦』が『荀子』に見える乱世の様相を、まだ殆ど含んでいなかったため、つまり『荀子』よりは先行する文献であったためと言うことができるのではないか。これまでの研究でも、上博楚簡中には、儒家系と考えられる文献が多数含まれていることが指摘されているが、(注23)恐らく、本篇も戦国中期頃、周公旦を尊崇し賢者へと高める動きの中で、儒者により述作された、あるいは受容された文献であったと考えられるのではなかろうか。

小結

以上、本節では、『成王既邦』に見られる周公旦の発言、特に「天子の正道」に関する内容を中心に考察してきた。その結果、周公旦の説く「天子の正道」には、天子が何もせずとも周りが天子を慕い服従するという「無為の治」や、諸侯が「親（近親）を率いて天子に従う」といった思想が含まれていることが明らかとなった。

『成王既邦』に見られるこれらの思想は、伝世文献との比較により、道家や墨家ではなく、儒家の徳治に基づくものと考えられ、本篇が儒家系文献に属するものであった可能性が高いことを指摘した。

また、周公旦が近親を思いやる内容を述べ、さらに成王の賢臣として本篇に登場している点には、当時ある程度流布していたと考えられる周公旦の聖人と思われぬ行為（兄・管叔誅殺や王位簒奪など）に対する疑惑を、儒家が払拭しようとする狙いがあったものと考えられる。

本篇を取り上げ、検討することにより、伝世文献中にはほとんど見ることのできなかった成王と周公旦との政治的なやりとりの一端を明らかにすることができた。勿論、これは儒家により作成、あるいは受容された文献と考えられるため、ここから直接、周公旦の思想や政策を窺うことはできない。しかし、本篇の内容は、今後、周公旦に仮託された儒家思想や周公旦像を解明する上で、また、それらの受容と展開とを検討する上で、重要な意味を持つと考える。

注

（注1）本篇の釈文および注釈については、前節を参照。

（注2）惟十有三祀、王訪于箕子。王乃言曰……（以下略）

（注3）維王一祀二月、王在酆、密命。訪於周公旦曰……（以下略）

（注4）　維正月既生魄、王訪于周公曰……（以下略）

（注5）　本篇にも年代に関する記述（封周公二年）が見受けられるが、これは先述した『尚書』や『逸周書』の諸篇とは異なり、君王に直結する紀年や、「二月」「三月」「既生魄」などの月日が示される形式ではなく、どちらかと言えば『尚書』中においても、より後代の成立と考えられている「金縢」冒頭部（既克商二年）と類似する形式であると思われる。さらに言えば、冒頭に「封周公二年」と記述することには、「周公」を本篇の中心人物として扱うという作者の意図が示されていた可能性が推測される。

（注6）　酆保解・柔武解・大開武解・小開武解・宝典解・酆謀解・寤儆解・大聚解・度邑解・武儆解・五権解・成開解・作雒解・皇門解・大戒解・明堂解・本典解・官人解

（注7）　道常無名。樸雖小、天下莫能臣也。侯王若能守之、万物将自賓。天地相合、以降甘露、民莫之令而自均（道は常に名無し。樸は小なりと雖も、天下能く臣とする莫きなり。侯王若し能く之を守らば、万物 将に自ら賓せんとす。天地は相い合して、以て甘露を降し、民は之に令する莫くして而も自ずから均し）（『老子』第三十二章）

道常無為、而無不為。侯王若能守之、万物将自化。化而欲作、吾将鎮之以無名之樸。無名之樸、夫亦将無欲。不欲以静、天下将自定（道は常に無為にして、而も為さざる無し。侯王 若し能く之を守らば、万物 将に自ら化せんとす。化して欲作《おこ》らば、吾 将に之を鎮むるに無名の樸を以てす。無名の樸は、夫れ亦た将に欲すること無し。欲せずして以て静なれば、天下 将に自ら定まらんとす）（第三十七章）

修之於身、其徳乃真。修之於家、其徳乃余。修之於郷、其徳乃長。修之於国、其徳乃豊。修之於天下、其徳乃普（之〔筆者注：道〕を身に修むれば、其の徳は乃ち真なり。之を家に修むれば、其の徳は乃ち余る。之を郷に修むれば、其の徳は乃ち長《ひさ》し。之を国に修むれば、其の徳は乃ち豊かなり。之を天下に修むれば、其の徳は乃ち普し）（第五十四章）

（注8）　天下多忌諱、而民彌貧。民多利器、国家滋昏。人多伎巧、奇物滋起。法令滋彰、盗賊多有。故聖人云、我無為而民自化、我好静而民自正、我無事而民自富、我無欲而民自樸（天下に忌諱多くして、民彌いよ貧なり。民に利器多くして、国家滋ます昏し。人に伎巧多くして、奇物滋ます起る。法令滋ます彰らかにして、盗賊多く有り。故に聖人云く、我無為にして民自ら化し、我静を好みて民自ら正しく、我事無くして民自ら富み、我欲無くして民自ら樸なり）（第五十七章）

（注9）　故古者聖王甚尊尚賢而任使能。（故に古者《むかし》 聖王は甚だ賢を尊尚して能を任使す。）（『墨子』尚賢中）

古者聖王唯毋得賢人而使之、般爵以貴之、裂地以封之、終身不厭。（古者 聖王は唯《ただ》毋 賢人を得て之を使い、爵を般《わか》ち以て之を貴くし、地を裂き以て之を封じ、終身 厭わず。）（『墨子』尚賢中）

（注10）『呂氏春秋』仲冬紀・長見にも、周公旦が太公望と「どのようにして国を治めるべきか」という議論をし、その中で「親親上恩（親に親しみ恩を上ばん）」と答えている箇所がある。しかし、ここでは周公旦の偉業を顕彰するという内容が記されているわけではなく、周公旦が語った統治法や太公望が語った統治法に対して、互いに「それではいずれ国が削られることとなろう」と批判的な言葉が述べられている。

（注11）『韓非子』には、他にも周公旦を管仲の上位に置く、次のような記述が見える。

管仲非周公旦、周公旦仮為天子七年、成王壮授之以政、非為天下計也、為其職也。夫不奪子而行天下者、必不背死君而事其讐、背死君而事其讐者、必不難奪子而行天下、不難奪子而行天下者、必不難奪其君国矣（管仲は周公旦に非ず、周公旦仮に天子と為ること七年、成王壮にして之を授くるに政を以てするは、天下の為に計るに非ざるなり、其の職の為にするなり。夫の子に奪いては天下に行わざる者は、必ず死君に背きて其の讐に事えず、死君に背きて其の讐に事うる者は、必ず子に奪いて天下に行うを難《はばか》らず、子に奪いて天下に行うを難らざる者は、必ず其の君の国を奪うを難らざらん）（難二）

（注12）野村茂夫氏は、「先秦における尚書の流伝についての若干の考察」（『日本中国学会報』第十七号／一九六五年十月）において、「墨子にはくり返して、先王之事蹟《ママ》は之を竹帛に書し後世に伝える、とある。書に対するあこがれは儒家におくれて出発しただけに異常なものがあったようである」と記す。これよりすれば、『墨子』に、儒家を誹る目的で、儒家に周公旦を批判させる内容が見えることは、裏を返せば、墨家にとっても周公旦は聖人と認識されており、さらに『書』に対するのと同様、儒家に遅れはしたものの、それを尊崇すべき存在として捉えていたと考えられるであろう。

（注13）白川静『白川静著作集6　神話と思想』（平凡社／一九九九年十一月）／五一四頁

（注14）武内義雄『武内義雄全集』（第八巻／思想史篇一／角川書店／一九七八年十一月）、三六一頁

（注15）周公相武王、誅紂・伐奄、三年討其君。……『書』曰「丕顕哉文王謨。丕承哉武王烈。佑啓我後人、咸以正無欠（周公武王を相け、紂を誅し・奄を伐ち、三年にして其の君を討つ。……『書』に曰く「丕いに顕らかなるかな文王の謨《はかりごと》。丕いに承げるかな武王の烈《いさお》。我が後人を佑啓して、咸正を以てし欠くること無し」と）

（注16）彼王者則不然。致賢而能以救不肖、致彊而能以寛弱、戦必能殆之而羞与之鬥、委然成文、以示之天下、而暴国安自化矣。有災繆者、然後誅之。故聖王之誅也綦省矣。文王誅四、武王誅二、周公卒業、至於成王則安無誅矣（彼の王者は則ち然らず。賢と能を致《きわ》めて以て不肖を救い、彊を致めて能く以て弱を寛にす、戦えば必ず能く之を殆くするも而も之と鬥うことを羞じ、委然として文を成して、以て之を天下に示し、而して暴国安《ここ》に自ら化す。災繆なる者有りて、然る後之を誅す。故に

聖王の誅や綦《きわ》めて省《すくな》し。文王の誅は四、武王の誅は二、周公業を卒え、成王に至りては則ち安《ここ》に以て誅無し）（仲尼）

（注17）なお、離婁に見える四王の政治中、武王が近親者を粗略に扱うことなく、遠方の者にも思いを致していたと記述されていることは、『論語』微子や『成王既邦』に見える「親族を思いやる」周公旦像と合致するものであり、注目される。この記述より、『孟子』においては、周公旦がそのような近親を重視する思想を武王より引き継いだとしていることが読み取れる。

（注18）銀雀山漢簡『君臣問答』文王与太公に関しては、『群書治要』や一九七三年に河北省定州市八角廊四十号漢墓から出土した定州漢墓竹簡『六韜』に類似する内容が見える。そのため、『六韜』と何らかの関連があったものと推測される。以下、参考に両文献の該当箇所を示す。

文王問太公曰「願聞為国之大失」。太公曰「為国之大失、作而不法法、国君不悟、是為大失」。文王曰「願聞不法法、国君不悟」。太公曰「不法法則令不行、令不行則主威傷。不法法則邪不止、邪不止則禍乱起矣。不法法則刑妄行、刑妄行則賞無功。不法法則国昏乱、国昏乱則臣為変。不法法則水旱発、水旱発則万民病。君不悟則兵革起、兵革起則失天下也」。（『群書治要』第三十一巻）

（〇七六七）□不法邪不亡。不法禍日起。不□

（〇八一四）□亡□。不法国且乱。不法民多□

（〇七八七）旱至。不法（定州漢簡『六韜』）

　なお、河北省文物研究所定州漢墓竹簡整理小組「定州西漢中山懐王漢墓竹簡『六韜』釈文及校注」（『文物』二〇〇一年第五期）によれば、敦煌唐人写本（国家図書館所蔵フィルム）には、類似する内容の文献に『大失』という篇題が見えるという。また、本書入稿後に石井真美子「『六韜』諸テキストと銀雀山漢簡の関連について」（『立命館白川静記念東洋文字文化研究所紀要』八／二〇一四年七月）を目にする機会を得た。本論考は『六韜』諸本の関連性について詳しい。

（注19）『礼記』文王世子にも、成王と周公旦との記述が見える。該当箇所は以下の通り。

仲尼曰「昔者周公摂政、践阼而治、抗世子法於伯禽。所以善成王也。（中略）」是故抗世子法於伯禽、使之与成王居、欲令成王之知父子・君臣・長幼之義也。

（仲尼曰く「昔者、周公政を摂し、阼を践《ふ》みて治め、世子の法を伯禽に抗《あ》ぐ。成王を善くする所以なり。（中略）」是の故に世子の法を伯禽に抗げて、之をして成王と居らしむ。成王をして父子・君臣・長幼の義を知らしめんと欲すればなり。）（『礼記』文王世子）

　ここでは、周公旦が幼い成王に太子としての振る舞いを直接諭すのではなく、まず自らの子である伯禽にそれを守らせ、その後、伯禽と成王を共に生活させることで、成王に父子・君臣・長幼の意義を知らせたのだと説かれている。『呂氏春秋』審應覧・重言においても、周公旦は「天子に戯言無し」と成王を諫めており、これらの記述からは、周公旦が太子（成王）教育に携わった賢臣として捉えられていることが窺える。

（注20）孔子為魯摂相、朝七日而誅少正卯。門人進問曰「夫少正卯、魯之聞人也、夫子為政而始誅之、得無失乎」。孔子曰「居。吾語女其故。人有悪者五、而盗窃不与焉。一曰心達而険、二曰行辟而堅、三曰言偽而弁、四曰記醜而博、五曰順非而沢。此五者有一於人、則不得免於君子之誅、而少正卯兼有之。故居処足以聚徒成群、言談足以飾邪営衆、強足以反是独立。此小人之桀雄也、不可不誅也。是以湯誅尹諧、文王誅潘止、周公誅管叔、太公誅華仕、管仲誅付里乙、子産誅鄧析・史付。此七子者、皆異世同心、不可不誅也（孔子魯の摂相と為り、朝すること七日にして少正卯を誅す。門人 進みて問いて曰く「夫の少正卯、魯の聞人なり、夫子政を為して始めに之を誅す、失無きことを得んや」と。孔子曰く「居れ。吾 女に其の故を語げん。人 悪なる者五有り、而も盗窃は与からず。一に曰く心達にして険、二に曰く行辟にして堅、三に曰く言偽にして弁、四に曰く記醜にして博、五に曰く順非にして沢。此の五者は人に一有れば、則ち君子の誅を免るるを得ず、而して少正卯兼ねて之を有す。故に居処は以て徒を聚めて群を成すに足り、言談は以て邪を飾り衆を営わすに足り、強は以て是に反して独立するに足る。此れ小人の桀雄なり、誅せざるべからざるなり。是を以て湯は尹諧を誅し、文王は潘止を誅し、周公は管叔を誅し、太公は華仕を誅し、管仲は付里乙を誅し、子産は鄧析・史付を誅す。此の七子なる者は、皆世を異にするも心を同じくするに、誅せざる可からざるなり）（『荀子』宥坐）

（注21）客有道曰「孔子曰『周公其盛乎。身貴而愈恭、家富而愈倹、勝敵而愈戒』」応之曰「是殆非周公之行、非孔子之言也。武王崩、成王幼、周公屏成王而及武王、履天子之籍、負扆而坐、諸侯趨走堂下。当是時也、夫又誰為恭矣哉。兼制天下、立七十一国、姫姓独居五十三人焉、周之子孫、苟不狂惑者、莫不為天下之顕諸侯。孰謂周公倹哉（客 道える有りて曰く「孔子曰く『周公は其れ盛んなるかな。身貴くして愈いよ恭しく、家富みて愈いよ倹、敵に勝ちて愈いよ戒む』」と。之に応じて曰く「是れ殆んど周公の行に非ず、孔子の言に非ざるなり。武王崩じて、成王幼なり、周公 成王を屏《おお》いて武王に及《つ》ぎ、天子の籍を履み、扆を負いて坐し、諸侯 堂下に趨走す。是の時に当りてや、夫れ又た誰か恭と為さんや。天下を兼制し、七十一国を立て、姫姓独り五十三人に居る、周の子孫、苟も狂惑ならざる者は、天下の顕諸侯と為らざるは莫し。孰か周公を倹なりと謂わんや」）

（注22）太公望東封於斉、斉東海上有居士曰狂矞・華士。昆弟二人者立議曰「吾不臣天子、不友諸侯、耕作而食之、掘井而飲之、吾無求於人也。無上之名、無君之禄、不事仕而事力」。太公望至於営丘、使吏執殺之以為首誅。周公旦従魯聞之、発急伝而

問之曰「夫二子、賢者也。今日饗国而殺賢者何也」。太公望曰「是昆弟二人立議曰『吾不臣天子、不友諸侯、耕作而食之、掘井而飲之、吾無求於人也。無上之名、無君之禄、不事仕而事力』。彼不臣天子者、是望不得而臣也。（太公望 東のかた斉に封ぜらる、斉の東海の上に居士有り狂矞・華士と曰う。昆弟二人の者 議を立てて曰く「吾は天子に臣たらず、諸侯に友たらず、耕作して之を食い、井を掘りて之を飲み、吾 人に求むる無きなり。上の名無く、君の禄無く、仕を事とせずして力を事とす」と。太公望 営丘に至り、吏をして執えて之を殺さしめ以て首誅と為す。周公旦 魯より之を聞き、急伝を発して之を問うて曰く「夫の二子、賢者なり。今日国を饗《う》けて賢者を殺すは何ぞや」と。太公望曰く「是の昆弟二人 議を立てて曰く『吾は天子に臣たらず、諸侯に友たらず、耕作して之を食らい、井を掘りて之を飲み、吾 人に求むること無し。上の名無く、君の禄無く、仕を事とせずして力を事とす』と。彼の天子に臣たらざる者は、是れ望 得て臣とせざるなり。）（『韓非子』外儲説右上）

（注23）　湯浅邦弘「『従政』と儒家の「従政」」（浅野裕一編『竹簡が語る古代中国思想―上博楚簡研究―』／汲古書院／二〇〇五年四月 所収）、福田哲之「『子羔』の内容と構成」（同上）、福田哲之「『中弓』における説話の変容」（同上）、福田哲之「上博楚簡『季康子問於孔子』の編聯と構成」（大阪大学中国学会『戦国楚簡研究 2006』（『中国研究集刊』第四十一号／二〇〇六年）、浅野裕一「上博楚簡『君子為礼』と孔子素王説」（同上）、福田哲之「上博楚簡『弟子問』の文献的性格―上博楚簡に見える孔子に対する呼称―」（浅野裕一編『竹簡が語る古代中国思想（二）―上博楚簡研究―』／汲古書院／二〇〇八年九月所収）など。

【参考文献】

［ｗｅｂ上に公開された論文・札記掲載サイトＵＲＬ］
復旦網＝http://www.gwz.fudan.edu.cn/
簡帛網＝http://www.bsm.org.cn/
清華網＝http://www.confucius2000.com/admin/lanmu2/jianbo.htm

Ａ．季旭昇主編『上海博物館蔵戦国楚竹書（一）』読本』（万巻楼、二〇〇四年六月）
Ｂ．郭店楚墓竹書　武漢大学簡帛研究中心　荊門市博物館編著『楚地出土戦国簡冊合集㈠』（文物出版社、二〇一一年十一月）
Ｃ．復旦吉大古文字専業研究生聯合読書会「上博八『成王既邦』校読」（二〇一一年七月十七日、復旦網）

D．曹方向「上博八『成王既邦』札記」（二〇一一年七月十八日、簡帛網）
E．黄杰「初読『上海博物館蔵戦国楚竹書（八）』筆記」（二〇一一年七月十九日、簡帛網）
F．子居「上博八『成王既邦』再編連」（二〇一一年七月二十一日、清華網）
G．単育辰「佔畢隨録之十五」（二〇一一年七月二十二日、復旦網）
H．何有祖「上博楚簡釈読札記」（二〇一一年七月二十四日、簡帛網）
I．張峰「説上博八『顔淵』及『成王既邦』中的「豫」字」（二〇一一年八月四日、簡帛網）
J．劉信芳「上博蔵八試読五則」（二〇一一年九月九日、簡帛網）
K．鍾碩整理「網摘：『上博八』専輯」（二〇一一年十月一日、復旦網）
L．蘇建洲「楚竹書的〝罝〟字」（二〇一二年四月十三日、復旦網）
M．谷中信一「『逸周書』研究（五）―周公旦とその言説について―（『日本女子大学紀要』文学部第四十九号、二〇〇〇年三月）

第二部　「清華大学蔵戦国竹簡」の研究

第一章　清華簡『周武王有疾周公所自以代王之志（金縢）』の検討

二〇〇八年七月、清華大学は約二四〇〇枚の竹簡を入手した。竹簡には、郭店楚簡や上博楚簡などと類似した戦国期に使用されていたと考えられる文字が見え、鑑定の結果、それらの竹簡は紀元前三三五年〜前二七五年頃のものであることが判明した。その後、竹簡に対する整理・釈読作業が進められ、その中に、おおよそ六十三篇の文献が含まれていることが明らかとなった。二〇一〇年十二月には、竹簡の図版と釈文とを収めた第一分冊、『清華大学蔵戦国竹簡（壹）』[注1]が刊行され、にわかに中国国内外の多くの研究者の注目を集めた。第一分冊には、『尚書』や『逸周書』関連の八文献と、楚の歴史と国都の変遷に関する文献『楚居』の計九つの文献が収められている。

本章においては、この新出土文献、清華簡に所収の『周武王有疾周公所自以代王之志（金縢）』[注2]（以下、清華本）を取り上げ、今本『尚書』金縢（以下、今本）と比較することにより、従来、未解決となっていた字句の問題を検討し、あわせて本篇の文献的特質についても考察を加えたい。[注3]

第一節　『周武王有疾周公所自以代王之志（金縢）』釈読

本節では、清華本と今本との比較を行う前に、まず戦国文字で記された清華本の内容を確認したい。以下、「書誌情報」

「内容（釈読）」、さらに清華本中、重要と思われる「字句の解釈」について記述する。

（一）書誌情報

清華本の書誌情報については、整理者劉国忠氏の「説明」に従って記す。

竹簡枚数は合計十四簡。三道編線であり、完簡の長さは約四十五センチメートル。その内、第八簡と第十簡の上端は、どちらも一部欠損しており、それぞれ約四字分を損失している。竹簡の背面には竹簡の順番を示す番号（編号）が附されている。第十四簡の背面下部には篇題「周武王有疾周公所自以代王之志」が見える。

（二）清華本の内容

次に、清華本の釈読を行う。なお、以下、内容により便宜的に三つの段落に分けて記述している。

釈文

武王既克□（殷）三年、[1]王不瘀（豫）有层（遲）[2]。二公告周公曰「我其爲王穆卜[3]」。周公曰「未可以【1】慼（戚）吾先王[4]」。周公乃爲三坦（壇）同錙（墠）[5]、爲一坦（壇）於南方‐。周公立女（焉）、秉璧旹（戴）珪[6]。史乃册【2】祝告先王曰「爾元孫發也‐[7]、□（遘）□（害）□（虐）疾[8]。爾毋乃有備（丕）子之責在上‐[9]。惟爾元孫發也‐[10]【3】、不若旦也‐。是年（佞）若巧能[11]、多才‐多藝‐、能事鬼神。命于帝廷、尃（溥）有四方、以奠（定）爾子【4】孫于下陸（地）‐[12]。爾之許我=（我、我）則□（晉）璧與珪[13]。爾不我許、我乃以璧與珪逯（歸）‐[14]」。周公乃納其【5】所爲杠（功）自以代王之說‐于金紖（縢）之匱‐[15]、乃命執事人曰「勿敢言‐[16]」。臺（就）後武王力（直）‐[17]。

成王猶【6】學（幼）在位、管叔及其羣兄弟[18]乃流言于邦曰「公將不利於孺子‐」。周公乃告二公曰「我之【7】□□□□[19]

亡以復見於先王」。周公石（宅）東三年[20]、禍人乃斯旻（得）[21]。於後－周公乃遺王詩。【8】曰「周（雕）鴞[22]」。王亦未逆公。

是歳也－、蘇（秋）大管（熟）－、未殻（穫）、天疾風以雷[23]、禾斯妟（偃）、大木斯臧（拔）。[24]邦人【9】□□□兌（弁）－、夫＝（大夫）繞（綵）－[25]、以啓金纵（縢）之匱－。王旻（得）周公之所自以爲社（功）以代武王之説－。王問執【10】事人、曰「信。殹（噫）、公命我勿敢言－[26]」。王捕（搏）箸（書）以澀（泣）[27]曰「昔公勤勞王家－、惟余沓（沖）人亦弗及【11】知－[28]、今皇天𨖆（動）畏（威）、以章公悳（德）－。惟余沓（沖）人其親逆公、我邦家禮亦宜之－[29]」。王乃出逆公【12】至鄗（郊）。是夕、天反風、禾斯𨑤（起）－、凡大木𣂓＝（之所）臧（拔）、二公命邦人聿（盡）復笁（筑）之－。歳大有年、蘇（秋）【13】則大殻（穫）－。【14】

訓読

武王 既に殷に克ちて三年、王 予《やす》からずして遅有り。二公 周公に告げて曰く「我 其《ねがわ》くは王の爲に穆卜せん」と。周公曰く「未だ以て吾が先王を戚えしむべからず」と。周公乃ち三壇《だん》を爲り墠《ぜん》を同じくし、一壇を南方に爲る。周公焉《ここ》に立ち、璧を乗《と》り珪を戴《お》く。史 乃ち冊もて祝して先王に告げて曰く「爾の元孫發や、害虐の疾に遘《あ》う。爾 丕子《ひし》の責を上に有すること毋乃《なか》れ。惟《こ》れ爾の元孫發や、旦に若かざるなり。是れ佞にして巧能、多才多藝にして、能く鬼神に事う。帝廷に命ぜられ、四方を溥有《ほゆう》し、以て爾の子孫を下地に定む。爾 之《も》し我を許さば、我 則ち璧と珪とを晉《すす》めん。爾 我を許さざれば、我 乃ち璧と珪とを以て歸せん」と。周公 乃ち其の功と爲り自ら以て王に代わる所の説を金縢の匱に納め、乃ち執事人に命じて曰く「敢えて言うこと勿かれ」と。就《おわ》りて後 武王 直《よろ》し。

成王 猶お幼くして在位し、管叔 及び其の群兄弟 乃ち邦に流言して曰く「公 將に孺子に利あらざらんとす」と。周公 乃ち二公に告げて曰く「我之《も》し〔□□□：言を辟《さ》けざれば、我〕以て復た先王に見ゆること亡からん」と。周公 東に宅《お》ること三年、禍人 乃ち斯《ことごと》く得。後に周公 乃ち王に詩を遺る。「雕鴞《しきょう》」と曰う。王 亦た未だ公を逆《むか》えず。

是の歳や、秋 大いに熟するも、未だ穫らざるに、天 疾風して以て雷すれば、禾 斯く偃《ふ》し、大木 斯く抜く。邦人〔□□□〕：大いに恐れ、王□〕弁して、大夫綵し、以て金縢の匱を啓く。王 周公の自ら以て功と爲り以て武王に代わる所の説を得。王 執事人に問えば、曰く「信。噫《そもそも》、公 我に敢えて言うこと勿かれと命ずるなり」と。王 書を搏《と》りて以て泣して曰く「昔 公 王家に勤労するも、惟れ余沖人 亦た知るに及ばざれば、今 皇天 威を動かし、以て公の徳を章《あらわ》す。惟れ余沖人 其《まさ》に親《みずか》ら公を逆《むか》え、我が邦家の禮も亦た之《こ》れに宜しくせん」と。王 乃ち出でて公を逆《むか》うるに郊に至る。是の夕、天 風を反すれば、禾 斯く起ち、凡そ大木の抜くる所は、二公 邦人に命じて盡く復た之れを築かしむ。歳 大いに年《みのり》有り、秋 則ち大いに穫す。

現代語訳

武王がすでに殷に勝ってから三年の後に、王は病にかかり、なかなか回復しなかった。〔そこで〕二公（太公望と召公奭）は、周公旦に対して「わたくしどもは、王のために慎んで占いたいと思います」と告げた。〔すると〕周公旦は「まだ我が先王を憂えさせることはできません」と答えた。周公旦はそこで三つの祭壇を作り地を除いて同じ〔高さ〕にし、〔また別に〕一つの祭壇を南方に作った。〔そうして〕周公はこれ（南方の祭壇）に立ち、璧《たま》をとって珪（三角形に尖った玉器）を置いた。史官は、そこで冊書《さくしょ》を読んで祈り、先王に告げて言うには、「あなた方の長孫である発（武王）は、災い虐げられる疾《やまい》に遭っております。あなた方は、天子の責務を天に負ってはなりません。あなた方の長孫である発は、旦に及びません。旦は優れた才能を有し、多才多芸であり、鬼神に事えることができます。〔しかし、発は〕天帝の宮廷に命ぜられて〔王位につき〕、四方の国々を遍く所有して、そうしてあなた方の子孫を地上に安住させています。あなた方が、もし、わたくし〔（周公）が王の代りになること〕をお許し下さるのであれば、わたくしは璧と珪とを献上いたしましょう。あなた方が、わたくしをお許しにならないのであれば、わたくしは逆に璧と珪とを献上せずに〔そのままで〕おりましょう」と。周公旦は、そこで自ら武王の身代わりとなることを記した文書を、金のひもで封じた箱に納め、侍者に命じて「〔このことを〕決して他言してはなりません」と言った。その後、武王は〔病から〕回復した。

成王が、まだ幼くして王位につくと、〔武王の弟で、周公の兄の〕管叔及びその兄弟が、国内にうわさを流して言うには、「周公は、まさに幼帝によろしくない行いをしようとしている」と。周公は、そこで二公に告げて「私がもし〔□□□：管叔等の流言を避けなければ、私は〕二度と先王にお目にかかることができなくなるでしょう」と言った。周公は〔そうして〕東遷すること三年、〔流言した〕禍人全員を知ることができた。後に周公が王に詩を贈っ〔て諫言し〕た。〔その題名を〕「雕鴞」と言う。〔この時点では〕成王も、まだ周公を〔東から〕出迎えようとはしなかった。

この年の秋に、〔穀物は〕大いに実ったが、〔それらを〕まだ収穫しないうちに、天は疾風を吹かせ、雷を起こしたので、稲は全て低く伏せ、大木は全て抜けてしまった。国人は〔□□□□：大いに恐れ、王□〕は爵弁〔赤黒い冠〕をかぶり〔降服し〕、大夫は模様や飾りのない格好をして、そうして金のひもで封じた箱を開いた。〔そこで〕成王は、周公が自ら人質となって武王の身代わりとなることを記した文書を見いだした。成王が侍者に質問すれば、〔侍者がそれに答えて〕「そのとおりでございます。しかしながら、周公さまは、我々に〔向かって〕決して他言してはならないとお命じになりました」と言った。成王は、その祈りの文書をとって、涙して言った。「昔、周公は王家に苦労しながら勤め励んだが、私のような小子は、〔そのことを〕知るに及ばなかったため、今、皇天はその威力を働かせて、そうして周公の徳を彰かにしたのだ。私小子は、まさに自ら周公をお迎えし、我が国家の礼もまた、周公に適切に〔行うように〕しよう」と。成王は、そこで朝廷を出て、周公を迎えるために郊外に至った。この〔日の〕暮れ、天は風を反対に吹かせたので、稲は尽く立ち上がり、総じて大木の抜ける所は、二公が国人に命じて、全て再びこれを元に戻し、根本をたたき堅めさせた。その年は大いに実りがあり、秋には大いに〔穀物を〕収穫することができた。

語注

〈1〉今本では「既克商二年」に作っている。『史記』魯周公世家もまた「克殷二年」に作る。『尚書正義』は、文王が天命を受けて十三年目に武王が紂を伐ち、その後すぐに元年と称したのだとし、この「二年」を紂を伐った翌年としている。同様に、王粛もこれを「克殷明年」と述べる。

〈2〉整理者は、「不痊」が清華簡『保訓』にも見えることを指摘する。「痊」字は今本では「豫」に作っている。「尸」字は、『説文解字』に「遅、或従尸」とあるため、これにより「遅」と釈読する。

〈3〉「二公」とは、太公望と召公奭とを示す。

〈4〉「慼」について、『説文解字』は「慽」に作り、「憂」の意としている。今本は「戚」に作っている。『史記集解』は偽孔伝（孔安国伝）を引いて「近也、未可以死近先王也」と記述する。また、鄭玄は「憂」と解し、「未可憂怖我先王也」の意とする。整理者もこれに従う。宮島（参考文献X）は、該当字と同形字と考えられる郭店楚簡『性自命出』第三十四簡や、上博楚簡『孔子詩論』第四簡が、いずれも「憂う」という意の「慼」に読まれており、また郭店楚簡『語叢一』第三十四簡の文字に対する劉釗、陳偉の解釈（「憂愁」「悲哀」等）を参考に「憂」の意としている。該当字は、清華簡中、『程寤』第五簡にも二字見られるが、いずれも「憂」の意として使用されていることがわかる。そのため、ここでは整理者や宮島の説に従い、「憂」の意と解する。一方、廖名春（B）は「戚」を「俶」の仮借とし、『方言』の「俶、動也」を引いて「動」の意としている。

〈5〉整理者は、「築土為壇、除地為墠」と注する。また、偽孔伝・『説文解字』・『礼記』祭法の注にも、同様の記述があることを指摘する。

〈6〉今本では、「植璧秉珪」に作っている。『史記』魯周公世家では「戴璧秉圭」に作っている。復旦大学出土文献与古文字研究中心研究生読書会（以下、復旦大学読書会）（I）は、「戴」が楚簡においては多く「啬」と記述されることを指摘し、該当字も「戴」に作るべきとしている。蕭旭（J）は、段玉裁の「載、戴古通用也。戴、植二声同之咍職徳部……」などを引いて、「戴」や「載」は「植」に作り、「置」の意とすべきと述べる。今は、字形から復旦大学読書会に従い、「戴」と釈読する。

〈7〉「告先王」が今本では「告大王・王季・文王」、『史記』魯周公世家では「告于太王・王季・文王」と記されている。また「元孫発」は、今本では「元孫某」と記述され、『史記』魯周公世家では「元孫王発」に作っている。

〈8〉今本は「遘厲虐疾」に作る。『史記』魯周公世家では「勤労阻疾」に作っており、それについて『史記集解』は、徐広注を引き「阻一作淹」と述べる。整理者は、「猚」字を、音韻から「遘」字に隷定し、「遇」の意とする。また、「邁」字については「害」字に隷定し、『淮南子』修務の高誘注「害、患也。」に従い、「患」の意としている。さらに、「盧」字は、「唐」字に定め、

『説文解字』段注に「䖈、古文虐、如此」とあることに依り、「虐」の意と解している。

「害虐」については、『尚書』武成に「暴殄天物、害虐烝民」とある。

〈9〉「毋乃」については、『礼記』檀弓に「毋乃不可乎」とある。また、「備」については、今本では、「丕」に作っている。この「丕」に関して、偽孔伝・馬融は「大」の意とし、鄭玄は「不」の意とする。『史記』魯周公世家や『白虎通』では「備」を「負」に作り、「負子」を「背棄子民」の意としている。曾運乾は『尚書正読』において、「布茲」と読みなし、「弟子助祭以事鬼神者之一役」と釈読している。米雁（E）は、音通関係から、「備」字を「丕」字の転じたものとして、「備子（丕子）」＝「首子」の意と解する。

米雁の述べるとおり、「備」と「丕」とは音通関係にあると考えられる。今はこれに従い、「丕子」と釈読し、「天子」の意と解しておく。

〈10〉該当箇所の「元孫発」は、今本では「元孫」と記述され、「発」字が見えず、『史記』魯周公世家では「王発」に作っている。語注〈7〉を参照。

〈11〉孫星衍『尚書今古文注疏』では、「不」を「丕」として、「語詞」とする。池田末利（全釈漢文大系『尚書』／集英社／一九七六年四月）も「もし通解（筆者（中村）補：恐らく、ここで言う「通解」とは、氏が直前で述べる「旧説の周公がみずからほめて代わることを求めるとする」説の意であろう。）に従えば武王は鬼神には事えることはできないが、帝の命を受けて四方を治めているという矛盾を生ずる」と述べている。一方、『尚書正義』は、この表現を周公の自称表現と見ている。

ここでは、周公が自らを武王の身代わりとするよう先王に請う場面が描かれている。そのため文脈上、周公が武王より、よく鬼神に仕えることができると身代わりとしての自身の価値を高めるような発言をしていても、なんら不自然ではないように思われる。よって、今は『尚書正義』に従い、「不」のままで解釈することとする。

今本では、「是佞若巧能」を「予仁若考能」に作る。「是」について、宋華強（D）は「実」と解している。これに対し、宮島（X）は該当字の前文が「也」で切れているため、「是」を強調の副詞と見なすことは難しく、張玉金『西周漢語語法研究』（中華書局／二〇〇六年）を引用し、「是」を単独で主語になれる「近指代詞」で「旦」を指すものとしている。宮島の解釈が妥当であると思われるため、これに従う。「年」について、整理者は音通関係から「佞」字と隷定しており、優れた才能の意とする。また「若」については、王引之『経伝釈詞』附録一の「而也」を引いて解釈している。「能」は下接するとの説もあるが、文脈上、そのままの文意で問題ないと考えられるため、今は整理者に従っておく。

〈12〉今本では、「命于帝廷……」の句の直前は、「予仁若考能、多材多藝、能事鬼神。乃元孫不若旦多材多藝、不能事鬼神」と記されている。また、今本では「帝廷」を「帝庭」に、「溥有四方」を「敷佑四方」に作っている。「溥有四方」に関しては、『毛詩』大雅・文王之什・皇矣に「奄有四方」とあり、大盂鼎に「匍有四方」とある。

〈13〉「𣅀」について、整理者は『説文解字』の「𣅀即奇字晉（晋）」を引き、「晋」あるいは「進」と解している。一方、復旦大学読書会（Ｉ）は、徐在国「新蔡葛陵楚簡札記（二）」（「簡帛研究」掲載：http://www.jianbo.org/showarticle.asp?articleid=813）に見える「𣅀」の解釈を採り、「厭《えん》」の意とする。また、復旦大学読書会は、今本および『史記』魯周公世家と清華本とでは、語句の順序が異なるとしている。三文献の該当箇所は、以下のように記されている。

（清華本）爾之許我、我則晋璧与珪。爾不我許、我乃以璧与珪帰。（爾 之《も》し我を許さば、我 則ち璧と珪とを晋《すす》めん。爾 我を許さざれば、我 乃ち璧と珪とを以て帰せん。）

（今本）爾之許我、我其以璧与珪、帰俟爾命。爾不許我、我乃屏璧与珪。（爾 之し我を許さば、我 其ち璧と珪とを以て、帰りて爾の命を俟たん。爾 我を許さざれば、我 乃ち璧と珪とを屏《す》てん。）

（『史記』魯周公世家）　爾之許我、我以其璧与圭帰、以俟爾命。爾不許我、我乃屏璧与圭。（爾 之し我を許さば、我 其の璧と圭とを以て帰り、以て爾の命を俟たん。爾 我を許さざれば、我 乃ち璧と圭とを屏てん。）

清華本の該当箇所について、復旦大学読書会の述べる通り「爾之許我、我則厭璧与珪。爾不我許、我乃以璧与珪帰。（爾 之し我を許さば、我 則ち厭するに璧と珪ともてせん。爾 我を許さざれば、我 乃ち璧と珪とを以て帰せん。）」とした場合、文意不明となってしまう。なぜなら、復旦大学読書会の引用する徐在国の札記では、「厭」字は「王名」や「厭祭（徐在国注：祭時无尸、僅以食供食、謂之厭祭。）」の意で登場しているためである。仮に「厭」を「はらう、鎮める」の意とした場合にも、「祭祀を行うのに璧と珪とを用いよう」となり、解釈は難しい。そのため、ここでは整理者に従い、「晋（進）」の意ととる。

〈14〉この一文の後に、今本には次の占卜の語句が記されている。

乃卜三亀、一習吉。啓籥見書、乃并是吉。公曰「体、王其罔害。予小子新命于三王、惟永終是図。茲攸俟、能念予一人」。

同様の占卜の句は、『史記』魯周公世家にも見える。

周公已令史策告太王・王季・文王、欲代武王発、於是乃即三王而卜。卜人皆曰吉、発書視之、信吉。周公喜、開籥、乃見書遇吉。周公入賀武王曰「王其無害。旦新受命三王、維長終是図。茲道能念予一人」。

〈15〉今本では、「𥘅」字を「功」に作っている。『史記』魯周公世家では「質」に作る。整理者は「功」に隷定し、己を身代わりとする意に解する。一方、米雁（Ｌ）は、「𥘅」を「貢」の仮借として、先王に貢品を献ずる意であるとしている。また楊坤（Ｇ）は、「功」も「質」も「責求之辞」と解する。池田末利（全釈漢文大系『尚書』）は、今本の冊祝の辞に「以旦代某之身」

とあることにより、「貢」に作り、己を以て質と為すととるべきとしている。
　「社」は、「功」「貢」の両字に釈読し得るが、語意としては、文脈上、周公が武王の身代わりとなるという解釈で問題ないように思われる。

〈16〉この句は、今本と『史記』魯周公世家には見られない。

〈17〉「臺」について、整理者は「就」に隷定し、『爾雅』釈詁の「求・酋・在・卒・就、終也。」を引いて「終」の意と解する。

〈18〉今本・『史記』魯周公世家では、「羣兄弟」を「羣弟」に作る。

〈19〉第八簡の上端に四字分の欠損がある。今本には、「弗辟我」とある。今本と清華本とを比較することにより、恐らく該当箇所には「弗辟言我」の四字が記されていたのではないかと考える。

〈20〉今本には、「居東二年」とある。整理者は、「石」（禅母鐸部）を「宅」（定母鐸部）と隷定し、『爾雅』釈言の「宅、居也。」を引用する。『史記』魯周公世家・偽孔伝・王粛らは、「居東」を「東征」の意に解している。一方、鄭玄は、周公が管叔らの流言を避けるため、東に移った意としている。
　本篇中では、この後、成王が自ら周公を出迎えに行くまで、周公は東に移ったままであることが分かる。東征であれば、東に居続ける必要はなく、ここでは文脈上、難を避けるために東に移ったと解するのがよいであろう。

〈21〉「禍人」は、今本では「罪人」に作っている。

〈22〉「雕鴞」は、今本では「鴟鴞」に作っている。「鴟鴞」は『毛詩』豳風中の一篇。『毛詩』周頌・閔予小子之什・小毖の「肇允彼桃虫、拚飛維鳥」の注に「郭璞曰『鷦鷯、亡消反、桃雀也。俗名為巧婦。鷦鷯小鳥、而生鵰鶚者也』。陸機疏云『今鷦鷯是也。微小於黄雀、其鶵化而為鵰、故俗語鷦鷯生鵰』。」とある。また、『陝西通志』の「鷦鷯」の項目に「鴟鴞」とある。
　『毛詩』豳風・鴟鴞の内容は、以下のとおり。
　　鴟鴞鴟鴞。既取我子、無毀我室。恩斯勤斯、鬻子之閔斯。迨天之未陰雨、徹彼桑土、綢繆牖戸。今女下民、或敢侮予。予手拮据、予所捋荼、予所蓄租、予口卒瘏。曰予未有室家。予羽譙譙、予尾翛翛。予室翹翹。風雨所漂揺、予維音嘵嘵。
　『毛詩』序や『詩集伝』は、『毛詩』豳風・鴟鴞を『金縢』に見える成王・周公旦の故事と関連させて説明しているが、句形や押韻法などから、「鴟鴞」をいくつかの異なる詩が集められて成立した文献ではないかとする説（石川忠久『詩経』／明治書院／一九九八年四月）もある。

〈23〉「天疾風以雷」が、今本では「天大雷電以風」と記されている。『史記』魯周公世家では「暴風雷雨」と記されている。

〈24〉今本では、「斯」を「盡」に作っている。整理者は「臧」について、「[illegible]（誖《ほつ》）」声に従い、その変化したものではないかと述べる。今本では「抜」に作っており、整理者は音通関係から、「臟」を「抜」と釈読する。

〈25〉第十簡の上端に四字分の欠損がある。今本では「大恐、王与大夫尽」に作っている。整理者は今本を参考に「大恐、王□」と記されていた可能性を指摘する。「弁」とは、鄭玄注に「爵弁」とある。『史記』魯周公世家では該当箇所を「朝服」に作る。曾運乾（『尚書正読』）は「天子諸侯十二而冠。成王此時年十五、于礼、已冠。必爵弁者、承天変降服、亦如国家失道焉」と述べる。「大夫緑」について、整理者は、『春秋左氏伝』成公五年に「乗縵」とあり、その杜預注に「車無文」とある例をあげる。

〈26〉今本は、「殹」を「噫」に作っており、偽孔伝は「恨辞」の意とする。廖名春（B）は、「殹」および今本の「噫」を「抑」と読みなし、逆接の接続詞「而」や「然」「但」として解釈する。

「噫」については、『経典釈文』に「馬融作懿」とあり、韋昭『国語』楚語注に「懿読曰抑」とある。そのため、ここでは廖名春に従い、「抑」の意で解することとする。

〈27〉整理者は、「捕」を「布」と隷定し、『小爾雅』広言の「舒・布、展也」を引いて解釈している。復旦大学読書会（I）は、今本が「執」に作っていることや、「捕」と「搏」「把」とが古くは極めて近い音だったことから、「搏」あるいは「把」に釈読する。文脈、および今本との関係も考慮し、今は復旦大学読書会の説を採る。「湮」について、整理者は、音通関係や今本との比較から「泣」に隷定する。

〈28〉整理者は、「湝」（定母侵部）を「沖」（定母冬部）と釈読する。『史記』は「幼人」に作る。

〈29〉「其」字について、宮島（X）は戸内俊介「上古中国語における非現実モダリティーマーカーの「其」」（『中国語学』二五八号／二〇一一年）を引き、該当箇所の「其」を「非現実を表す「其」」と解している。『経伝釈詞』第五には「其、猶将也」とあり、「将」の意と釈する。また今本では、「親逆」を「新逆」に作っている。馬融本には「親迎」とある。

（三）字句の解釈

本項では、清華本の釈文中、特に解釈に関わる重要な三つの語句について、検討を加える。

I．「力」について（第六簡）

整理者は、「力」（来母職部）を「陟」（端母職部）と釈読し、「死」の意とする。

一方、楊坤（G）は、『説文解字』に「力、筋也。象人筋之形、治功曰力、能禦大災」とあることや、『周礼』夏官・司勳に「治功曰力」とあることを挙げ、「力」を「治功」の意とし、本文の内容を「武王者、其病愈也」と解釈する。

本篇には一貫して周公旦の功績が記されていると言える。そのため、この「力」字を「陟」字と読み、武王の死と捉えるよりは、楊坤の指摘するとおり「力」字を「愈（癒）」のようなプラスイメージの語として捉え、該当箇所の意味を「周公旦の冊祝の辞により、武王の病が癒えた」と考えるべきであろう。今本でも、一旦は武王の病が癒えたとして「王翼日乃瘳」と記されている。但し、楊坤の引用する「治功」とは、『周礼』では、もともと法令を制定した功績を表す文脈で使用されており、ここで引用することは不自然である。

「直」は「力」と近い音韻関係にあったと考えられる（董同龢『上古音韵表稿』）。そのため、『広雅』釈詁一に「端直鑈危質敵公方閑諫刑政貞幹集殷矢、正也」とあり、『毛詩』魏風・碩鼠に「爰得我直」、その鄭玄注に「直、得其直道。箋云、直猶正也」、朱子『詩経集伝』に「直、猶宜也」とあることにより、今は、「力」を「直」と解釈し、武王の体調が回復した意と捉えることとする。

Ⅱ．「逆」について（第九簡）

今本では、第九簡の「王亦未逆公」を「王亦未敢誚公」に作っている。これについて、鄭玄は「言欲讓之、推其恩親、故未敢」と述べ、また偽孔伝も「王猶未悟、故欲讓公而未敢」と解釈しており、従来は多く、「誚」を「譲《せ》む」の意で解していたことが分かる。蕭旭（J）は、今本の「誚」を「譲」の意とする解釈と、清華本の「逆」を「払逆」の意とする解釈とが合致すると説くが、陳剣（任攀・程少軒（整理）：M所収）は、音通関係や字形などから、「逆」を「迎」の意と定めている。

本篇の第十二簡にも、「逆」字が見える。そこでは、王が自ら出向いて周公を迎えたことが記述されており、ここでの

「未逆公」と対応するものと考えられる。そのため、陳剣説を採り、「逆」を「迎」の意と解することとする。

Ⅲ.「郊」について（第十三簡）

今本では、「郚」字を「郊」字に作っている。「郊」について、曾運乾（『尚書正読』）は、王が郊外に出て、自ら周公を迎えた意とする。一方、孫星衍（『尚書今古文注疏』）は、「郊」を「郊祭」の意ととる。

本篇では、周公が王家に勤労したにも関わらず、王に諫言を受け入れられずに、不遇な状況（東遷）を余儀なくされていたことが記されている。また、そのような周公の状況に天が応じて、天災を引き起こしたことが窺える。そのため、ここでは、郊祭を行い、天を祭ったとしても、天の警告を鎮める直接の働きかけにはならず、文脈上、「郊」は「郊外」ととり、王が自ら周公を東へ出迎えにいったと解釈すべきであろう。さらに、清華本においては「郊」字の前に「至」字が記されており、ここからも、「郊」を「郊祭」の意ととることは難しいものと考える。

第二節　清華本と今本との内容に関する比較

「金縢」篇は、伏生の伝えた今文『尚書』中にもその名が見え、周公旦の事蹟を記す文献として流布していたと考えられるが、それでは、清華本と今本の字句や内容には、どのような関連が見られるのであろうか。本節では、先に定めた清華本の釈文と今本とを比較し、特に重要と思われる相違点について検討を加えていきたい。

まず、両文献の異同を確認するために、対照表を示しておく。

【対照表】

・便宜上、文献の内容を三つの場面に区切り、表記した。
・二重傍線部は、両文献において、年号の異なる箇所を示す。
・波線部は、いずれか一方の文献のみに見られる箇所を示す。
・傍線部は、両文献で異なる語句を用いているものの、同義（もしくは近似物を指す）と考えられる箇所を示す。
・破線部は、語句の順番が入れ代わっている箇所を示す。

清華簡『金縢』	今本『尚書』金縢
武王既克殷三年、王不豫有遲。二公告周公曰「我其爲王穆卜」。周公曰「未可以戚吾先王」。周公乃爲三壇同墠、爲一壇於南方。周公立焉、秉璧植珪。史乃冊祝告先王曰「爾元孫發也、遘害虐疾。爾毋乃有丕子之責在上。惟爾元孫發也、不若旦也、是佞若巧能、多才多藝、能事鬼神。 命于帝廷、溥有四方、以定爾子孫于下地。 爾之許我、我則晉璧與珪。爾不我許、我乃以璧與珪歸」。 周公乃納其所爲功自以代王之說于金縢之匱、乃命執事人曰「勿敢言」。 就後武王力。	既克商二年、王有疾、弗豫。二公曰「我其爲王穆卜」。周公曰「未可以戚我先王」。公乃自以爲功、爲三壇同墠、爲壇於南方、北面周公立焉、植璧秉珪。乃告大王・王季・文王。史乃冊祝曰「惟爾元孫某、遘厲虐疾、若爾三王、是有丕子之責于天、以旦代某之身。予仁若考能、多材多藝、能事鬼神。乃元孫不若旦多材多藝、不能事鬼神。 乃命于帝庭、敷佑四方、用能定爾子孫于下地。四方之民、罔不祇畏。嗚呼、無墜天之降寶命、我先王亦永有依歸。今我卽命于元龜、爾之許我、我其以璧與珪、歸俟爾命、爾不許我、我乃屏璧與珪」。乃卜三龜、一習吉。啓籥見書、乃并是吉。公曰「體、王其罔害。予小子新命于三王、惟永終是圖。茲攸俟、能念予一人」。公歸、乃納冊于金縢之匱中。 王翼日乃瘳。
成王猶幼在位、管叔及其羣兄弟乃流言于邦曰「公將不利於	武王既喪、管叔及其羣弟乃流言於國曰「公將不利於孺子」。

孺子」。周公乃告二公曰「我之□□□□亡以復見於先王」。周公宅東三年、禍人乃斯得。於後周公乃遺王詩。曰『雕鴞』。王亦未逆公。	周公乃告二公曰「我之弗辟、我無以告我先王」。周公居東二年、則罪人斯得。于後、公乃爲詩以貽王、名之曰『鴟鴞』、王亦未敢誚公。
是歳也、秋大熟、未穫、天疾風以雷、禾斯偃、大木斯拔。邦人□□□□弁、大夫綵、以啓金縢之匱。王得周公之所自以爲功以代武王之説。王問執事人、曰「信。噫、公命我勿敢言」。王布書以泣、曰「昔公勤勞王家、惟余沖人亦弗及知、今皇天動威、以章公徳。惟余沖人其親逆公、我邦家禮亦宜之」。王乃出逆公至郊。是夕、天反風、禾斯起、凡大木之所拔、二公命邦人盡復筑之。歳大有年、秋則大穫。	秋大熟、未穫。天大雷電以風、禾盡偃、大木斯拔。邦人大恐、王與大夫盡弁、以啓金縢之書。乃得周公所自以爲功、代武王之説。二公及王乃問諸史與百執事、對曰「信。噫、公命我勿敢言」。王執書以泣、曰「其勿穆卜。昔公勤勞王家、惟予沖人弗及知、今天動威、以彰周公之徳。惟朕小子其新逆、我國家禮亦宜之」。王出郊、天乃雨。反風、禾則盡起。二公命邦人、凡大木所偃、盡起而築之。歳則大熟。

次に、両文献における重要な相違点を四点あげ、それぞれ考察していきたい。

（一）篇題について

今本の序には「金縢」の語句が見え、（注4）篇名を「金縢」としていることが分かる。これに対し、清華本では第十四簡の背面に「周武王有疾周公所自以代王之志」と、今本の序と異なる篇題が記されている。

これについて、整理者（劉国忠）は、清華本を金縢篇の戦国時代の写本に当たるものとし、さらに、清華本において「金縢」という名称が篇題として用いられていないのは、書写者が『尚書』の序を目にしていなかったからではないかと指摘している。（注5）確かに、整理者の述べるとおり、清華本の書写者が今本の序を見ていなかった可能性、すなわち清華本が今本の序の記される以前、または流布する以前に書写された可能性は十分に考え得る。

しかしその一方で、何らかの意図により、篇名が追加された可能性や書き換えられた可能性も排除できない。たとえば、本篇には周公旦の呪術的・神秘的な面が一貫して記されている。そのため、その周公旦の事績を明確に表すために、このような具体的な篇題が記された可能性も考えられるだろう。

現時点では、どちらの状況がより正確であるか判断しかねるが、いずれにせよ「金縢」とするよりも「周武王有疾周公所自以代王之志」と題する方が、本篇の主題をより分かりやすく伝えているものと判断できよう。

（二）占卜の文句の有無

今本中では、周公の祈りの言葉（史官が代弁）の後に、それを先王が受け入れたかどうか占う文句が続いている。(注6) これと同様の占卜の文句は、『史記』魯周公世家にも見える。(注7)

一方、清華本には、この占卜に関する句がない。しかしながら、今本や『史記』で「公帰、乃納冊于金縢之匱中」や「周公蔵其策金縢匱中」と記されている箇所が、清華本では「周公乃納其所為功自以代王之説于金縢之匱」（第五簡・第六簡）と記述されており、周公が武王の身代わりとなろうとしていた趣旨は、清華本の側からも窺える。

廖名春（A）や黄懐信（H）は、今本の方が、清華本より優れており、清華本が今本を節略する形で、後に成立したのだという立場を取っている。それに対して、何家興（任攀《じんはん》整理：N）は、今本よりも、清華本の方が古いと主張する。

確かに本篇の前半部分のみに注目すれば、廖名春や黄懐信の指摘するとおり、清華本の方が文意を崩さない程度に節略した形へと改められたもののように思われる。しかし、その一方で、清華本のみに見られる文句も僅かながら存在し、また後半部分に関して言えば、多少の語句や表現の差異はあるものの、清華本と今本とはほぼ同内容の記述となっていることが分かる。もし、清華本が今本を節略したのであれば、全体的に文を削除していてしかるべきであろう。ここには、清華本系統『金縢』の内容を今本系統が補い記述した可能性も残されている。

したがって、現時点において、今本と清華本のどちらの「金縢」が早く成立したかを決定することは難しいが、清華本が戦国中期頃に書写された竹簡だとすれば、本篇の成立はそれ以前に遡る可能性があろう。少なくとも、戦国中期以前には、「金縢」に関するいくつかの写本が編纂され、広まっていたということがここから窺えるのである。

(三) 誤入説について

「是歳也、秋大熟……」（第九簡）以降の文章については、従来、周公の死後の話とする説と、生前の記述として捉える説との二説があった。孫星衍（『尚書今古文注疏』）は、該当箇所を亳姑篇の逸文が紛れ込んだものであり、周公の死後の出来事であると説明している。[注8]

しかし、新出土文献である清華本には、背面に竹簡番号が附されており、さらに成王が自ら周公を出迎える場面が描かれている。従って清華本の発見により、「是歳也、秋大熟……」以後の記述が、他篇からの誤入ではなく、一つのまとまりを持った文献として存在していたこと、また該当箇所に関する周公生前説が戦国期にはすでに存在していたことも明確となったのである。

(四) 諡号に関する問題

清華本では、武王を「王」と表現する箇所と「武王」と諡号を用いる箇所とが混在する。一方、今本では、はじめ武王は「王」と記述され、話が成王の代に至ると、「武王」と諡号されるようになる。

これについて、馮時（S）は、今本における王の呼称は、王生存時（当代の王）と、死亡時（先代の王）において、厳密に使い分けられていると指摘する。すなわち、本篇冒頭部に「武王既に殷に克ちて三年、王予《やす》からずして遅有り」と記す清華本は、後人により諡《おくりな》「武」を補足された可能性があり、馮時は、そのような清華本よりも、はじめは「既に商に克ちて二年、王疾有りて予からず」と表記し、「武王既に喪し」以降、成王と区別するために「武王」と呼び改める今本の方が、より正確で『尚書』の原典に近いと主張する。

それでは、清華本に見える王の称号（諡号）は、どのような場面で附加・削除されているのであろうか。以下に、清華本において、王の称号（諡号）が見られる全四箇所を示す。

①武王　既に殷に克ちて三年、王　予《やす》からずして遅有り。（第一簡）

②就《おわ》りて後　武王　直《よろ》し。（第六簡）

③成王　猶お幼くして在位し、（第六・七簡）

④王　周公の自ら以て功と為り以て武王に代わる所の説を得。（第十簡）

これに対照表を併せて参照すると、上記四箇所の内、初めの三箇所①②③には、場面設定の確認、または場面設定の変化する箇所に、称号（諡号）の附加が見られることが分かる。つまり、冒頭の武王登場時・前半末の武王回復（その後、死亡）時・後半冒頭の成王在位時（成王登場時）に諡されているのである。これは、清華簡の一篇である『耆夜《きや》』において、冒頭で「武王八年」と場面設定されていることと類似する。④については、成王の在位時に、周公旦が先代（武王）の身代わりとなろうとしたことを明示する意味で、諡号が附されたものと考えられる。

清華本には、この他十数箇所にわたり「王」の記述が見えるが、そこには称号（諡号）は附されておらず、今本同様「王」とのみ記されている。

以上の検討に加え、『尚書』中、当代の王に諡する文献が他に見られないことからも、馮時の指摘するとおり、清華本の記述の方が、今本よりも文意を理解しやすく、後人によって称号（諡号）が書き加えられた可能性が高いと言えるだろう。しかし、今本の内容を全て、史実をありのまま、同時代の出来事として記録したものと捉えることは難しい。[注9] そもそも、武王と成王の二王に跨るストーリー展開が見られる文献は、『尚書』中には「金縢」を除いて存在しない。よってこの称号（謚号）表記だけで、清華本を今本より後の時代の文献と推断することは危険であろう。（注10）

いずれにせよ、『金縢』は、周公旦が成王の摂政として行動していたことや管叔の反乱に関する記述が見えるなど、ある程度史実に基づきながらも、何らかの意図の下に編纂され、流布していった文献であろうと考えられる。

第三節　『周武王有疾周公所自以代王之志（金縢）』の文献的特質

（一）編纂意図

それでは、『金縢』の編纂意図とは、如何なるものであったのか。今本と清華本との間に、内容上、大きな相違が見られないことから、本節では、両篇を同一の文献と捉え、その著述意図について考察してみたい。

まず、本篇中には、太公望と召公奭の武王平癒に関する占卜の申し出を周公旦が留保し、自らが先王に対して祈祷を行う場面が見える。その文言はさながら先王を脅迫するような強い口調で記されており、そこに周公旦の武王に対する献身的な姿が明示されていると言える。

また、反抗勢力（兄・管叔等）の流言により正当に評価されない周公旦のために、天が暴風雨を起こして周国に甚大な被害をもたらしたという記述にも注目できる。『尚書』中、天命や天の賞罰を意識した王の言葉は多く見受けられるが、このように周公旦という王ではない個人に対して、天が呼応する天人相関思想の文献は、『金縢』の他には見られない。つまり、本篇では先王の心を動かし、天が災害を下すほど、周公旦の存在が大きなものとして描かれていると言えよう。

以上のことから、金縢篇は、周公旦と深く関わる文献であったことが窺える。このような周公旦を顕彰する記述内容より見れば、恐らく本篇は、周公旦の封ぜられた魯国の人々によって、保持されてきた、もしくは編纂されてきた文献であ

った可能性が考えられる。[注11]

さらに、魯は儒家の祖である孔子の出生地でもある。本篇の第八簡には「……以て復た先王に見《まみ》ゆること亡からん」という表現が見え、これは、孔子の「吾復た夢に周公を見ず」（『論語』述而）という言葉を連想させる。周公旦の先王に対する姿勢と、孔子の周公旦に対する姿勢とが読者には重なって見えると言えよう。これに加え、金縢篇が『尚書』の一篇として流布したことを考慮すれば、その伝承に儒家が関与していた可能性も指摘できるであろう。

（二）清華簡に見える周公旦について

『清華大学蔵戦国竹簡（壹）』に所収の文献中には、周公旦に関する文献が三篇含まれている。[注12]一篇は本章で取り上げた『金縢』であり、他二篇は『耆夜《きや》』[注13]と『皇門《こうもん》』[注14]である。

『耆夜』には、周が耆を伐った後の飲至の儀礼が記されており、「楽楽旨酒」や「蟋蟀《しっしゅつ》」などの詩が詠まれている。『耆夜』は古佚文献のため、内容の大部分が未知のものであったが、「蟋蟀」の詩のみは、『毛詩』唐風・蟋蟀との関連が指摘されている。本篇に見える周公旦は、度を越して歓楽に耽ってはいけないと、勝利に歓喜する酒宴の席を引き締める役割を果たしている。『尚書』酒誥にも飲酒を戒める記述があり、過度の湛酒が身を滅ぼすと説かれている。酒誥は、一般的に、成王の名を借りた周公旦の言葉と認識されており、ここから、『耆夜』と酒誥とに共通する、諫言を怠らぬ賢人（賢臣）としての周公旦像を窺うことができる。

また『皇門』は、『逸周書』皇門とほぼ同一の文献と考えられる。そこには、武王の死後、周の血族や群臣に対して周公旦が述べた訓戒が記されており、中でも古代の良王を褒め、後代の王は安逸に耽るのみと嘆く内容が、『尚書』無逸と類似している。『皇門』においても、周公旦は血族や群臣に向け、「爾《なんじ》の邦を卹《うれ》え、余《わ》が憲《のり》に假《いた》れ」と周の行く末を案じ、強い口調で自らの考えを述べている。このように、『皇門』も国保のために尽力した周公旦の姿を中心に描いた文献と捉えることができるであろう。

『金縢』『耆夜』『皇門』に登場する周公旦は、時には王の為に自らの身を犠牲とし、また時には自らが率先して群臣や王を導き戒める存在として記述される。清華簡中には、他にも祭公謀父が周の穆王に遺訓を述べる『祭公之顧命』や、伊尹が殷の湯王に進言する『尹誥』など、賢臣の登場する文献が多く含まれている。このような古代聖王や賢人の言行・訓戒の記された文献が、戦国中期以前には既に数多く存在し、広く流布していたことは、今後『尚書』の編纂過程を再検討する上でも、重要な意義を持つと考えられる。

小結

以上、本章では、清華簡『金縢』について取り上げ、今本と比較・検討することにより、その相違点と従来の説に対する私見をいくつか述べてきた。その結果、周公の生死に関する問題や誤入説について、諸説紛々としていた解釈を僅かながらも見直すことができた。また、本篇には、今本同様、周公旦が武王や成王に献身的に仕えた姿が描かれており、周公旦を賢臣として捉える姿勢が見えることを確認した。さらに、このように周公旦を賢臣として扱う文献が、清華簡の他篇にも存在することを指摘した。

清華簡には、他にも周公旦に関連のある『康誥』『君奭』『立政』などの文献が含まれているという。[注15]今後は、これらの内容とも比較することにより、より広い視野から『金縢』の著作意図、さらには『尚書』の意義について追究していきたい。

注

（注1）　李学勤主編『清華大学蔵戦国竹簡〔壹〕』（中西書局、二〇一〇年十二月）。

（注2）　本篇は、今本『尚書』金縢とおおよそ合致する内容である。従って、以下、本章においては、清華簡『周武王有疾周公所

自以代王之志』を清華本、今本『尚書』金滕を今本と称することとする。

（注3）本章は、拙稿「清華簡『周武王有疾周公所自以代王之志（金滕）』の思想史的特質」（『中国研究集刊』第五十三号、二〇一一年六月）に加筆訂正したものである。

（注4）その偽孔伝に「遂以所蔵為篇名」とある。

（注5）（注1）前掲書、下冊一五七頁。

（注6）第一節の語注〈14〉を参照。

（注7）第一節の語注〈14〉を参照。

（注8）因みに、『史記』魯周公世家では「周公卒後、秋未穫……」と記述され、また『尚書大伝』でも「周公死。天乃雷雨以風……」と記されており、これらの文献も明らかに「是歳也、秋大熟……」以降の文章を周公の死後の出来事として捉えていたことが分かる。

（注9）小沢賢治「清華簡『尚書』文体考」（大阪大学中国学会『中国研究集刊』第五十三号／二〇一一年六月）では、今本には、文法的に定型句と異なる公文書が見られ、また所有格の「乃」と主格の「女」とを混用する例があるとして、今本よりも清華本の方が、より原典に近いスタイルを伝えるものと指摘している。

（注10）称号（謚号）に関しては、他にも、次のような指摘がある。劉国忠（U）は、篇題に見える「武王」の名が「周武王」と記される理由を、清華本が楚文字で表記され、楚人によって書写された文献であったためとしている。楚は早くから王を僭称しており、楚国にも楚の武王・文王・成王等が存在していた。よって、「周武王」と篇題に記すことで、『金滕』の「武王」が何れの国の王の話か明確にする目的があったとしている。

確かに、周王朝の権力が衰退した時代には、文献中に「周の幽王 有褒を伐ち、褒人 褒姒を以て女《めあわ》す（周幽王伐有褒、褒人以褒姒女焉）」（『国語』晋語一）や「周の武王に遇いて、遂に周氏の禽《とりこ》と為る（遇周武王、遂為周氏之禽）」（『管子』七臣七主）のように、周王に「周」を冠する用例が見受けられる。しかしながら、清華簡は香港で購入された竹簡であり、その出土地は明らかでない。戦国文字で記されているからといって、楚人による書写と断定することはできないであろう。

（注11）程元敏（W）は、使用語句や文法などから、今本『尚書』金滕を周公旦の著作ではなく、春秋中期の人物、もしくは魯人によって編纂された文献であろうと指摘する。

（注12）この他、清華簡中、周公旦に関する内容は、『清華大学蔵戦国竹簡』第二分冊（『繫年』）、第三分冊（『周公之琴舞』『良臣』）にも見られる。

（注13）『耆夜』の先行研究には、竹田健二「清華簡『耆夜』の文献的性格」（大阪大学中国学会『中国研究集刊』第五十三号／二〇一一年六月）がある。

（注14）『皇門』の先行研究には、福田一也「清華簡『皇門』解題」（大阪大学中国学会『中国研究集刊』第五十三号／二〇一一年六月）がある。

（注15）「二一〇〇枚戦国竹簡入蔵清華大学」（北京日報／二〇〇八年十月二十三日）、前掲（注9）小沢論文。それらの篇は、二〇一五年十月現在、未刊行である。

【参考文献】

〔インターネット上の論文・札記〕

●清華大学簡帛研究（http://www.confucius2000.com/admin/lanmu2/jianbo.htm）

A．廖名春「清華簡与『尚書』研究」（二〇一一年一月一日）

●簡帛研究（http://www.bamboosilk.org/）

B．廖名春「清華簡『金縢』篇補釈」（二〇一一年一月四日）

●簡帛網（http://www.bsm.org.cn/）

C．何有祖「清華大学蔵簡『金縢』補釈一則」（二〇一一年一月五日）

D．宋華強「清華簡『金縢』校読」（二〇一一年一月八日）

E．米雁「清華簡『耆夜』・『金縢』研読四則」（二〇一一年一月十日）

F．宋華強「清華簡『金縢』読為「穫」之字解説」（二〇一一年一月十四日）

G．楊坤「清華大学竹書『金縢』跋」（二〇一一年二月二十五日）

H．黄懐信「清華簡『金縢』校読」（二〇一一年三月二十一日）

●復旦大学出土文献与古文字研究中心（http://www.gwz.fudan.edu.cn/Default.asp）

I．復旦大学出土文献与古文字研究中心研究生読書会「清華簡『金縢』研読札記」（二〇一一年一月五日）

J．蕭旭「清華竹簡『金縢』校補」（二〇一一年一月八日）

K．蘇建洲「『清華簡』考釈四則」（二〇一一年一月九日）

L．米雁「清華簡『金縢』「社」字試詁」（二〇一一年一月十二日）

M．任攀・程少軒（整理）「網摘・『清華一』専輯」（二〇一一年二月二日）
N．任攀（整理）「網摘：二〇一一年一月」（二〇一一年三月一日）
O．陳民鎮・胡凱集釈、陳民鎮按語「清華簡『金縢』集釈」（二〇一一年六月二十日）
P．鄧少平「清華簡研究論著目録（2008.12-2011.8）」（二〇一一年八月三十日）
Q．劉信芳「清華蔵簡（壹）試読」（二〇一一年九月九日）
〔単著〕
R．劉国忠『走近清華簡』（高等教育出版社、二〇一一年四月）
〔論文集〕
●『清華大学蔵戦国竹簡（壹）』国際学術検討会会議論文集（清華大学出土文献研究与保護中心／二〇一一年六月）
S．馮時「清華『金縢』書文本性質考述」
T．劉楽賢「清華簡『金縢』祏字試釈」
U．劉国忠「試析清華簡『金縢』篇名中的称謂問題」
V．袁金平「清華簡『金縢』校読一則」
〔学術雑誌〕
W．程元敏「尚書周書金縢篇之著成」（陳仕華主編『書目季刊』、書目季刊社、二〇一一年六月）
X．宮島和也「清華簡『金縢』訳注」（出土資料と漢字文化研究会編『出土文献と秦楚文化』第七号／二〇一四年三月）

第二章　清華簡『傅説之命（説命）』の文献的特質——天の思想を中心に

前章では、清華簡の『尚書』関連文献『周武王有疾周公所自以代王之志（金縢）』について、その文献的特質を考察した。『金縢』は今本『尚書』の一篇に数えられる文献であるが、清華簡『金縢』と今本『尚書』金縢とを比較すると、そこには篇題から呼称表記、さらには内容に及ぶまで、様々な相違が認められた。しかし、清華簡『金縢』のみでは、『尚書』変遷の過程を辿り、また清華簡に含まれる『尚書』関連文献の位置付けについて検討するには不十分であると感じた。そこで、本章では二〇一二年十二月に刊行された『清華大学蔵戦国竹簡（参）』に所収の『尚書』関連文献『傅《ふ》説《えつ》之《の》命《めい》（説命《えつめい》）』について考察を加え、その文献的特質を明らかにすることを目指す。

第一節　『傅説之命（説命）』概要

まず、清華簡『傅説之命（説命）』の書誌情報について、整理者（原釈文担当者）の「説明」を参考に概説する。

本篇の整理者は李学勤氏。上・中・下の三篇よりなり、全篇を通して同一人物によって書写された可能性が指摘されている。簡長は約四十五cm。竹簡数は全二十四簡（『説命上』全七簡、『説命中』全七簡、『説命下』全十簡）（注1）で、竹簡背面には配列の順序を示す番号が附されているため、錯簡や脱簡の可能性は考えられない。また上・中・下、各篇の最終簡背面には、

それぞれ篇題「傅説之命」が見える。(注2)

次に、本篇の内容について説明を加えたい。「説命」と称される文献は、すでに多くの研究者が指摘しているとおり、漢初の伏生が伝える今文『尚書』には見えず、東晋の梅賾が献上した偽古文『尚書』よりその内容が確認できる文献である。書序には「高宗夢得説、使百工営求諸野、得諸傅巌。作『説命』三篇（高宗夢に説《えつ》を得、百工をして諸《これ》を野に営求せしめ、諸を傅巌《ふがん》に得たり。『説命』三篇を作る）」とあり、指摘されている篇数が清華簡『傅説之命（説命）』と合致するが、偽古文『尚書』説命と清華簡『傅説之命（説命）』とを対照すれば、多くの相違があることに気付く。そこで、両文献を比較しやすいよう、次に対照表を示した。対照表では、文意が対応すると考えられる箇所に、それぞれ波線や破線などの記号を附している。

表1　偽古文『尚書』説命と清華簡『傅説之命（説命）』との対照表

	偽古文『尚書』説命
上篇	王宅憂、亮陰三祀。既免喪、其惟弗言。群臣咸諫于王、曰「嗚呼。知之曰明哲、明哲実作則。天子惟君萬邦、百官承式」。王言惟作命、不言、臣下罔攸稟令。王庸作書以誥曰「以台正于四方、惟恐德弗類、茲故弗言。恭默思道、夢帝賚予良弼、其代予言」。乃審厥象、俾以形旁求于天下。

	清華簡『傅説之命（説命）』
上篇	惟殷王賜説于天、用爲失仲使人。王命厥百工向、以貨徇求説于邑人。惟弼人得説于傅巖、厥俾綳弓、引闕辟矢。説方築城、縢降庸力、厥説之狀、腕肩如椎。王迺訊説曰「帝抑尒以畀余、抑非」。説迺曰「惟帝以余畀尒、尒左執朕袂、尒右稽首」。王曰「亶然」。天迺命説伐失仲。失仲是生子、生二牡豕。失仲卜曰「我其殺之」、「我其已、勿殺」。勿殺是吉。失仲違卜、乃殺一豕。説于圍伐失仲、一豕乃旋保以逝、迺踐、邑人皆從、一豕隨仲之自行、是爲赦俘之戎。其惟説邑、在北海之州、是惟圜土。説來、自從事于殷、

說築傅巖之野、惟肖。爰立作相、王置諸其左右。命之曰「朝夕納誨、以輔台德。若金、用汝作礪。若濟巨川、用汝作舟楫。若歲大旱、用汝作霖雨。啓乃心、沃朕心、若藥弗瞑眩、厥疾弗瘳。若跣弗視地、厥足用傷。惟暨乃僚、罔不同心、以匡乃辟。俾率先王、迪我高后、以康兆民。嗚呼、欽予時命、其惟有終」。

說復于王曰「惟木從繩則正、后從諫則聖。后克聖、臣不命其承、疇敢不祇若王之休命」。

中篇

惟說命總百官、乃進于王曰「嗚呼、明王奉若天道、建邦設都、樹后王君公、承以大夫師長、不惟逸予、惟以亂民。惟天聰明、惟聖時憲、惟臣欽若、惟民從乂。惟口起羞、惟甲冑起戎、惟衣裳在笥、惟干戈省厥躬。王惟戒茲、允茲克明、乃罔不休。惟治亂在庶官。官不及私昵、惟其能。爵罔及惡德、惟其賢。慮善以動、動惟厥時。有其善、喪厥善。矜其能、喪厥功。惟事事、乃其有備、有備無患。無啓寵納侮、無恥過作非。惟厥攸居、政事惟醇。黷于祭祀、時謂弗欽。礼煩則亂、事神則難」。

王曰「旨哉、說。乃言惟服。乃不良于言、予罔聞于行」。

說拜稽首曰「非知之艱、行之惟艱。王忱不艱、允協于先王成德、惟說不言有厥咎」。

王用命說爲公。

中篇

說來自傅巖、在殷。武丁朝于門、入在宗。王原比厥夢、曰「汝來惟帝命」。

說曰「允若時」。

武丁曰「來格汝說、聽戒朕言、漸之于乃心。若金、用惟汝作礪。古我先王滅夏、燮強、捷蠢邦、惟庶相之力勝、用孚自邇。敬之哉、啓乃心、日沃朕心。若藥、如不瞑眩、越疾罔瘳。朕畜汝、惟乃腹、非乃身。若天旱、汝作淫雨。若津水、汝作舟。汝惟茲說底之于乃心。且天出不祥、不徂遠、在厥胳、汝克覞視四方、乃俯視地。心毀惟備。敬之哉、用惟多德。且惟口起戎出好、惟干戈作疾、惟衣載病、惟干戈眚厥身。若抵不視、用傷、吉不吉。余告汝若時、志之于乃心」。

下篇	王曰「來、汝說。台小子舊學于甘盤、既乃遯于荒野、入宅于河。自河徂亳、暨厥終罔顯。爾惟訓于朕志。若作酒醴、爾惟麴糱。若作和羹、爾惟鹽梅。爾交修予、罔予棄、予惟克邁乃訓」。 說曰「王、人求多聞、時惟建事。學于古訓、乃有獲。事不師古、以克永世匪說攸聞。惟學遜志、務時敏、厥修乃來。允懷于茲、道積于厥躬。惟斅學半、念終始典于學、厥德修罔覺。監于先王成憲、其永無愆。惟說式克欽承、旁招俊乂、列于庶位」。 王曰「嗚呼、說、四海之內、咸仰朕德、時乃風。股肱惟人、良臣惟聖。昔先正保衡、作我先王、乃曰『予弗克俾厥后惟堯・舜、其心愧恥、若撻于市』。一夫不獲、則曰『時予之辜』。佑我烈祖、格于皇天。爾尚明保予、罔俾阿衡、專美有商。惟后非賢不乂、惟賢非后不食。其爾克紹乃辟于先王、永綏民」。 說拜稽首曰「敢對揚天子之休命」。
下篇	……員、經德配天、余罔有斁言。小臣罔俊在朕服、余惟命汝說融朕命、余柔遠能邇、以益視事、弼永延、作余一人」。 王曰「說、既亦詣乃服、勿易俾越。如飛雀罔畏離、不惟鷹隼、廼弗虞民、厥其禍亦羅于罿罛」。 王曰「說、汝毋忘曰『余克享于朕辟』。其又廼司四方民丕克明、汝惟有萬壽在乃政。汝亦惟克顯天、恫瘝小民、中乃罰、汝亦惟有萬福業業在乃服」。 王曰「說、晝如視日、夜如視辰、時罔非乃載。敬之哉。若賈、汝毋非貨如戠石」。 王曰「說、余既諟劼毖汝、使若玉冰、上下罔不我儀」。 王曰「說、昔在大戊、克漸五祀、天章之用九德、弗易百姓。惟時大戊謙曰『余不克辟萬民。余罔墜天休、式惟三德賜我、吾乃敷之于百姓。余惟弗雍天之嘏命』」。 王曰「說、毋獨乃心、敷之于朕政、欲汝其有友勑朕命哉」。

清華簡『傅説之命（説命）』の概要については、すでに別稿でも述べたが、（注3）以下、簡潔にその内容をまとめておきたい。

清華簡『傅説之命（説命）上』には、殷王（武丁）が失仲の使人である傅説を天より賜る宣託を受け、後に傅説が失仲を伐ち、自ら進んで殷に赴き、王に用いられて公となったという内容が見える。しかし、偽古文『尚書』説命上に、「失仲」（現時点において未詳）なる人物は登場せず、また清華簡『傅説之命（説命）』には、偽古文『尚書』説命に見えぬ「説邑の所在地（北海之州）」が明記されている点が、両文献の相違点として注目される。

また、清華簡『傅説之命（説命）中』には、傅説が殷に至った後、武丁が傅説に対し、政治をしっかりと支えるよう呼びかける内容が記されている。ここには、偽古文『尚書』説命上および説命中に類似の文言が見える。そのため、この点から、偽古文『尚書』説命と清華簡『傅説之命（説命）』の分篇箇所がそれぞれ異なっていたことが窺われる。さらに、清華本上篇および下篇では、武丁の呼称が「殷王」「王」と表記されているのに対し、中篇には「武丁」と名が明記されている箇所があることも、三篇の関連性や独立性を考える上で注意すべきであろう。

清華簡『傅説之命（説命）下』にも、王（武丁）が様々な訓辞や「大戊」の故事などを引き、中篇同様、傅説に対して政治を支えるよう呼びかける内容が見える。しかし、上篇・中篇と異なり、下篇には偽古文『尚書』説命と類似する文句が全く見られぬ点が特徴的である。

こうした相違点はどのように理解すべきであろうか。整理者の李学勤氏は、『礼記』文王世子や学記等が引用する『説命』の文句が、清華簡『傅説之命（説命）』には見えぬ点について、『説命』の伝本に差異があった可能性を指摘している。また、趙平安氏は、清華本上篇を本文の背景を説明した書序にあたるもの、中篇・下篇を『説命』本文と捉えている。(注4) 確かに、両氏の推測には一定の蓋然性が認められよう。しかし、偽古文『尚書』および清華本の他に、『説命』のまとまったテキストは見られず、現時点では、これ以上この観点から考察を進めることは難しいものと考える。

そこで以下では、偽古文『尚書』説命に比べ、清華簡『傅説之命（説命）』において特徴的に記述されていると考えられる「天」について検討することにより、その特質を明らかにしたい。

第二節　『傅説之命（説命）』に見える天・天命

（一）清華簡『傅説之命（説命）』に見える天の記述

天は、殷代に最高神として崇拝されていた上帝を、周王朝や周代の学者達が独自に継承・発展させた存在である。[注5] 初めて金文資料に「天」の記述が見える「大盂鼎銘」や、上帝と天とが併用される『詩経』『尚書』には、殷周革命の理由付けとして、文王（および武王）が「天命」を受けて周を興したとする内容が散見する。しかし、周王朝の権威が衰退する春秋戦国期の文献には、「天」や「天命」が周の正当性を示すものとして用いられる以外にも利用されるようになり、諸侯が天命を直接天より受け、「王」や「覇者」として天下を統治するといった記述が見られるようになる。[注6] このように、天の思想は時代ごとに変容しつつ、人々に受容され活用されていったと考えられる。

それでは、清華簡『傅説之命（説命）』に見える「天」の記述には、一体どのような特徴が見られるのであろうか。以下、本篇における「天」の記述八箇所を具体的に検討してみたい。[注7]

①惟殷王賜説于天、用爲失仲使人。（惟《こ》れ殷王説《えつ》を天より賜うに、用て失仲の使人爲り。）（上篇）

②王曰「亶然」。天廼命説伐失仲。（王曰く「亶《まこと》に然り」と。天廼ち説《えつ》に命じて失仲を伐たしむ。）（上篇）

③且天出不祥、不徂遠、在厥胳、汝克視四方、乃俯視地。（且《も》し天不祥を出すに、遠に徂《およ》ばず、厥の胳に在れば、汝克く四方を覘視し、乃ち地を俯視せよ。）（中篇）

【筆者注】「胳」について、子居氏[注8]は「腋下」とし、「変生肘腋」の成語からも窺えるとおり「側近之地」の意で、「遠」の対義語であろうとしている。

④經德配天（經德天に配し）（下篇）

【筆者注】④について、子居氏は『逸周書』武寤の「王克配天、合于四海」と類似する意ではないかと指摘している。

⑤汝亦惟克顯天（汝も亦た惟れ克《こ》く天に顯かにし）（下篇）

⑥天章之用九德、弗易百姓。（天之を章するに九徳を用てし、百姓を易えず。）（下篇）

【筆者注】「易」について、整理者は『左伝』襄公四年の杜預注に「猶軽也」とあることを引いて説明しており、一方、子居氏は「変」の意であろうと述べている。なお、参考文献Ⅴは、「克漸五祀、天章之。用九德弗易百姓（克く五祀を漸み、天は之を章かにす。九徳を用いて百姓を易らず）」と釈読し、「用九徳」の主語を大戊としている。

⑦余罔墜天休（余天休を墜《うしな》うこと罔《な》く）（下篇）

⑧余惟弗雍天之嘏命。（余惟れ天の嘏命《かめい》を雍せず。）（下篇）

【筆者注】「雍」について、整理者は『逸周書』大戒の注「言閉塞不行也」を引く。また、「嘏」について、整理者は『爾雅』釈詁を引き「大也」とし、王引之『経義述聞』尚書下は「格読為嘏、格命、嘏命也」としている。

まず、右記④⑤では、天が畏敬の対象として捉えられており、その存在を称え、それに従おうとする王側の態度が記されていることが窺える。しかし、ここでは「天」の語句は見えるものの、天が人に積極的に働きかける内容が述べられているわけではない。

一方、①では殷王武丁が天から賢臣傅説を与えられたという内容が示され、②では傅説が天から賜った人物に間違いないと確信した武丁の発言の直後、天が傅説に失仲討伐の命を下す内容が見える。また、③⑥⑦⑧でも「天が不吉なことを起こす」「天が（大戊を）称賛する」「天の素晴らしき命（福）を断つことのないようにする」等、天が恩恵や災いを降す人格神的存在として記述されている点が注目される。（注9）

中でも特に注意すべきなのは、失仲討伐の「天命」が臣下の「傅説」に下ったとされる②の記述である。整理者は該当箇所を全て武丁の言とするが、李鋭氏は、王の発言は「亶然」までであり、後述の「天乃命説伐失仲」は、武丁の語ではない可能性があると指摘する。(注10)確かに、『傅説之命（説命）』の図版を確認すれば、「亶然」の下に墨釘が見え、ここで文意が区切られていた可能性が高いことが窺える。しかし、「天廼命説伐失仲」を地の文と考えれば、天が王や諸侯ではなく、その臣下の傅説に直接討伐の命を下したことになるが、果たして、そういった記述は伝世文献中に見受けられるものなのか。また、子居氏は、武丁の言を「亶然」までとするものの、「天廼命」については武丁の命であろうとし、人君が天命に仮託することは、古代ではよく見かける論述法であると述べている。(注11)それでは、子居氏が言う古代における頻出表現「人君が天命に仮託して命を下すこと」については、具体的にはどのような記述が見られるのか。次項で確認してみたい。

（二）天命と王命

まず、『尚書』における用例、特に天命に因って討伐に及ぶ内容が記される次の二例を見てみよう。

①有扈氏威侮五行、怠棄三正。天用勦絶其命。今予惟恭行天之罰。（有扈氏五行を威侮し、三正を怠棄す。天用《もっ》て其の命を勦絶す。今予れ惟《すなわ》ち天の罰を恭行す。）（今本『尚書』甘誓）

②帝曰「咨禹、惟時有苗弗率、汝徂征」。禹乃会群后、誓于師曰「（中略）蠢茲有苗、昏迷不恭、侮慢自賢、反道敗徳。（中略）天降之咎。肆予以爾衆士、奉辞伐罪（帝曰く「咨《ああ》禹、惟だ時の有苗のみ率《したが》わざれば、汝徂《ゆ》きて征せよ」と。禹乃ち群后に会し、師に誓って曰く「（中略）蠢する茲《こ》の有苗、昏迷不恭にして、侮慢自ら賢とし、道に反き徳を敗る。（中略）天之に咎を降す。肆《いま》予爾衆士を以て、辞を奉じ罪を伐つ）（偽古文『尚書』大禹謨）

①には、夏王が服従しない有扈氏を「天罰」と称して伐とうとする内容が見える。また②は偽古文『尚書』ではあるが、舜が禹に位を譲った後に、道義に反した行動を取る有苗の討伐を命じた記述が見える。ここでも、舜の命を受けた禹が、それを「天罰」と関連づけて討伐を行おうとしている様子が読み取れる。また②の内容については、『墨子』非攻下に類似した記述が見え、[注12]そこでは古代聖王の征伐は誅伐であり、不義には当たらないと主張されている。その他、『尚書』湯誓、『左伝』昭公十一年や『国語』晋語にも、道義に反する振る舞いをする他国を天罰（天の意思）に託けて征伐しようとする君主の姿が見える。しかし、これら先秦の文献に見える天命の記述は、すべて国家の最高統治者である「王」や「諸侯」が、討伐を正当化する目的で主張する内容と捉えることができ、直接天より「臣下（陪臣）」に討伐の命が下ったとされる記述は見受けられない。ただし、『尚書』君奭に見える周公旦が召公奭に対して述べた言「今汝永念、則有固命、厥乱明我新造邦（今汝永く念《おも》はば、則ち固命を有し、厥の乱《ち》（治）我が新造邦を明にせん）」のように、よくよく天の加護が移り変わることを考え謹んだなら、召公奭は天より定命を受けるであろうとされる記述も見られるが、これは文脈上、あくまでも伊尹や閎夭、散宜生のような王の政治を補佐する賢臣としての命、すなわち「我が新造邦（周）を光明ならしめる命」を召公奭が受けるという内容であると考えられる。[注13]そのため、やはり清華簡『傅説之命（説命）』における天命も、国家統治上極めて重要と考えられる軍事指揮を、天が直接臣下である傅説に命じたとすることは考え難く、そこには子居氏が主張する通り、殷王である武丁の介在があったと捉えた方が自然であるように思われる。

それでは、天命と王命の関係、特に天命に王が仮託することには、どのような意味があるのであろうか。まずは、次の『穀梁伝』宣公十五年の記事により、王命の意義について考えてみたい。

③【経】王札子殺召伯・毛伯。（王札子 召伯・毛伯を殺す。）

【伝】（前略）「殺召伯・毛伯」、「其」と言わざるは、何ぞや。両下相殺せばなり。両下相殺すは、『春秋』に志《しる》さず。此《ここ》に其れ志《しる》すは何ぞや。王命を矯《いつわ》りて以て之を殺すは、忿怒して相殺すに非ざるなり。故に曰く、王命を以て殺す、と。王命を以て殺さば、則ち何ぞ志さん。天下の主為る者は、天なり。天を継ぐ者は、君なり。君の存する所の者は、命なり。人臣為りて其の君の命を侵して之を用うるは、是れ臣ならず。人君為りて其の命を失するは、是れ君ならず。君君ならず、臣臣ならざれば、此れ天下の傾く所以なり。(注14)

ここでは、『春秋』には通常、臣下同士の殺人は記されないが、これは王命と偽って殺害した事件であるため、記述されたのだと説かれている。すなわち、天下の主宰者は天であり、それを継ぐ者は王であり、王の発する命は、王の存在意義とも等しい権威あるものである。しかし、臣下の立場でこれを偽り用いることがあれば、君臣関係は崩れ、天下も傾いてしまうため、その戒めとして記述されているのだとされているのである。

小南一郎氏は、「天命」について「天が自からの元子（嫡子）と認めた王者に与え」るものと述べており、高島敏夫氏は、西周期の「王命」について「王は天子とも称し、王命は「天」のノリトとして発せられていた」とし、政治的な性格を持つと同時に、「天命」を背景に、なお殷代の宗教的な性格を併せ持つものであったと説いている。(注15)それぞれ対象とする文献に時代差はあるものの、先に見た『穀梁伝』の記述や、小南・高島両氏の見解からは、基本的に「天命」が王の権威を裏付け、また王命が「天の意思」を代弁するものとして重視されていた状況が窺われるであろう。

清華簡『傅説之命（説命）』における「天の傅説に対する失仲討伐の命」からは、一見、「革命思想」をも連想させる強烈な印象を受けるが、このように天と傅説との間に「天子」たる王が介在し、天命を代弁していたとすれば、この記述も「天→王（天子）→臣下」という階層制度を保持した従来の「天命」の枠組みを超えるものではないことが分かる。(注16)

なお、清華簡『傅説之命（説命）』の中には、殷王武丁の「汝の來たるは惟れ帝命なり」という発言が見えるが、ここでいう「帝命」も、君臣関係の逆転を示唆するものではなく、傅説が賢臣として王の政治を支えるよう、帝（天）によって武丁の下へとおくられたという上下階層を保持するものであると言えよう。

小結

以上、本章では、主に清華簡『傅説之命（説命）』に見える「天」の記述を中心に取り上げ、検討を進めてきた。その結果、清華簡『傅説之命（説命）』には、禍福を下す人格神的な天についての記述が多いこと、また討伐を指示する「天命」が、天の権威を背景にした「王命」と関連付けられていた可能性の高いことを指摘した。

なお、李学勤氏によれば（注17）、清華簡には、『周武王有疾周公所自以代王之志（金縢）』や『傅説之命（説命）』以外にも『尚書』関連文献の『冏命』や、殷の武丁と彭祖との問答を記した『殷高宗問于三寿』等が含まれているという（注18）。これらの文献が公開されれば、清華簡『尚書』関連文献の研究や、古代聖賢に関する研究は、より大きく進展するであろう。今後の公開が待たれる。

注

（注1）ただし、整理者は『傅説之命（説命）下』について、第一簡が欠失しており、九簡のみが現存していると述べている。

（注2）竹簡には、もともと篇題「傅説之命」が記述されていたが、整理者は便宜上、本文献を内容順に、「説命上」「説命中」「説命下」と仮称するとしている。

（注3）拙稿「『清華大学蔵戦国竹簡〔参〕』所収文献概要」（『中国研究集刊』第五十六号／二〇一三年六月）参照。

（注4）「試析清華簡《説命》的結構」（清華大学出土文献研究与保護中心（http://www.tsinghua.edu.cn/publish/cetrp/6831/index.html）、二〇一三年五月七日）。なお、谷中氏（W）でも、伝世文献中に見える『説命』の佚文と本篇とを比較検討しており、両者に共通する部分とそうでない部分がある理由を、「テキストが複数存在していたことによって生じた現象」と結論付けている。

（注5）帝や天については、島邦男『殷墟卜辞研究』（汲古書院／一九七五年）や、赤塚忠『中国古代の宗教と文化――殷王朝の

祭祀』（研文社／一九九〇年一月）、白川静『白川静著作集5　金文と経典』（平凡社／二〇〇〇年六月）などに詳しい。

（注6）「秦公曰、不顯朕皇且、受天命、鼏宅禹蹟（秦公曰く、不顕なる朕が皇且は、天命を受けて、禹の蹟に鼏宅す）」（秦公𣪘）、「虢公夢在廟、有神人面白毛虎爪、執鉞立于西阿。公懼而走。神曰「無走。帝命曰「使晋襲于爾門」」（虢公夢に廟に在りて、神有り人面白毛虎爪にして、鉞を執り西阿に立つ。公懼れて走る。神曰く「走ること無かれ。帝命じて曰く「晋をして爾が門に襲《い》らしめん」と」。）」（『国語』晋語二）、「天厚楚邦、使為諸侯正（天楚邦を厚くし、諸侯の正為らしむ）」（上博楚簡『鄭子家喪』）など。

（注7）『傅説之命（説命）中』第四簡に「若天旱、汝作淫雨」とあるが、「天旱」は自然現象としての「ひでり」を意味すると考えられるため、ここでは取り上げなかった。

（注8）子居「清華簡《説命》上篇解析」（二〇一三年一月六日）、子居「清華簡《説命》中篇解析」（二〇一三年四月三日）、子居「清華簡《傅説之命》下篇解析」（二〇一三年七月八日）。全て清華大学簡帛研究（http://www.confucius2000.com/admin/lanmu2/jianbo.htm）に掲載されている。

（注9）清華簡『傅説之命（説命）』には、人に積極的に働きかける「帝」の記述も見える。該当箇所は次の三箇所。①帝抑尔以畀余、抑非。（帝抑《た》だ尔以て余に畀《あた》うるのみか、抑《そもそ》も非なるか。）（上篇）、②惟帝以余畀尔、（惟れ帝余を以て尔に畀《あた》え、）（上篇）、③曰「汝來惟帝命」。（曰く「汝の來るは惟れ帝命なり」と。）（中篇）

（注10）「読清華簡3札記（一）」（清華大学簡帛研究（http://www.confucius2000.com/admin/lanmu2/jianbo.htm）／二〇一三年一月四日）。

（注11）注（8）参照。

（注12）該当箇所は次のとおり。今遝夫好攻伐之君、又飾其説以非子墨子曰「以攻伐之為不義、非利物与。昔者禹征有苗、湯伐桀、武王伐紂、此皆立為聖王、是何故也」。子墨子曰「子未察吾言之類、未明其故者也。彼非所謂攻、謂誅也」。

他にも『荀子』成相・『呂氏春秋』離俗覧（上徳）・『戦国策』魏策など、戦国後期～漢代の文献に類似した内容が見える。

（注13）該当箇所前後の文は次のとおり。「公曰「君奭。我聞在昔、成湯既受命、時則有若伊尹、格于皇天。（中略）公曰「君奭。在昔、上帝割申勧寧王之徳、其集大命于厥躬。惟文王尚克修和我有夏、亦惟有若虢叔、有若閎夭、有若散宜生、有若泰顛、有若南宮括」。

（注14）原文は次のとおり。殺召伯・毛伯、不言其、何也。両下相殺也。両下相殺、不志乎『春秋』。此其志何也。矯王命以殺之、非忿怒相殺也、故曰、以王命殺也。以王命殺、則何志焉。為天下主者、天也。継天者、君也。君之所存者、命也。為人臣而

侵其君之命而用之、是不臣也。為人君而失其命、是不君也。君不君、臣不臣、此天下所以傾也。

（注15）小南一郎「天命と徳」（『東方学報』第六十四号／一九九二年三月）、高島敏夫「西周時代における「天令（命）」と「大令（命）」――「天令（命）」「大令（命）」の意義変遷が示すもの（一）」（『学林』第四十八号／二〇〇八年十一月）。

（注16）筆者のこの見解に対し、青山氏（X）は「だが、傅説の夢にも上帝が現れている以上、従来の枠組みを一度横におく必要もあるのではないか」と述べている。確かに、傅説が述べた「惟帝以余畀尔、尔左執朕袂、尔右稽首」（上篇）は、武丁の見た夢の状況を言い当てた言葉である可能性があるが、本篇冒頭に「惟殷王賜説于天」とあり、下篇で傅説に謹んで政治を助けよと武丁が朗々と説いていることよりすれば、本篇は傅説ではなく、あくまで武丁に焦点を当てて記された文献（すなわち、武丁が賢臣を得た故事と、それに対する訓戒を述べる内容が見える文献）であろうと思われる。

なお、同氏は「『尚書』における「命」という文章の体裁は、本来、篇題に冠せられた人物が受けた命令を記載するものであり、篇題者の提言は記載しなかった」とするが、清華簡『祭公之顧命』には、主に祭公謀父の訓戒の辞が記されており、注意を要する。

（注17）「清華簡与《尚書》、《逸周書》的研究」「新整理清華簡六種概述」（李学勤『初識清華簡』／中西書局、二〇一三年六月）

（注18）二〇一五年四月、清華簡の図版と釈文とを掲載する『清華大学蔵戦国竹簡』の第五分冊が刊行された。その中には、李氏の述べる『殷高宗問於三寿』が含まれており、また『命訓』『厚父』『封許之命』等の『尚書』関連文献も収録されている。

【参考文献】

〔インターネット上の論文・札記〕

●簡帛網（http://www.bsm.org.cn/）

A．王寧「読清華簡叁《説命》散札」（二〇一三年一月八日）
B．孫合肥「読《清華大学蔵戦国竹簡（叁）》札記」（二〇一三年一月九日）
C．黄傑「読清華簡（叁）《説命》筆記」（二〇一三年一月九日）
D．侯乃峰「読清華簡（三）《説命》脞録」（二〇一三年一月十六日）
E．楊博「簡述楚系簡帛典籍的史料分類」（二〇一三年一月十七日）
F．楊坤「跋清華竹書《傅説之命》」（二〇一三年一月十日）
G．楊坤「再跋清華竹書《傅説之命》」（二〇一三年一月二十六日）

●清華大学出土文献研究与保護中心（http://www.tsinghua.edu.cn/publish/cetrp/6831/index.html）
H．胡敕瑞「読清華簡札記之一」（二〇一三年一月五日）
I．楊蒙生「清華簡《説命上》校補」（二〇一三年一月七日）
●清華大学簡帛研究（http://www.confucius2000.com/admin/lanmu2/jianbo.htm）
J．李鋭「読清華簡3札記（一）」（二〇一三年一月四日）
K．廖名春「清華簡《傅説之命上》新読」（二〇一三年一月四日）
L．廖名春「清華簡《傅説之命中》新読」（二〇一三年一月五日）
M．李鋭「読清華簡3札記（二）」（二〇一三年一月六日）
N．子居「清華簡《説命》上篇解析」（二〇一三年一月六日）
O．付強「従賓組卜辞看清華簡《説命》的用詞」（二〇一三年一月七日）
P．李鋭「読清華簡3札記（三）」（二〇一三年一月十四日）
●復旦網（http://www.gwz.fudan.edu.cn/Default.asp）
Q．陳民鎮「清華簡《説命上》首句試解」（二〇一三年一月二十一日）
R．羅運環「清華簡「彪」字新考」（二〇一三年二月十七日）
S．徐俊剛「釈清華簡《説命中》的「朿」字」（二〇一三年三月二十九日）
〔学術雑誌〕
T．谷中信一「清華簡『傅説之命』（上）訳注」（出土資料と漢字文化研究会『出土文献と秦楚文化』第七号／二〇一四年三月）
U．小寺敦・名和敏光・宮本徹「清華簡『傅説之命』（中）訳注」（出土資料と漢字文化研究会『出土文献と秦楚文化』第七号／二〇一四年三月）
V．東京大学古文字読書会「清華簡『傅説之命』（下）訳注」（出土資料と漢字文化研究会『出土文献と秦楚文化』第七号／二〇一四年三月）
W．谷中信一「清華簡「傅説之命」考」（中国出土資料学会『中国出土資料研究』第十八号／二〇一四年三月）
X．青山大介「清華簡「説命（傅説之命）」の主題について――その「天」観念および傅説説話を通して――」（『日本中国学会報』第六十六号／二〇一四年十月）

第三章　清華簡『尹誥』における呼称表記の検討

清華簡中の文献では、登場人物の呼称として、しばしば伝世文献と異なる記述がなされることがある。本章では、そのような呼称表記の側面から、主に古代賢臣・伊尹ついて検討し、若干の私見を述べてみたい。

第一節　伊尹について

伊尹は、湯王の重臣・古の聖人として、多くの故事を持つ人物である。『墨子』には次のように、湯に知遇を求めて自ら料理人となった伊尹の記述が、（注1）また『孟子』ではその故事が否定され、伊尹はもともと処士であり、その伊尹を聖人と知った湯が、自ら彼を訪ねたのだという内容が見える。該当箇所は以下の通り。

・『墨子』尚賢下

昔伊尹為莘氏女師僕、（注2）使為庖人。湯得而挙之、立為三公、使接天下之政、治天下之民。（昔 伊尹 莘氏の女師の僕《よう》（注2）と為り、庖人たらしむ。湯 得て之を挙げ、立てて三公と為し、天下の政を接して、天下の民を治めしむ。）

・『孟子』万章上

万章問曰「人有言「伊尹以割烹要湯」、有諸」。

孟子曰「否、不然。伊尹耕於有莘之野、而楽堯舜之道焉。非其義也、非其道也、禄之以天下、弗顧也。繋馬千駟、弗視也。非其義也、非其道也、一介不以与人、一介不以取諸人。湯使人以幣聘之、囂囂然曰「我何以湯之聘幣為哉。我豈若処畎畝之中、由是以楽堯舜之道哉」。湯三使往聘之。既而幡然改曰「与我処畎畝之中、由是以楽堯舜之道、吾豈若使是君為堯舜之君哉。吾豈若使是民為堯舜之民哉。吾豈若於吾身親見之哉。天之生此民也、使先知覚後知、使先覚覚後覚也。予 天民之先覚者也。予将以斯道覚斯民也。非予覚之、而誰也」。

（万章 問いて曰く「人に「伊尹は割烹を以て湯に要む」と言う有り、諸有りや」と。
孟子曰く「否、然らず。伊尹は有莘の野に耕して、堯舜の道を楽しむ。其の義に非ざるや、其の道に非ざるや、之を禄するに天下を以てするも、顧みざるなり。繋馬千駟も、視ざるなり。其の義に非ざるや、其の道に非ざるや、一介も以て人に与えず、一介も以て諸を人より取らず。湯 人をして幣を以て之を聘せしむ、囂囂然として曰く「我 何ぞ湯の聘幣を以て為さんや。我 豈に畎畝《けんぽ》の中に処り、是に由りて以て堯舜の道に楽しむに若かんや」と。湯 三たび往きて之を聘せしむ。既にして幡然《はんぜん》として改めて曰く「我 畎畝の中に処り、是に由りて以て堯舜の道を楽しまんよりは、吾 豈 是の君をして堯舜の君為らしむるに若かんや。吾 豈 是の民をして堯舜の民為らしむるに若かんや。吾 豈 吾が身に於いて親しく之を見るに若かんや。天の此の民を生ずるや、先知をして後知を覚さしめ、先覚をして後覚を覚さしむるなり。予 天民の先覚者なり。予 将に斯の道を以て斯の民を覚さんとす。予 之を覚すに非ずして、誰ぞや」と。）

さらに、『呂氏春秋』では伊尹の出生に関する内容や、[注3]『墨子』に語られる「料理人」説を敷衍してか、伊尹が料理の知識を告げることに託けて、湯に王となるべき道を説く記述が見えている。

・『呂氏春秋』孝行覧・本味

有侁氏女子採桑、得嬰児于空桑之中、献之其君。其君令烰人養之。察其所以然、曰「其母居伊水之上孕。夢有神告之曰「臼出水而東走、毋顧」。明日、視臼出水、告其隣、東走十里、而顧其邑尽為水、身因化為空桑」。故命之曰伊尹。此伊尹生空桑之故也。長而賢。湯聞伊尹、使人請之有侁氏。有侁氏不可。伊尹亦欲帰湯。湯於是請取婦為婚。有侁氏喜、以伊尹媵女(注4)。故賢主之求有道之士、無不以也。有道之士求賢主、無不行也。相得然後楽。（中略）湯得伊尹、祓之於廟、爝以爟火、釁以犠猳。明日、設朝而見之。説湯以至味。湯曰「可得而為乎(注5)」。対曰「君之国小、不足以具之。為天子然後可具。（中略）所以致之馬之美者、青龍之匹、遺風之乗。非先為天子、不可得而具。天子不可強為、必先知道。道者亡彼在己(注6)。己成而天子成、天子成則至味具。故審近所以知遠也。成己所以成人也。聖人之道要矣。豈越越多業哉」。

（有侁氏の女子 桑を採り、嬰児を空桑の中に得、之を其の君に献ず。其の君 烰人《ふじん》をして之を養わしむ。其の然る所以を察せしむに、曰く「其の母 伊水の上に居りて孕む。夢に神有りて之に告げて曰く「臼 水を出ださば而ち東に走りて、顧みること毋かれ」と。明日、臼の水を出だすを視、其の隣に告げ、東に走ること十里、而して其の邑を顧みれば尽く水と為り、身は因りて化して空桑と為れり」と。故に之を命づけて伊尹と曰う。此 伊尹の空桑より生まるるの故なり。長じて賢なり。湯 伊尹を聞き、人をして之を有侁氏に請わしむ。有侁氏 可かず。伊尹も亦た湯に帰せんことを欲す。湯 是に於いて請うて婦を取りて婚を為す。有侁氏喜びて、伊尹を以て女に媵《よう》たらしむ(注4)。故に賢主の有道の士を求むるや、以いざるは無きなり。有道の士の賢主を求むるや、行わざるは無きなり。相得て然る後に楽しむ。（中略）湯 伊尹を得て、之を廟に祓い、爝《しゃく》するに爟火《かんか》を以てし、釁《きん》するに犠猳《ぎか》を以てす。明日、朝を設けて之を見る。湯に説くに至味を以てす。湯曰く「得て為す可きか(注5)」と。対えて曰く「君の国は小なり、以て之に具うるに足らず。天子と為りて然る後 具う可し。（中略）之を致す所以は馬の美なる者、青龍の匹《ひつ》、遺風の乗《じょう》なり。先づ天子と為るに非ざれば、得て具う可からず。天子は強いて為る可からず、必ず道を知るを先とす。道なる者は彼に亡く(注6)己に在り。己成れば而ち天子成り、天子成れば則ち至味具わる。故に近きを審らかにするは遠きを知る所以なり。己を成すは人を成す所以なり。聖人の道は要なり。豈に越越として多業ならんや」と。）

このように、様々な故事が作られ伝えられたのは、それだけ伊尹が古代聖人として、諸子に尊崇される存在であったためであろう。それと同時に、諸子が自説を語るために、いかに伊尹に依拠していたかが窺われる。

故事の数に比例するかのように、伊尹はその呼称についても、また様々な説がある。例えば、「伊尹」の「尹」字が「正」の意を表すため、「天下を正す」という意味で「伊尹」と称されるようになったとする説(注7)や、出生故事と関連させて「伊水」から命名されたとする説(注8)など、その内容は多岐に渡っている。さらに、甲骨文でも、伊尹は「伊奭」や「寅尹」などと、複数の呼称で表記されていたことが指摘されている。(注9)

それでは、春秋戦国期において、伊尹は一体どのように称されていたのか。以下、新出土文献である清華簡『尹誥』に見える呼称を中心に考察してみたい。

第二節　清華簡『尹誥』における伊尹の呼称

清華簡〈壹〉には、整理者により『尹誥』と仮称される文献があり、これは、孔壁古文逸書十六篇の内の一篇『咸有一徳』に相当するものであろうと考えられている。(注10)本篇には、主に夏討伐後の湯と伊尹との問答が記されており、既に『礼記』緇衣や郭店楚簡『緇衣』、上博楚簡『紂衣』にその引用と考えられる一文が見えることや、『孟子』との思想的関連性が指摘されている。(注11)「伊尹」の呼称について検討する前に、まずは、その内容から確認してみよう。(以下、便宜的に「伊尹」の呼称と考えられる箇所に棒線・波線を付す。)

惟尹既及湯咸有一德。

尹念天之敗西邑夏曰「夏自絕其有民、亦惟厥衆。非民亡與守邑。厥辟作怨于民、民復之用離心、我翦滅夏。今后曷不監」。

摯 告湯曰「我克協我友。今惟民遠邦歸志」。

湯曰「嗚呼、吾何作于民、俾我衆勿違朕言」。

摯曰「后其賚之。其有夏之金玉実邑。舍之吉言」。

乃致衆于亳中邑。


(惟れ尹、既に湯及《と》咸《み》な徳を一にする有り。

尹、天の西邑夏を敗るを念いて曰く、「夏は自ら其の有民を絶ち、亦た惟れ衆に蹶《たお》る。民に非ざれば與に邑《くに》を守るもの亡し。厥の辟《きみ》、怨みを民に作《な》し、民は之に復《むく》いるに離心を用《もっ》てすれば、我は夏を翦滅せり。今、后《きみ》曷《なん》ぞ監《かんが》みざらんや」と。

摯 湯に告げて曰く、「我克く我が友と協《かな》えり。今、惟れ民に邦を遠ざかりて歸らんとするの志あり」と。

湯曰く、「嗚呼、吾何をか民に作《な》して、我が衆の朕の言に違うこと勿からしめんや」と。

摯曰く、「后《きみ》、其れ之に賚《たま》え。其れ有夏の金玉、邑に実つ。之に吉言を舎《ほどこ》せ」と。

乃ち衆を亳中の邑に致《あつ》む。)


本篇では、まず伊尹が湯と同じ徳を持つことが前提として説かれる。そして、その後、伊尹が、天の夏を滅ぼした要因を「夏の君（桀）が民を虐げたために、桀はその恨みをかった。民が離反したことで、我々殷は夏を滅ぼすことができたのだ」と思索し、湯に諫言する場面が見える。伊尹から民の離反について説かれた湯は、どうすれば民を引き留められるかと尋ね、これに対して、伊尹は、夏の財宝を民にお与えになるという良いお言葉を告げられよ、と回答している。

ここで注目すべきは、初め「尹」と記されていた伊尹の呼称が、湯と問答する場面以降、「摯」と表記されていることである。本篇には、竹簡の背面に配列の順番を示すと考えられる番号が見え、錯簡や脱簡があったとは考えにくい。つまり、ここでは明らかに伊尹一人のことを「尹」「摯」と表記していることが分かる。この呼称の使い分けは、同じく清華簡〔壹〕に所収の伊尹の登場する文献『尹至』には見られないものである。(注12)このように、伊尹を「尹」「摯」と表現する記述は、伝世文献において、頻出するものなのであろうか。以下、伝世文献における伊尹の呼称について、検討してみたい。

第三節　伝世文献に見える伊尹の呼称

まず、『論語』や『孟子』などの儒家系文献において、伊尹はどのように表記されていたのか確認してみよう。

『論語』顔淵には、「子夏曰「富哉言乎。舜有天下、選於衆挙皋陶、不仁者遠矣。湯有天下、選於衆挙伊尹、不仁者遠矣」。（子夏曰く「富めるかな、言や。舜 天下を有ち、衆に選んで皋陶を挙ぐれば、不仁者は遠ざかれり。湯 天下を有ち、衆に選んで伊尹を挙ぐれば、不仁者は遠ざかれり」。）」とあり、湯の賢臣として「伊尹」が見える。また、『孟子』尽心下にも「由湯至於文王、五百有余歳。若伊尹・萊朱、則見而知之、若文王、則聞而知之。（湯より文王に至るまで、五百有余歳。伊尹・萊朱の若きは、則ち見て之を知り、文王の若きは、則ち聞きて之を知る。）」と、やはり湯に仕える「伊尹」の記述が見えている。しかし、この趙岐注には、「伊尹、摯也。萊朱亦湯賢臣也。一曰仲虺是也。『春秋』伝曰「仲虺居薛、為湯左相」。是則伊尹為右相、故二人等徳也。（伊尹、摯なり。萊朱も亦た湯の賢臣なり。一《ある》いは曰く仲虺是れなり。『春秋』伝に曰く「仲虺《ちゅうき》薛に居り、湯の左相と為る」と。是れ則ち伊尹右相と為り、故に二人徳を等しくするなり。）」とあり、伊尹の名が「摯」であることに言及している。

それでは、経書において、伊尹はどのように記されていたのか。以下、『尚書』『毛詩』『周礼』における表記（①～④）を考察してみたい。

① 『尚書』君奭

公曰、君奭我聞、在昔成湯既受命、時則有若伊尹、格于皇天。在太甲、時則有若保衡。（公曰く、君奭 我れ聞く、在昔《むかし》 成湯既に命を受くるに、時れ則ち伊尹の若き有りて、皇天に格せらる。太甲に在りては、時れ則ち保衡の若き有り。）

偽孔伝

尹摯佐湯、功至大天、[注13] 謂致太平。摯音至。太甲継湯、時則有如此伊尹為保衡、言天下所取安、所取平。（尹摯 湯を佐けて、功 大天に至る、[注13] 太平を致すを謂うなり。摯の音は至なり。太甲 湯を継ぎ、時れ則ち此の如き伊尹有りて保衡と為る、天下 安を取る所、平を取る所を言うなり。）

孔穎達疏

正義曰、伊尹名摯、諸子伝記名有其文。「功至大天」、猶堯「格于上下」、知其「謂致太平」也。伝「太甲」至「取平」。正義曰、拠太甲之篇及諸子伝記、太甲大臣惟有伊尹、知即保衡也。説命云「昔先正保衡、作我先王、佑我烈祖、格于皇天」。商頌・那祀成湯称為「烈祖」、「烈祖」湯之号。言「保衡」佐湯、明保衡即是伊尹也。詩称「実維阿衡、実左右商王」、鄭玄云「阿、倚。衡、平也。伊尹湯所依倚而取平。至太甲改曰保衡」。保 安也、言天下所取安、所取平。此皆三公之官、当時為之号也。孔以太甲云「嗣王不恵於阿衡」、則太甲亦曰阿衡、与鄭異也。（正義に曰く、伊尹の名は摯なり、諸子 名を伝え記せば其の文有り。「功 大天に至る」とは、猶お堯の「上下に格る」がごとかれば、其れ「太平を致すを謂う」を知るなり。伝の「太甲」より「取平」に至るまで。正義に曰く、太甲篇 及び諸子の伝記に拠れば、太甲の大臣 惟だ伊尹のみ有れば、即ち保衡なるを知るなり。説命《えつめい》に云く「昔 先正保衡、我が先王を作し、我が烈祖を佑け、皇天に格る」と。商頌・那に成湯を祀るを称して「烈祖」と為す、「烈祖」とは湯の号なり。「保衡」の湯を佐くるを言えば、明らかに「保衡」とは即ち是れ伊尹なり。詩に「実に維れ阿衡、実に商王を左右《たす》く」と称し、鄭玄云く「阿とは、倚。衡とは、平なり。伊尹湯の依倚する所にして平を取るなり。太甲に至りて改めて保衡と曰う」と。保は安なれば、天下の安を取る所、平を取る所を言うなり。此れ皆三公の官なるに、当時之を号と為すなり。孔太甲に「嗣王阿衡に恵《したが》わず」と云うを以て、則ち太甲も亦た阿衡と曰う、と。鄭と異なるなり。）

偽孔伝に付された阮元の校勘

尹、『史記集解』「尹」作「伊」。山井鼎曰「「尹摯」古本作「伊尹」、後改作「伊摯」」。按古本後改者、正与『史記集解』合、亦与宋板疏標目合。（尹（について）、『史記集解』は「尹」を「伊」に作る。山井鼎曰く「「尹摯」古本は「伊尹」に作り、後改めて「伊摯」に作る」と。按ずるに「古本後に改む」とは、正に『史記集解』と合し、亦た宋板の疏標目と合す。）

孔穎達疏に付された阮元の校勘

宋板「尹」作「伊」。山井鼎曰「伝文作「尹摯」、此作「伊摯」。按古本後改者、恐有据也」。按宋板於伝雖作「尹」、於疏則作「伊」、是也。（宋板「尹」を「伊」に作る。山井鼎曰く「伝文「尹摯」に作るは、此れ「伊摯」に作るべし。按ずるに古本後に改むるは、恐らくは据有るなり」と。按ずるに宋板伝に於いて「尹」に作ると雖も、疏に於いて則ち「伊」に作るは、是なり。）

②『毛詩』商頌・長発

実維阿衡、実左右商王（実に維れ阿衡、実に商王を左右す）

毛亨注・鄭玄箋

阿衡、伊尹也。左右、助也。箋云阿倚衡平也。伊尹湯所依倚而取平故以為官名。商王湯也。（阿衡とは、伊尹なり。左右とは、助なり。箋に云う阿とは倚、衡とは平なり、と。伊尹は湯の依倚する所にして平を取るが故に以て官名と為る。商王とは湯なり。）

孔穎達疏

正義曰、以言左右商王、則是功最大者。成湯佐命之臣、唯伊尹耳。故知阿衡是伊尹也。伊是其氏、尹正也。言其能正天下、故謂之伊尹。阿衡則其官名也。君奭曰「在昔成湯既受命、時則有若伊尹、格于皇天。在太甲、時則有若保衡、格于上帝」[注14]。注云「伊尹名摯、湯以為阿衡。至太甲改曰保衡。阿衡・保衡皆公官」。然則伊尹・摯・阿衡・保衡一人也。（正義に曰く、以て商王を左右《たす》くと言うは、則ち是れ功最大の者なり。成湯の佐命の臣は、唯だ伊尹のみ。故に阿衡は是れ伊尹なるを知るなり。伊は是れ其の氏、尹は正なり。其の能く天下を正すを言う、故に之を伊尹と謂うなり。阿衡は則ち其の官名なり。君奭に曰く「在昔 成湯既に命を受くるに、時れ則ち伊尹の若き有りて、皇天に格せらる。太甲に在りては、時れ則ち保衡の若き有りて、上帝に格せらる」[注14]と。注に云く「伊尹の名は摯、湯以て阿衡と為す。太甲に至りて改めて保衡と曰う」と。阿衡・保衡は皆公官なり。然らば則ち伊尹・摯・阿衡・保衡は一人なり。）

③『毛詩』大雅・蕩之什・崧高、序

崧高　尹吉甫、美宣王也。天下復平、能建国、親諸侯、褒賞申伯焉。（崧高は尹吉甫、宣王を美するなり。天下平に復し、能く国を建て、諸侯に親しみ、申伯を褒賞す。）

毛亨注・鄭玄箋

尹吉甫、申伯、皆周之卿士也。尹官氏、申国名。（尹吉甫、申伯、皆な周の卿士なり。尹は官氏、申は国名なり。）

孔穎達疏

伊摯、尹天下謂之伊尹。洪範曰「師尹惟日」、立政云「三亳阪尹」。楚官多以尹為号。『左伝』称「官有世功則有官族」[注15]。今尹吉甫以尹為氏、明其先嘗為尹官而因氏焉、故云「尹官氏」。外伝有「申呂」、王風云「戍申」、故知申為国名。（伊摯、天下を尹《ただ》せば之を伊尹と謂う。洪範に曰く「師尹は惟れ日」と、立政に云く「三亳・阪の尹あり」と。楚官 多く尹を以て号と為す。『左伝』に「官 世功有れば則ち官族有り」と称す[注15]。今 尹吉甫 尹を以て氏と為す、明らかに其の先 嘗て尹官為りて因りて氏とす、故に云う「尹 官氏なり」と。外伝に「申呂」有り、王風に「戍申」と云う、故に申 国名為るを知る。）

④『周礼』秋官・士師

三曰邦諜。（三に曰く邦諜。）

鄭玄注

為異国反間。（異国の反間を為すなり。）

賈公彦疏

『孫子兵法』云「（中略）殷之興也、伊摯在夏。周之興也、呂牙在殷。唯賢聖将能用間以成、此兵之要者也。（『孫子兵法』に云う「（中略）殷の興るや、伊摯 夏に在り。周の興るや、呂牙 殷に在り。唯だ賢聖の将のみ能く間を用いて以て成す、此れ兵の要なる者なり。」）

①の『尚書』本文では、伊尹は「伊尹」と表記されているが、その偽孔伝において「尹摯」「伊尹」と併記され、孔穎達

疏では「伊尹の名は摯であり、それは諸子の書に記録がある」とされている。また、これに加え、疏では「太甲の大臣は伊尹だけであるため、「保衡」も伊尹を指す」や、「鄭玄は、伊尹が湯に仕えた際の官名を「阿衡」、太甲に仕えた際の官名を「保衡」としている」、「偽孔伝は、太甲の代においても、伊尹が「阿衡」と称されていたと述べる」など、様々な説を掲げている。このように、正義の記された唐代に至っては、伊尹の呼称（官名を含む）について、既に不明な点が多く、学者間で大いに議論されていた情況が窺える。

さらに、『尚書』の該当箇所には、阮元の校勘も付されている。校勘中、阮元は山井鼎の次の説を引用する（筆者訳）。

• 偽孔伝に見える「尹摯」の語は、古本（筆者注：日本足利学所蔵書写本）では「伊尹」に作っており、後に改めて「伊摯」とする。
• 古本が後に改めているのには、恐らく根拠があるのだろう。

阮元はこの山井の説を、『史記集解』や孔穎達疏が「伊」字に作っていることと合致するとして、肯定的に捉えている。(注16)また、②『毛詩』本文では、伊尹が「阿衡」と官名で記されており、その毛亨注・鄭玄箋において、それが伊尹であると説明されていることが分かる。該当箇所の孔穎達疏では、「伊とは氏であり、尹とは正の意である。その天下を正すことができることを言い、そのため、「伊尹」と言うのである」とされ、『尚書』君奭や注(注17)を引きつつ、「伊尹・摯・阿衡・保衡は同一人物を指す」と説いている。

③では、本文や注に直接伊尹は登場しないが、その疏に「伊摯は天下を正したので、「伊尹」と呼称された」とし、「楚官が多く「尹」字を用いて号としていた」ことや、『左伝』の「官　世功有れば則ち官族有り」を引いて、「尹」が官職に由来する氏であると述べている。

④『周礼』においても、本文や注に伊尹の記述は見えない。しかし、鄭玄の「反間」に対する賈公彦疏に、『孫子』を引き、伊尹を「伊摯」と表現する記述が見える。

以上、経書における伊尹の表記を確認してきた。その結果、経文自体には、「伊尹」や「阿衡」と記されるに留まる伊尹の呼称が、注や疏の中で、その名である「摯」を示す傾向にあることが明らかとなった。これは、史書である『史記』においても同様である。次に、『史記』の記述（⑤・⑥）を挙げる。

⑤『史記』殷本紀

伊尹名阿衡。阿衡欲奸湯而無由、乃為有莘氏媵臣、負鼎俎、以滋味説湯、致于王道。或曰「伊尹処士、湯使人聘迎之。五反、然後肯往従湯。言素王及九主之事。湯挙任以国政。伊尹去湯適夏。既醜有夏、復帰于亳。入自北門、遇女鳩・女房、作女鳩・女房」。（伊尹 阿衡と名づく。阿衡 湯に奸めんと欲すれども由無し、乃ち有莘氏の媵臣と為り、鼎俎を負い、滋味を以て湯に説き、王道を致す。或いは曰く、「伊尹処士なり、湯 人をして聘して之を迎えしむ。五反し、然る後 肯えて往きて湯に従う。素王及び九主の事を言う。湯 挙げて任ずるに国政を以てす。伊尹 湯を去りて夏に適く。既に有夏を醜み、復た亳に帰り、北門より入り、女鳩・女房に遇い、女鳩・女房を作る」と。）

索隠

『孫子兵書』「伊尹名摯」。孔安国亦曰「伊摯」。然解者以阿衡為官名。按、阿、倚也。衡、平也。言依倚而取平。『書』曰「惟嗣王弗恵于阿衡」（注18）。亦曰保衡、皆伊尹之官号、非名也。皇甫謐曰「伊尹、力牧之後、生於空桑」。又『呂氏春秋』云「有侁氏女採桑、得嬰児于空桑。母居伊水、命曰伊尹」。尹、正也。謂湯使之正天下。（『孫子兵書』に「伊尹の名 摯なり」と。孔安国亦た曰く「伊摯」と。然るに解者 阿衡を以て官名と為す。按ずるに阿とは、倚なり。衡とは、平なり。依倚して平を取るを言うなり。『書』に曰く「惟れ嗣王 阿衡に恵《したが》わず(注18)」と。亦た曰く保衡とは、皆 伊尹の官号なり、名に非ざるなり、と。皇甫謐曰く「伊尹、力牧の後に、空桑より生まる」と。又た『呂氏春秋』に云く「有侁氏の女 桑を採るに、嬰児を空桑に得。母は伊水に居り、命づけて伊尹と曰う」と。尹とは、正なり。湯 之をして天下を正さしむるを謂うなり。）

史記志疑

案、索隠言伊尹名摯。阿衡是官、非名也。其説良是、但所謂名者、非姓名之名、乃名号之名。後世因伊尹官阿衡、遂以為号、史随称之耳。然不書伊尹名亦疎。伊尹名摯、見『孫子』用間篇・『墨子』尚賢中篇・『楚辞』離騒、天問。（案ずるに、索隠に言うに伊尹の名 摯なり。阿衡は是れ官にして、名に非ざるなり、と。其の説 良是、但し所謂 名とは、姓名の名に非ず、乃ち名号の名なり。後世 伊尹の官 阿衡なるに因りて、遂に以て号と為せば、史 之を称するに随うのみ。然れども伊尹の名を書かざるは亦た疎ならん。伊尹の名 摯なり、『孫子』用間篇・『墨子』尚賢中篇・『楚辞』離騒、天問に見ゆ。）

⑥『史記』燕召公世家

周公乃称「湯時有伊尹、仮于皇天。（周公乃ち称す「湯の時 伊尹有り、皇天に仮《いた》れり。）

集解

孔安国曰「伊摯佐湯、功至大天、謂致太平也」。鄭玄曰「皇天、北極天帝也」。（孔安国曰く「伊摯 湯を佐けて、功 大天に至るに、太平を致すを謂うなり」と。鄭玄曰く「皇天とは、北極天帝なり」と。）

⑤⑥の資料を確認すれば、ここでも、本文で「伊尹」とのみ記されていたものが、裴駰『史記集解』や司馬貞『史記索

隠』では、『孫子』や孔安国の説を挙げて、「摯」や「伊摯」[注19]と記述され、梁玉縄『史記志疑』でも、索隠を引用しつつ、「阿衡は官名であり、後に伊尹の号となったため、『史記』はこれに従い「阿衡」と記したのである」とされていることが分かる。さらに、注目すべきは、『史記志疑』が、「『史記』に伊尹の名が記されていないのは、情報に精通していないのではないか」と司馬遷を責め、伊尹の名と考えられる「摯」の見える書名を列挙している点である。ここに伊尹の名「摯」を記すとして掲げられた文献には、『孫子』用間篇・『墨子』尚賢中篇・『楚辞』離騒、天問の三文献（四箇所）がある。資料④の賈公彦疏でも、伊尹の名が見える文献として『孫子』が挙げられていたが、『楚辞』や『墨子』に対する言及は見られなかった。果たして、これらの文献に見える記述には共通する特徴があるのであろうか。以下、先の三文献に加え、伊尹が本文中に「伊摯」として登場する『後漢書』の内容についても確認してみたい（⑦〜⑪）。

　まずは、その本文と注を示す。

⑦『楚辞』離騒

湯・禹厳而求合兮、摯・咎繇而能調（湯・禹は厳にして合うを求め、摯・咎繇《こうよう》は而ち能く調う）

王逸注

摯伊尹名、湯臣也。咎繇禹臣也。調、和也。言湯・禹至聖、猶敬承天道、求其匹合、得伊尹・咎繇。乃能調和陰陽、而安天下也。一作皐陶。（摯は伊尹の名なり、湯の臣なり。咎繇は禹の臣なり。調とは、和なり。湯・禹 至聖にして、猶お天道を敬承し、其の匹合を求むるに、伊尹・咎繇を得るを言うなり。乃ち能く陰陽に調和して、天下を安んずるなり。一《ある》いは皐陶に作る。）

洪興祖補

「天問」曰「帝乃降観、下逢伊摯。即伊尹也」。（「天問」に曰く「帝乃ち降りて観て、下 伊摯に逢う」と。即ち伊尹なり。）

⑧『楚辞』天問

（1）帝乃降観、下逢伊摯。（帝 乃ち降りて観て、下 伊摯に逢う。）

王逸注

帝 謂湯也。摯 伊尹名也。言湯出観風俗、乃憂下民、博選於衆、而逢伊尹、挙以為相也。（帝とは湯を謂うなり。摯とは伊尹の名なり。湯 出でて風俗を観、乃ち下民を憂えて、博く衆に選びて、伊尹に逢い、挙げて以て相と為すを言うなり。）

（2）初湯臣摯、後兹承輔。（初め湯は摯を臣とし、後 兹《ここ》に承輔とす。）

王逸注

言湯初挙伊尹、以為凡臣耳。後知其賢、乃以備輔翼承疑、用其謀也。承一作丞。（言うこころは、湯 初め伊尹を挙げ、以て凡臣と為すのみ。後 其の賢を知り、乃ち以て輔翼承疑に備え、其の謀を用いるなり、と。）

⑨『後漢書』蔡邕列伝

有務世公子。誨於華顛胡老曰「蓋聞聖人之大宝曰位、故以仁守位、以財衆人。然則有位斯貴、有財斯富、行義達道、士之司也。故伊摯有負鼎之衒、仲尼設執鞭之言、甯子有清商之歌、百里有豢牛之事（後略）」。（務世公子有り。華顛胡老に誨えて曰く「蓋し聞くならく聖人の大宝を位と曰い、故に仁を以て位を守り、財を以て人を衆む、と。然らば則ち位有って斯れ貴く、財有って斯れ富み、義を行い道を達するは、士の司《つとめ》なり。故に伊摯は鼎を負うの衒《うりこみ》有り、仲尼は執鞭の言を設け、甯子は清商の歌有り、百里は牛を豢《か》うの事有り（後略）」と。）

李賢注

摯、伊尹名也。『史記』曰「伊尹欲干湯而無由。乃為有莘媵臣、負鼎俎以滋味説湯、致於王道。衒、自媒衒也」。（摯、

伊尹の名なり。『史記』に曰く「伊尹 湯に干《もと》めんと欲するも由無し。乃ち有莘の媵臣と為り、鼎俎を負いて滋味を以て湯に説き、王道に致す。衒とは、自ら媒衒するなり」と。）

⑩『墨子』尚賢中
伊摯、有莘氏女之私臣、親為庖人、湯得之、挙以為己相、与接天下之政、治天下之民。（伊摯は、有莘氏の女の私臣にて、親ら庖人と為る、湯 之を得て、挙げて以て己が相と為し、与に天下の政を接して、天下の民を治む。）

⑪『孫子』用間
昔殷之興也、伊摯在夏。周之興也、呂牙在殷。故惟明君・賢将能以上智為間者、必成大功。此兵之要、三軍之所恃而動也。（昔 殷の興るや、伊摯 夏に在り。周の興るや、呂牙 殷に在り。故に惟だ明君・賢将 能く上智を以て間と為す者にして、必ず大功を成す。此れ兵の要にして、三軍の恃みて動く所なり。）

⑦⑧はいずれも『楚辞』の句であるが、ここでは、本文中に「摯」「伊摯」と記され、湯の賢臣として伊尹が登場していることが分かる。また、それらの王逸注では、「摯」を伊尹の名と説明した後は、全て「伊尹」と表記する一方、『楚辞』九弁の「国有驥而不知棄兮（国に驥有れども棄《の》るを知らず）」では、「推遠周・邵、興伊摯也。（周・邵を推遠し、伊摯を興すなり）」と、伊尹を「伊摯」とのみ注記している。このように、王逸注には、伊尹を表記する際に、「伊尹」と「伊摯」を偏りなく使用するという姿勢が読み取れる。この点から、後漢以降には、「伊尹」の名が「摯」であることが、学者間の共通認識となっていたことが理解できる。この情況は、『孟子』尽心下に趙岐が「伊尹（の名）、摯なり」と注したことや、『後漢書』本文において、⑨のように伊尹が「伊摯」と記述される一方、次の馮衍列伝にあるように「伊尹」と表記される箇所が併

存していることからも窺われよう。

⑫『後漢書』馮衍列伝　巻二十八上・下

昔伊尹之干湯兮、七十説而乃信。皐陶釣於雷沢兮、頼虞舜而後親。無二士之遭遇兮、抱忠貞而莫達。率妻子而耕耘兮、委厥美而不伐。（昔 伊尹の湯を干《もと》むるや、七十にして説きて乃ち信ぜらる。皐陶は雷沢に釣りし、虞舜に頼りて後に親しまる。二士の遇に遭うこと無く、忠貞を抱きて達すること莫し。妻子を率いて耕耘し、厥の美を委《す》てて伐《ほこ》らず。）

李賢注

伊尹名摯、負鼎俎以干湯。七十説而乃信、謂年七十説湯乃得信也。皇甫謐『帝王記』曰「伊摯豊下兌上、色黒而短、僂身而下声、年七十而不遇。湯聞其賢、設朝礼而見之、摯乃説湯致於王道」。（伊尹の名は摯なり、鼎・俎を負いて以て湯を干む。七十にして説きて乃ち信ぜらるとは、年七十にして湯に説きて乃ち信ぜらるることを得るを謂うなり。皇甫謐の『帝王記』に曰く「伊摯は豊下兌上、色黒くして短く、僂身にして下声、年七十にして不遇なり。湯は其の賢なるを聞き、朝礼を設けて之に見《あ》うに、摯 乃ち湯に説きて王道に致せり」と。）

さらに、⑩⑪を見れば、『墨子』や『孫子』などの諸子の書にも、伊尹が「伊摯」と記述されていることが確認できる。これは、儒家系文献や経書中において、伊尹が「伊尹」とのみ表記されていることと対称的である。ただし、『楚辞』や『墨子』中には、伊尹を「伊摯」と表記する一方で、「伊尹」と記す箇所も見られる点には、注意が必要である。(注20)

ここで、以上の検討に加え、経書や諸子の書、さらに一部史書に見える伊尹表記についてまとめると、左表のようになる。

表1．十三経における伊尹表記（以下、○×は語句の有無を、（　）内の算用数字は、語句の使用数を示す。）

	伊尹	尹摯	伊摯	阿衡	保衡
『周易』	×	×	×	×	×
『尚書』	○（10）（注21）	×	×	○（2）（注22）	○（1）（注23）
『毛詩』	×	×	×	○（1）	×
『周礼』	×	×	×	×	×
『儀礼』	×	×	×	×	×
『礼記』	×	×	×	×	×
『左伝』	○（1）	×	×	×	×
『公羊伝』	×	×	×	×	×
『穀梁伝』	×	×	×	×	×
『論語』	○（1）	×	×	×	×
『孝経』	×	×	×	×	×
『爾雅』	×	×	×	×	×
『孟子』	○（19）	×	×	×	×

表2．諸子の書における伊尹表記

	伊尹	尹摯	伊摯	阿衡	保衡
『荀子』	○（5）	×	×	×	×
『老子』	×	×	×	×	×
『荘子』	○（3）	×	×	×	×
『列子』	○（1）	×	×	×	×
『墨子』	○（9）	×	○（1）	×	×
『晏子春秋』	○（4）	×	×	×	×
『管子』	○（3）	×	×	×	×
『商君書』	×	×	×	×	×
『慎子』	×	×	×	×	×
『韓非子』	○（12）	×	×	×	×
『孫子』	×	×	○（1）	×	×
『呉子』	×	×	×	×	×
『呂氏春秋』	○（26）	×	×	×	×

表3．『楚辞』における伊尹表記

	伊尹	尹摯	伊摯（摯）	阿衡	保衡
『楚辞』	○（1）	×	○（3）	×	×

表4．史書（『史記』『漢書』『後漢書』）における伊尹表記

	伊尹	尹摯	伊摯	阿衡（衡）	保衡
『史記』	○（23）	×	×	○（4）	×
『漢書』	○（24）	×	×	○（4）	×
『後漢書』	○（12）	×	○（1）	○（2）	×

表を参照すれば、春秋戦国期における伊尹の呼称は、「伊尹」と記述されることが最も多かったことが分かる。しかし、注目すべきは、伊尹の名「摯」を記す先秦の文献の内、『墨子』を除く『孫子』『楚辞』には、伊尹が「伊尹」と表記されるよりも「伊摯」と表記される方が多いという点である。

『孫子』『楚辞』の特徴を考えた場合、固有名詞を挙げる際には、その名を明記するという文献独自の特質もあろうが、これらはいずれも中原から離れた南方の国と関連の深い文献であるということが指摘できる。[注24] 恐らく、この点も、大いに伊尹の名を直接「伊摯」と記したことと関係しているのではないかと考える。すなわち、これらの書は、たとえ聖人や賢臣とされる人物であっても、名を明らかにして記録するという記述態度で記されていた可能性がある。

第四節　清華簡における呼称表記

次に、本節では、清華簡における呼称表記について考察してみたい。取り上げる文献は、清華簡〔壹〕に所収の六文献、『程寤』『保訓』『祭公之顧命』『周武王有疾周公所自以代王之志（以下、金縢）』『耆夜』『楚居』である。

（1）『程寤』『保訓』について

『程寤』『保訓』は、ともに古逸文献であり、文王が太子発（後の武王）に訓戒を施す内容が記されている。(注25) 両文献では、武王は一貫して「発」と名で表記されており、また『保訓』では、湯王の六代前の君名「微」（上甲微）が記され、さらに『程寤』では、文王の妻の名「太姒」や、「祝忻祓王、巫率祓太姒、宗丁祓太子発（祝忻 王を祓い、巫率 太姒を祓い、宗丁 太子発を祓う）」（第二簡）と、神巫の名まで見える。(注26)

「祝忻」「巫率」「宗丁」などの名称について、鄧佩玲氏（参考文献G）は、「官職＋人名」の記名法は、殷代の甲骨文や殷周代の金文には頻出するものである（甲骨文の「巫咸」「巫賢」父子や、金文の「太祝禽」など）と述べている。確かに、『尚書』にも、周公旦の発言中に、「巫咸」や「巫賢」を賢臣として称賛する次のような記述が見える。

⑬『尚書』君奭

公曰「君奭。我聞、在昔成湯既受命、時則有若伊尹、格于皇天。在太甲、時則有若保衡。在太戊、時則有若伊陟・臣扈、格于上帝、巫咸乂王家。在祖乙、時則有若巫賢。在武丁、時則有若甘盤。率惟茲有陳、保乂有殷。故殷礼陟配天、多歴年所」。（公曰く「君奭よ。我聞く、在昔《むかし》成湯既に命を受くるに、時れ則ち伊尹の若き有りて、皇天に格せらる。太甲に在りては、時れ則ち保衡の若き有り。太戊に在りては、時れ則ち伊陟・臣扈の若き有りて、上帝に格せられ、巫咸 王家を乂《おさ》む。祖乙に在りては、時れ則ち巫賢の若き有り。武丁に在りては、時れ則ち甘盤の若き有り。率惟 茲の有陳は、有殷を保乂す。故に殷の礼は陟りて天に配し、多く年所を歴たり」。）

また、戦国諸子の書である『荘子』や『韓非子』にも「巫咸」は登場している。

⑭『荘子』天運

巫咸祒曰[注27]「来。吾語女。天有六極五常、帝王順之則治、逆之則凶。九洛之事、治成徳備、監照下土。天下戴之、此謂上皇」。（巫咸祒曰く[注27]「来れ。吾 女に語らん。天に六極五常有り、帝王 之に順えば則ち治まり、之に逆えば則ち凶なり。九洛の事、治成り徳備り、下土を監照す。天下 之を戴く、此を上皇と謂う」と。）

⑮『韓非子』説林下

故諺曰「巫咸雖善祝、不能自祓也。（故に諺に曰く「巫咸 善く祝すと雖も、自ら祓うこと能わざるなり）

しかし、巫咸は当時においても、その故事が形成されるほどの著名な人物であったと考えられる。[注28]一方、『程寤』に登場する三人の神巫の名は、その他の文献には見ることができない。王名や、他に用例のない神巫の名を記述する点よりすれば、清華簡には、やはり名を客観的情報として明記する性質が備わっていたと考えることができるのではなかろうか。[注29]

（2）『祭公之顧命』について

『祭公之顧命』は、『逸周書』祭公と重複する内容の文献であると指摘されている。[注30]本篇には、祭公謀父が穆王に教戒を施し、さらに執政を行う三公に対して、王を補佐し尽力するよう説く内容が見える。呼称表記に関して言えば、『祭公之顧命』においても、特筆すべき点がある。それは、三公の名が「畢桓・井利・毛班」と記述されている点である。これまでにも「井利」や「毛班」の名は、金文や『穆天子伝』に記載が見られたが、ここで重要なのは、現行本『逸周書』祭公において、「祭公拝手稽首曰「允乃詔、畢桓于黎民般」」(注31)と記されていた箇所が、清華簡『祭公之顧命』では「公懋拝手稽首曰「允哉」。乃召畢桓・井利・毛班」と記述されていることである。この表記を根拠に、整理者の沈建華氏（参考文献M）は、現行本『逸周書』祭公の「民般」二字は「毛班」の誤写であろうと述べており、また復旦大学出土文献与古文字研究中心研究生読書会（以下、復旦大学読書会）（参考文献C）は、現行本『逸周書』では、「民般」「毛班」の誤写に加え、「井利」と記すべき所を「于黎」と誤写している可能性もあると指摘している。これらの是非については一旦置くとしても、清華簡『祭公之顧命』の呼称表記により、伝世文献の記載に修正が加えられる可能性が生じたことには、大きな意義があろう。

（3）『周武王有疾周公所自以代王之志（金縢）』について

清華簡『金縢』（以下、清華本）は、今本『尚書』金縢（以下、今本）とおおよそ同内容の文献であると考えられる。(注32) しかし、本篇に関しても、伝世文献の記述とは異なる呼称表記が存在する。まず一つには、今本の史官の発言中では、武王が「某」と、実名を避ける形で示されているのに対し、清華本では「発」と名を挙げて記されている点である。該当箇所は以下の通り（⑯⑰）。

⑯今本『尚書』金縢

史乃冊祝曰「惟爾元孫某、遘厲虐疾。若爾三王、是有丕子之責于天、以旦代某之身。予仁若考能、多材多芸、能事鬼神。乃元孫不若旦多材多芸、不能事鬼神。（史 乃ち冊もて祝して曰く「惟れ爾の元孫某、厲虐の疾に遘う。若れ爾三王、是《まこと》に丕子の責を天に有せば、旦を以て某の身に代えよ。予 仁にして考能、多材多芸にして、能く鬼神に事う。乃《なんじ》の元孫 旦の多材多芸なるに若かずして、鬼神に事うること能わず。）

⑰清華簡『金縢』

史乃冊祝告先王曰「爾元孫発也、遘害虐疾。爾毋乃有丕子之責在上。惟爾元孫発也、不若旦也、是佞若巧能、多才多芸、能事鬼神。（史 乃ち冊もて祝して先王に告げて曰く「爾の元孫発や、害虐の疾に遘う。爾 丕子の責を上に有すること毋乃《なか》れ。惟れ爾の元孫発や、旦の是に佞にして巧能、多才多芸にして、能く鬼神に事うるに若かず。」）

『史記』魯周公世家にも、これと類似した内容が見えるが、そこでは武王が「王発」と記述されており、(注33) 清華本同様、実名を避けずに表記されていることが分かる。

また今本『尚書』金縢では、武王没後の記載のみに、武王の諡号（武王）が用いられているのに対し、清華本では、冒頭や場面転換が見られる箇所には「武王」「成王」と諡号が記述されており、今本以上に、より客観的な表記となっていることが窺える。(注34)

（4）『耆夜』について

『耆夜』には、周が耆を伐った後の飲至の儀礼が見え、「楽楽旨酒」や「蟋蟀」などの詩が詠まれている。本篇は古逸文献のため、内容の大部分が未知のものであるが、「蟋蟀」の詩のみは、『毛詩』唐風・蟋蟀との関連が指摘されている。(注35) 本篇冒頭部には「武王八年、征伐耆、大戡之。還、乃飲至于文太室。畢公高為客、召公保奭為夾、周公叔旦為主、辛公詎甲為涖、作策逸為東堂之客、呂尚父命為司正、監飲酒。（武王八年、耆を征伐し、大いに之に戡《か》つ。還りて、乃ち文の太室に飲至す。畢公高 客と為り、召公保奭 夾と為り、周公叔旦 主と為り、辛公詎甲 涖と為り、作策逸 東堂の客と為り、呂尚父 命もて司正と為り、飲酒を監《み》る）」とあり、武王に仕えた賢臣六人の官職や名・字などが詳述されている。(注36) しかし、本篇ではこれ以降、「畢公」や「周公」などと、名を省略した形で登場人物が示されており、表記に統一性を欠く。恐らく、この初めに見られる登場人物の詳述は、「武王八年、耆を征伐し、大いに之に戡つ。還りて、乃ち文の太室に飲至す」などの情況説明と併せて、場面設定を明示し、登場人物を説明する働きがあったものと考えられる。

（5）『楚居』について

また、清華簡には、以上述べてきた『尚書』『逸周書』関連の諸篇とは異なり、楚国の歴史に関係の深い『楚居』と仮題される文献もある。『楚居』には、季連より以降の楚の系譜と、国都の変遷とが列挙されており、その楚に関する詳細な内容から、楚の史官による記録であろうと考えられている。[注37] 以下に、本文の一部を示す。

⑱清華簡『楚居』

季連初降於騩山、抵于穴窮。（中略）麗不従行、潰自胸出、妣列賓于天、巫咸該其胸以楚、抵今曰楚人。（中略）至熊只・熊䋣・熊樊及熊錫・熊渠、尽居夷屯。熊渠徙居発漸。至熊艾・熊摯居発漸。熊摯徙居旁圻。衆不容於免、乃潰疆浧之陂而宇人、焉抵今曰郢。（季連は初めて騩山《きざん》に降り、穴窮するに抵《いた》る。（中略）麗は従い行かずして、潰《やぶ》りて胸より出づ。妣列は天に賓せられんとし、巫咸は其の胸を該《つつ》むに楚を以てすれば、今に抵るも楚人と曰う。（中略）熊只《ゆうし》・熊䋣《ゆうたん》・熊樊《ゆうはん》及び熊錫《ゆうよう》（楊）・熊渠《ゆうきょ》に至るまでは、尽く夷屯《いとん》に居る。熊渠は徙《うつ》りて発漸《はつぜん》に居る。熊艾《ゆうかい》・熊摯《ゆうし》に至るまで発漸に居る。熊摯は徙《うつ》りて旁圻《ぼうかん》に居る。（中略）衆は免に容《はい》らざれば、乃ち疆浧《きょうえい》の陂《つつみ》を潰《やぶ》りて人を宇《すま》わさば、焉ち今に抵るも郢と曰う。）

波線部には、「楚人」や楚の国都「郢」の由来が記されており、注目される。[注38] このように名称の由来を記述する姿勢からは、楚国（あるいは楚の官人）が少なからず、「名」に対して関心を抱いていた情況を読み取ることができるであろう。

本篇における楚の王名は、「武王熊通」まで名が明記され、文王以降「文王」「成王」などと、おおよそ諡号で記述されていることが分かる。[注39]『楚居』は、清華簡〔壹〕中においても、他の『尚書』『逸周書』関連の文献とは異なり、明らかに楚特有の伝承記録であると考えられる。そのため、一概に他文献と比較することはできないが、楚王に関しても諱を避けず、名や謚号（称号）が多く示されている点は、他篇と類似する特徴であると考えられる。

以上、清華簡における呼称表記を確認することによって、清華簡には、王名や臣下の名を記す際、直接、名あるいは謚号（称号）を用いる傾向が強いことが明らかとなった。また、『金縢』のように場面展開の際に王の称号を記述したり、『耆夜』のように冒頭に登場人物を詳述する表記方法は、名を客観的情報として明記するという点で、『史記』や『漢書』などの史書と共通する特徴であると考えられる。これは、『尹誥』において、伊尹がその名「摯」で表記されていることとも結びつく。しかし、『金縢』は先述した通り、今本『尚書』金縢と基本的に同一内容の文献であると考えられ、また『尹誥』についても、福田哲之氏が、以下のように『尚書』との関連を指摘している。(注40)

ここであらためて留意されるのは、『尹誥』と『緇衣』との学派の共通性である。『尹誥』が『尚書』に属することは、『緇衣』が称引する「尹誥」というその名称からすでに明らかであり、さらに『尹誥』が魯の孔子旧宅の壁中から発見された孔壁古文『尚書』の一篇である『咸有一徳』に該当することからも明確に裏付けられる。そして『緇衣』の称引と魯の孔壁出現という二つの事実は、『尹誥』が子思学派と深いつながりをもつ書篇であったことを示唆する。

従って、清華簡におけるこのような名や称号を多く記す表記方法を、直ちに史書の特質と結び付けて解釈することは不可能であろう。

ここで注目されるのは、『尚書』召誥における呼称表記である。召誥では、初めに洛邑遷都のための土地調査に関する内容が、叙述形式で述べられている。(注41)その文中では、周公旦は「周公」と記述されているが、その後、召公奭（周公旦という説もある）が、洛邑遷都の意義や、夏・殷の盛衰を肝に銘じ、天命にかなった行いをしなければならないと告げる箇所では、「旦曰く」と名で示されていることが分かる。該当箇所は以下の通り。

旦曰「其作大邑、其自時配皇天、毖祀于上下。其自時中乂。王厥有成命。治民今休。（旦曰く「其れ大邑を作る、其《ねがわ》くは時《これ》を自《もっ》て皇天に配し、毖《つつし》んで上下を祀らんことを。其くは時の中より乂《おさ》めんことを。王厥れ成命を有ちて、民を治め、今に休《よ》からん」と。）

この「旦曰く」の記述については、発言者が誰かという問題と共に、なぜ周公旦の名が記されているのかという点に対して、様々な推測がなされている。恐らく、唐突に現れた「旦」の語に、多くの研究者が頭を悩ませたのであろう。まず該当箇所について、王粛は「旦、周公名也。礼「君前臣名」、故称周公之言、為『旦曰』（旦とは周公の名なり。礼に「君の前には臣名いう」とあり、故に周公の言を称するに、『旦曰』と為す）」と述べ（『尚書正義』引）、召公奭が君前で周公旦の言葉を引用したため、「旦曰く」と述べたのだとしている。一方、池田末利氏（参考文献A）は、該当箇所について、「周公の直接の語とみるべきである。「治民今休」までを周公、「王先服」以下を召公の語としなければならぬ必然性が、この文だけからは見いだされないからである」と、召誥篇全体を周公旦の発言であろうとしている。さらに、白川静氏（参考文献B）は、于省吾氏（注42）の論や池田氏の説を受けて、「この誥命が周公の辞であるならば、どうして篇名を［召誥］と題し、どうして召公の辞とする序がつけられたのであろうか。少くとも篇名が定まり序がつけられた段階において、「周公」の二字の重点はなかったものとしなければならぬ」と記し、基本的に王粛の言に従っている。

以上のように、「旦曰く」以下の発言が、召公奭のものか、あるいは周公旦のものかという問題はあるものの、いずれにせよ、ここでは周公旦の名が明示されている点に重要な意義がある。

先述した王粛の注に、「礼に「君の前には臣名いう」」とあるのは、次の『礼記』の記述を念頭においたものと考えられる。

⑲『礼記』曲礼上

男女異長。男子二十、冠而字。父前子名、君前臣名。女子許嫁、笄而字。（男女 長を異にす。男子二十にして、冠して字す。父の前には子名いう、君の前には臣名いう。女子 許嫁すれば、笄して字す）

この記述は、『尹誥』の冒頭において、伊尹が「尹」と表され、湯との問答以降は「摯」と表現されていることの説明としても適切である。つまり、この「君前臣名」の記述法が、『尹誥』でも、伊尹が湯に謙る表現として使用されていた可能性がある。

しかし、本章第三節で示した通り、現行の『尚書』中に、伊尹を「摯」と記す文献は一篇も存在せず、召誥における周公の名の明記も極めて特異な例であると考えられるため、これをすぐに『尚書』における「君前臣名」の用例とすることは難しいであろう。

それでは、この記名の表現方法は、どこから生じたものであったのか。ここで、改めて本章における検討を振り返ってみれば、第三節では、伊尹の名「摯」が、南方地方の国と関係の深い文献『孫子』や『楚辞』に見られる表記であったこと、また第四節では、清華簡には名や称号を記述する文献が多いことを指摘してきた。清華簡については、既に、その全体を戦国期の楚墓から出土した可能性が高いとする研究者もいる。(注43) 以上の考察よりすれば、恐らく、『尹誥』において伊尹の名「摯」が明示されていることには、清華簡が南方の国楚と強い関連性を持つ文献群であったことが、密接に関わっているのではないかと考える。『礼記』や郭店楚簡・上博楚簡の緇衣にその引用がみられることより、『尹誥』の原型は古くは中原において作成されたと思われるが、それがやがて南方の楚に伝わり、そこでまた流布し書写される過程で、このように名を明記する性質を獲得した可能性があるのではなかろうか。

小結

以上、本章では、清華簡『尹誥』における伊尹の呼称表記について、伝世文献や清華簡の他篇との比較を通して検討してきた。その結果、伊尹の名「摯」を記述するのは、南方の文献に多くみられる特徴であること、また楚墓より出土した可能性の高い清華簡も、全体的に名や謚号を記す傾向が強いことが明らかとなった。これらの考察により、筆者は『尹誥』における伊尹の名「摯」の表記も、清華簡が楚墓より出土したことを物語るものであり、このように直接記名する筆写方法が、南方の国々における呼称表記の特徴であった可能性を述べた。ここには、中原とは異なり、微言大義の伝統にとらわれぬ記述姿勢が反映されていたのではないかと推測する。

しかし、現時点においては、いまだ資料的制約が大きく、新出土文献を活用し研究を進めた場合にも、それら大部分の文献が湖北省（古代楚国の地）より出土したものであり、地域的偏りの生じる恐れは否めない。そのため、これらの呼称表記の特性について、本章では南方諸国に見られるものと仮定したが、それはより正確には、非中原諸国の特色であった可能性も考慮すべきであろう。

注

（注1）伊尹を料理人であったとする故事は、『墨子』尚賢上（注20）・尚賢中（資料⑩）、『荘子』庚桑楚、『韓非子』難言、『呂氏春秋』具備・求人、『淮南子』氾論訓・脩務訓などにも見える。

（注2）もとは「僕」字に作るが、王念孫・孫詒譲の説に従って、「佚」字に改めた。

（注3）伊尹の出生に関する故事（空桑説話）は、『楚辞』天問の王逸注、『論衡』吉験、『水経注』伊水にも見える。

（注4）畢沅は、「「以伊尹為媵送女」の「為」「送」は、後人が追加したもの」と述べている。今はこれに従い、「為」「送」の二字を削り文意を解した。

（注5）畢沅が、『太平御覧』八四九では該当箇所を「可得為之乎」に作っていることを引き、「対」は「得」に作るべきであろうとすることに従った。
（注6）兪樾が、「止」を「亡」の誤りとすることに従い、「亡」字として解釈した。
（注7）資料②『毛詩』商頌・長発の孔穎達疏、資料③『毛詩』大雅・蕩之什・崧高（序）の孔穎達疏。
（注8）『呂氏春秋』孝行覧・本味。
（注9）参考文献L、及び陳夢家『殷虚卜辞綜述』（中華書局／一九八八年一月／三六一～三六六頁）参照。
（注10）『清華大学蔵戦国竹簡（壹）』（李学勤主編／中西書局／二〇一〇年十二月／下冊一三二頁）。
（注11）清華簡『尹誥』については、福田哲之「清華簡『尹誥』の思想史的意義」（大阪大学中国学会『中国研究集刊』第五十三号／二〇一一年六月）参照。なお、福田氏は上掲論考において、『尹誥』を『孟子』に先行する文献であろうと述べている。
（注12）『尹至』では、伊尹の呼称は全て「尹」と記述されている。
（注13）阮元の校勘に「毛本、「夫」作「天」、是也」とある。よって「天」に改めて解釈した。
（注14）『尚書』君奭には、「時れ則ち保衡の若き有り」の下、「上帝に格せらる」の上に、「在太戊、時則有若伊陟・臣扈（太戊に在りては、時れ則ち伊陟・臣扈の若き有り）」という記述がある。
（注15）『左伝』隠公八年に見える。
（注16）なお、明末の学者王夫之は『尚書稗疏』で、伊尹について、「然一人而或有異名若呂尚之為太公望、皐陶之或為庭堅、是也。則曰摯曰尹要皆名耳。屈大夫名平而抑曰名予以正則、亦此類也。要不可以後人一定之名字、為古人分限」と述べ、「摯」も「尹」も伊尹の名であろうとしている。しかし、「太公望」は『史記』斉太公世家に「故號之曰「太公望」」とあり、呂尚の号と考えられ、「庭堅」についても『史記正義』五帝本紀に「皐陶字、庭堅」とあるため、この説には従いかねる。
（注17）孔穎達は、『尚書』君奭を引用すると同時に、「注云「伊尹名摯、湯以為阿衡。至太甲改曰保衡。阿衡・保衡皆公官」。（注に云く「伊尹の名は摯、湯以て阿衡と為す。太甲に至りて改めて保衡と曰う」）」と記しているが、君奭に上記のような注は付されていない。恐らく、ここで言う「注」とは、君奭の疏に引用した鄭玄の言を、自らの意を含めた形でまとめ直したものを指すと思われる。
（注18）『尚書』太甲上に見える。
（注19）資料①の校勘で、山井鼎は、偽孔伝が伊尹を「尹摯」に作っていると言うが、ここでは「伊摯」と記述されている。
（注20）『楚辞』九章・惜往日には、次のように「伊尹」が登場する。

聞百里之為虜兮、伊尹烹於庖厨。（聞く百里は之虜と為り、伊尹は庖厨に烹る。）

また、『墨子』尚賢上には、次のように見える。

故古者堯挙舜於服沢之陽、授之政、天下平。禹挙益於陰方之中、授之政、九州成。湯挙伊尹於庖厨之中、授之政、其謀得。文王挙閎夭・泰顛於置罔之中、授之政、西土服。（故に古者《むかし》堯は舜を服沢の陽より挙げ、之に政を授けて、天下は平らかなり。禹は益を陰方の中より挙げ、之に政を授けて、九州成れり。湯は伊尹を庖厨の中より挙げ、之に政を授けて、其の謀得たり。文王は閎夭・泰顛を置罔の中より挙げ、之に政を授けて、西土服せり。）

（注21）この数字は、偽古文『尚書』を含むものである。

（注22）二箇所ともに、偽古文『尚書』。

（注23）『尚書』中、保衡の記述は二箇所に見られる。一箇所は今文『尚書』君奭、もう一箇所は偽古文『尚書』説命である。君奭では、「保衡」が伊尹を指すとは考えられないが、説命では、「保衡」が伊尹を指すとされている。そのため、表には「〇（1）」と記述した。また、説命中、伊尹の呼称は「阿衡」とも記されており、「保衡」「阿衡」の二つの官名が併記されていたことが分かる。

（注24）『孫子』用間には、「周之興也、呂牙在殷。（周の興るや、呂牙殷に在り）」とあり、太公望の名（あるいは字とする説もある）「牙」が示されている。また、『楚辞』天問では、「到撃紂躬、叔旦不嘉（到りて紂の躬を撃つも、叔旦嘉しとせず）」と、周公旦の名「旦」が見える。

なお、『孫子』の著者と考えられる孫武は、呉王闔廬に仕えたとされる人物であり、『楚辞』は長江流域（楚地方）で詠まれた歌集と認識されている。

（注25）清華簡『程寤』については、湯浅邦弘「太姒の夢と文王の訓戒」（大阪大学中国学会『中国研究集刊』第五十三号／二〇一一年六月）参照。

（注26）整理者である劉国忠氏や鄧佩玲氏（参考文献G）、黄懐信氏（参考文献H）は、「祝忻」「巫率」「宗丁」の上一文字を職名、下一文字を名としている。『国語』楚語下には「在男曰覡、在女曰巫。（男に在りては覡と曰い、女に在りては巫と曰う）」とあり、『左伝』定公四年には「祝・宗・卜・史」、その杜預注に「大祝・宗人・大卜・大史、凡四官（大祝・宗人・大卜・大史、凡そ四官なり）」、孔穎達疏に「祝・宗接神之官。大卜主卜、大史主書（祝・宗は接神の官なり。大卜は卜を主り、大史は書を主る）」とある。

（注27）（注28）に示した『楚辞』離騒の洪興祖疏を参照。

（注28）巫咸は、資料⑬『尚書』君奭や、『楚辞』離騒に「巫咸将夕降兮（巫咸 将に夕べに降らんとす）」、その王逸注に「巫咸 古神巫也。当殷中宗之世。（巫咸 古の神巫なり。殷の中宗の世に当る）」とあるように、殷の中宗に仕えた神巫と見なされていた。洪興祖は『楚辞』離騒の該当箇所に対して、以下のような疏をつけている。

『書序』云、伊陟賛於巫咸。『前漢』郊祀志云、巫咸之興自此始。説者曰、巫咸 殷賢臣。一云名咸。殷之巫也。『説文』曰、巫 祝也。古者巫咸初作巫。『山海経』曰、巫咸国在女丑北。又曰、大荒之中、有靈山、巫咸・巫即・巫朌・巫彭・巫姑・巫真・巫孔・巫抵・巫謝・巫羅十巫従此升降。『淮南子』曰、軒轅丘在西方、巫咸在其北。注云、巫咸知天道、明吉凶。拠此則巫咸之興尚矣、商時又有巫咸也。『荘子』曰、鄭有神巫、曰季咸。又有巫咸袑、皆取此名。

なお、清華簡『楚居』にも「麗不従行、潰自胸出、妣列賓于天、巫咸該其胸以楚、抵今曰楚人。（麗は従い行かずして、潰りて胸より出づ。妣列は天に賓せられんとし、巫咸は其の胸を該むに楚を以てすれば、今に抵るも楚人と曰う）」と「巫咸」が登場している。

（注29）なお、『呂氏春秋』審分覧・勿躬には、次に示すとおり、巫咸を含む二十人の官人の名が見える。

大橈作甲子、黔如作虜首、容成作暦、羲和作占日、尚儀作占月、后益作占歳、胡曹作衣、夷羿作弓、祝融作市、儀狄作酒、高元作室、虞姁作舟、伯益作井、赤冀作臼、乗雅作駕、寒哀作御、王冰作服牛、史皇作図、巫彭作医、巫咸作筮。此二十官者、聖人之所以治天下也。聖王不能二十官之事、然而使二十官尽其巧・畢其能、聖王在上故也。（大橈 甲子を作り、黔如 虜首を作り、容成 暦を作り、羲和 占日を作り、尚儀 占月を作り、后益 占歳を作り、胡曹 衣を作り、夷羿 弓を作り、祝融 市を作り、儀狄 酒を作り、高元 室を作り、虞姁 舟を作り、伯益 井を作り、赤冀 臼を作り、乗雅 駕を作り、寒哀 御を作り、王冰 服牛を作り、史皇 図を作り、巫彭 医を作り、巫咸 筮を作る。此の二十官は、聖人の天下を治むる所以なり。聖王は二十官の事をする能わず、然れども二十官をして其の巧を尽くし、其の能を畢さしむるは、聖王 上に在るが故なり。）

この中には、「黔如」のように、『呂氏春秋』勿躬にしか見られない官人名や、「高元」「虞姁」のように、未詳の名も挙げられている。しかし、「勿躬」の主旨は、君主自らが臣下の職に手を出してはならないということにあり、それを示す目的で官人名が列挙されているため、『程寤』において神巫名が示されている情況とは異なるものと思われる。

（注30）清華簡『祭公之顧命』については、草野友子「清華簡『祭公之顧命』釈読」（大阪大学中国学会『中国研究集刊』第五十三号／二〇一一年六月）参照。

（注31）この孔晁注に「般 楽也。言信如王告、尽治民楽政也。乃汝。汝王也。（般とは楽なり。言うこころは、王の告ぐるが如き

を信ずれば、尽く民を治めて政を楽しましむるなり、と。乃は汝なり。汝とは王なり）」とある。

（注32）清華簡『金縢』については、本書第二部第一章を参照。

（注33）史策祝曰「惟爾元孫王発、勤労阻疾。若爾三王是有負子之責於天、以旦代王発之身。旦巧能、多材多芸、能事鬼神。乃王発不如旦多材多芸、不能事鬼神」。（史 策祝して曰く「惟れ爾の元孫王発、勤労して疾に阻《うれ》う。若し爾三王 是れ子の責を天に負う有らば、旦を以て王発の身に代えよ。旦 巧能にして、多材多芸、能く鬼神に事う。乃の王発 旦の多材多芸に如かず、鬼神に事うること能わず」）（『史記』魯周公世家）

（注34）この点も、清華簡は『史記』魯周公世家の記述方法と類似している。以下に、該当箇所を示す。

（今本『尚書』金縢）王翼日乃瘳。武王既喪、管叔及其群弟乃流言於国曰「公将不利於孺子」。

（清華簡『金縢』）就後武王力。成王猶幼在位、管叔及其群兄弟乃流言于邦曰「公将不利於孺子」。

（『史記』魯周公世家）其後武王既崩、成王少、在強葆之中。周公恐天下聞武王崩而畔、周公乃践阼代成王摂行政当国。管叔及其群弟流言於国曰「周公将不利於成王」。

（注35）清華簡『耆夜』については、竹田健二「清華簡『耆夜』の文献的性格」（大阪大学中国学会『中国研究集刊』第五十三号／二〇一一年六月）参照。

（注36）畢公高、召公保奭、周公叔旦、辛公詎甲、作策逸、呂尚父の「高」「奭」「旦」「詎」「逸」は各人の名と考えられる。整理者趙平安氏は、召公保奭の「保」字は官名を、辛公詎甲の「甲」字は字を表しているのではないかと述べている。また、作策逸は作冊逸や史佚のことであると注する。ただし、作冊逸を史佚と同一人物とすることに疑問を呈する研究者もいる（祝総斌『史佚非作冊逸・尹逸考』（『文史』二〇〇九年第一輯所収））。

（注37）清華簡『楚居』については、浅野裕一「清華簡『楚居』初探」（大阪大学中国学会『中国研究集刊』第五十三号／二〇一一年六月）参照。

（注38）浅野裕一氏は（注37）前掲論文において、『楚居』は郢と呼ばれる国都が十四もあったと記すとともに、「楚人」なる呼称や「郢」なる国都名の由来を説明するが、これは楚人自身が自らの履歴を語った資料として重要な意義を持つ」と述べている。

（注39）武王以前の文では、「霄敖」「熊鹿」と王が名で表記されており、武王は「武王熊通」と称号（諡号）と名が併記されている。文王の記述は、武王の直後に見える。

（注40）（注11）の論考に同じ。

（注41）惟太保先周公相宅。越若来三月、惟丙午朏、越三日戊申、太保朝至于洛、卜宅。厥既得卜、則経営。越三日庚戌、太保乃以庶殷、攻位于洛汭。越五日甲寅、位成。若翼日乙卯、周公朝至于洛、則達観于新邑営。越三日丁巳、用牲于郊、牛二。越翼日戊午、乃社于新邑、牛一・羊一・豕一。越七日甲子、周公乃朝用書命庶殷侯甸男邦伯。厥既命殷庶、庶殷丕作。太保乃以庶邦冢君出取幣、乃復入錫周公。（惟れ太保は周公に先んじて宅を相《み》る。若の来る三月に越《およ》び、惟れ丙午朏《とつ》より、三日戊申に越び、太保 朝《ひがし》して洛に至り、宅を卜す。厥れ既に卜を得て、則ち経営す。三日庚戌に越び、太保乃ち庶殷を以《ひきい》て、位を洛の汭に攻《おさ》む。五日甲寅に越びて、位成る。翼日乙卯に若《およ》んで、周公 朝して洛に至りて、則ち達《とも》に新邑の営を観る。三日丁巳に越びて、牲を郊に用うるに、牛二なり。翼日戊午に越びて、乃ち新邑に社するに、牛一・羊一・豕一もてす。七日甲子に越びて、周公乃ち 朝し書を用《もっ》て庶殷の侯・甸・男の邦伯に命ず。厥れ既に殷庶に命ずれば、庶殷 丕《ことごと》く作つ。太保乃ち庶邦の冢君を以《ひきい》て出でて幣を取り、乃ち復た入りて周公に錫《あた》う。）

（注42）于氏は、「大保乃以庶邦冢君、出取幣、乃復入、錫周公。曰、拝手稽首、旅王若公、誥告庶殷越自乃御事。（大保 乃ち庶邦の冢君を以て、出でて幣を取り、乃ち復た入りて周公に錫《あた》う。曰く、拝手稽首して、王と公とに旅《よみ》し、庶殷と乃《なんじ》御事とに誥告せん）」の「周公」の下部に、古くは重文記号が記されていたが、転写の際、それが脱したのであろうとし、以下の召誥篇全文を周公の発言であるとしている（『尚書新証』）。

（注43）浅野裕一「史書としての清華簡『繫年』の性格」（『出土文献から見た古史と儒家経典』／汲古書院／二〇一二年八月）。

【参考文献】

（注釈書・研究書）

A．池田末利『尚書』（全釈漢文大系十一／集英社／一九七六年四月／三五三～三五四頁）

B．白川静「尚書札記」一〇。〔召誥〕と〔君奭〕（『白川静著作集 五―金文と経典―』（平凡社／二〇〇〇年六月／四一四～四一六頁）

（インターネット上の論考・札記）

簡帛網：http://www.bsm.org.cn/

復旦網：http://www.gwz.fudan.edu.cn/

C．復旦大学読書会「清華九簡研読札記」（二〇一〇年五月三十日／復旦網）

D．黄杰「清華簡『程寤』筆記一則」（二〇一一年一月十二日／簡帛網）
E．宋華強「清華簡『程寤』〝卑霝名凶〟試解」（二〇一一年一月十四日／簡帛網）
F．任攀、程少軒整理「網摘・『清華一』専輯」（二〇一一年二月二日／復旦網）
G．鄧佩玲「読清華大学蔵戦国竹簡「程寤」篇札記（両則）」（二〇一一年二月四日／復旦網）
H．黄懐信「清華簡『程寤』解読」（二〇一一年三月二十八日／簡帛網）
（論考）
I．谷口匡「「説」の原型としての伊尹故事」（大塚漢文学会『中国文化 研究と教育 漢文学会会報』三十八号／一九八〇年六月）
J．三條彰久「馬王堆帛書『伊尹・九主』をめぐって―訳及び注―」（慶應義塾大学『史学』六十二号／一九九三年）
K．吉永慎二郎「孟子の墨家禅譲論批判―その「天」概念の展開と伊尹像の意味―」（『秋田大学総合基礎教育研究紀要』五号／一九九八年）
L．阪谷昭弘「卜辞における「伊水」に関する試論―「伊尹」の呼称からの考察―」（『立命館白川静記念東洋文字文化研究所紀要』一号／二〇〇七年三月）
M．沈建華「清華楚簡『祭公之顧命』中的三公与西周世卿制度」（『中華文史論叢』二〇一〇年第四期／二〇一〇年十二月）
N．福田哲之「清華簡『尹誥』の思想史的意義」（大阪大学中国学会『中国研究集刊』第五十三号／二〇一一年六月）
O．湯浅邦弘「太姒の夢と文王の訓戒」（大阪大学中国学会『中国研究集刊』第五十三号／二〇一一年六月）
P．竹田健二「清華簡『耆夜』の文献的性格」（大阪大学中国学会『中国研究集刊』第五十三号／二〇一一年六月）
Q．拙稿「清華簡『周武王有疾周公所自以代王之志（金縢）』の思想史的特質」（大阪大学中国学会『中国研究集刊』第五十三号／二〇一一年六月）
R．草野友子「清華簡『祭公之顧命』釈読」（大阪大学中国学会『中国研究集刊』第五十三号／二〇一一年六月）
S．浅野裕一「清華簡『楚居』初探」（大阪大学中国学会『中国研究集刊』第五十三号／二〇一一年六月）
T．浅野裕一「史書としての清華簡『繋年』の性格」（『出土文献から見た古史と儒家経典』／汲古書院、二〇一二年八月）

第三部　「銀雀山漢墓竹簡」の研究

第一章　銀雀山漢簡「兵之恒失」小考

一九七二年、山東省臨沂県の銀雀山漢墓から約五千枚の竹簡が出土した。[注1] そこには『孫子兵法』『孫臏兵法』『六韜』『尉繚子』『晏子』など先秦時代の古書および前漢武帝期の「元光元年暦譜」が含まれていた。

その後、銀雀山漢墓竹簡は整理・釈読作業が進められ、一九七五年には一部の文献の釈文が公開された。[注2] また、一九八五年には再びそれらを整理し編集し直した『銀雀山漢墓竹簡〔壹〕』[注3]（銀雀山漢墓竹簡整理小組編、文物出版社、九月）や、未整理の状態ではあるものの全竹簡の釈文を掲載した呉九龍『銀雀山漢簡釈文』（文物出版社、十二月）が刊行された。この状況を受けて、とりわけ『孫子兵法』や『孫臏兵法』に関する再検討が進められ、中国古代兵学研究に新たな成果がもたらされることになったのである。

そして二〇一〇年一月、第一輯の刊行から二十五年の歳月を経て、ついに『銀雀山漢墓竹簡〔貳〕』（文物出版社）が出版された。本章ではこの『銀雀山漢墓竹簡〔貳〕』に所収の文献「兵之恒失」を取り上げて検討を試みたい。

なお、「兵之恒失」は一九七五年段階では、『孫臏兵法』下編中の一篇「兵失」として発表されていた文献である。[注4] しかしその後、篇題木牘の発見により『孫臏兵法』から除外され、「論政論兵之類」五十篇中の一篇「兵之恒失」として再編された。

本章ではまず、「兵之恒失」の内容を理解するために、正確な釈文の作成を第一の目的とする。次いで、その釈文を基に、本篇の文献的性格や思想的特質について考察することを第二の目的としたい。

第一節　「兵之恒失」の全体構成

本節では、「兵之恒失」がどのような文献であるかを把握するため、まずは本篇に関する先行研究と書誌情報とを示す。次いで「兵之恒失」の釈読を行い、その配列について注意すべき点を述べる。

先行研究

先述のとおり「兵之恒失」は以前、『孫臏兵法』の一篇である「兵失」として公開されていた。『孫臏兵法』兵失の先行研究（訳注）には、以下の文献がある。

- 銀雀山漢墓竹簡整理小組編『銀雀山漢墓竹簡　孫臏兵法』（文物出版社、一九七五年二月）
- 金谷治訳注『銀雀山漢墓竹簡　孫臏兵法』（東方書店、一九七六年七月）
- 張震沢『孫臏兵法校理』（中華書局、一九八四年一月）
- 鄧沢宗『孫臏兵法注釈』（解放軍出版社、一九八六年三月）

なお、管見の及ぶ限りでは、『銀雀山漢墓竹簡〔貳〕』に再編された「兵之恒失」を中心に取り上げて検討を試みた研究はいまだ見られない。そのため、本節ではこれらの「兵失」の訳注や通釈を参考に、以下「兵之恒失」の釈文および内容の検討を進めることとする。

書誌情報

　銀雀山漢墓竹簡整理小組が原釈文を作成。第一簡正面上部に篇題「兵之恒失」が記されている。竹簡は接続不明の残欠簡も含め全十五簡。簡長は約二十七cm（漢代の約一尺二寸）。簡幅は〇・五～〇・九cm、厚さは〇・一cmである。編綫は三道、簡端は平斉。完簡には二十八～二十九字が記されている。その状況を図示すれば次のようになる。[注5]

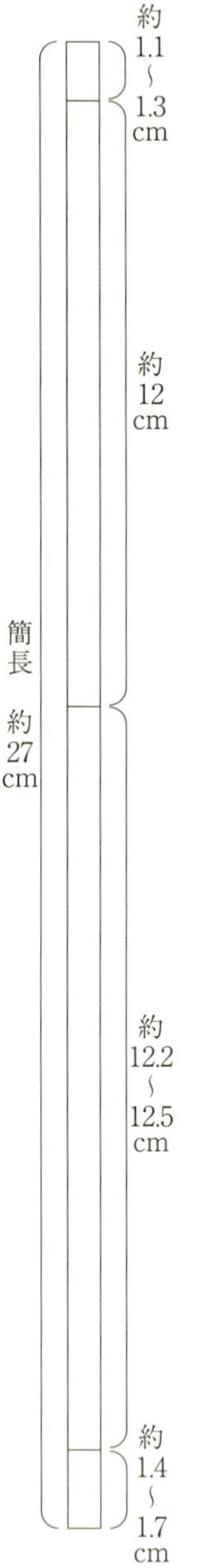

（二）釈読

　次に、原釈文と先行研究とを考慮し、筆者の考察を加えて「兵之恒失」の釈読を行う。以下「釈文」「訓読」「現代語訳」「語注」を掲載する。

釈文

兵之恆［失］〈1〉【1】

・兵之恆失、政爲民之所不安爲……【2】

・欲以敵國之民之所不安、正俗所……之兵也。欲以國［兵【3】之所短］、難敵國兵之所長、耗兵也。欲强多國之所寡、以應敵國之所多、速詘〈2〉（屈）【4】之兵也。備固、不能難敵之器用、陵兵也。器用不利、敵之備固、挫兵也。兵不【5】稱、內疲之兵也。多費不固□……【6】……［兵不能］長百功、不能大者也。兵不能昌大功、不知會者也。兵失民、不知過者【7】也。兵用力多功少、不知時者也。兵不能勝大患、不能合民心者也。兵多悔、信【8】疑者也。兵不能見禍福於未形、不知備者也。兵見善而怠、時至而疑、去非而【9】處邪、是〻而弗能居、不能斷者也。……【10】使天下利其勝者也〈3〉【11】。

……□兵不能【12】

……□者也、善陣、知背嚮、知地形【13】、而兵數困、不明於國勝兵勝者也。民不志、衆易敝……【14】

……司利、兵之勝理不見、敵難服、兵尚淫天地【15】

訓読

兵の恆〔失〕【1】

• 兵の恆失は、政 民の安んぜざる所を爲《おさ》め、爲……【2】

• 敵國の民の安んぜざる所を以て、俗の……する所を正さんと欲するは、……の兵なり。國〔兵【3】の短なる所〕を以て、敵國の兵の長ずる所を難《はば》まんと欲するは、耗兵なり。強いて國の寡き所を多しとして、以て敵國の多き所に應ぜんと欲するは、速詘（屈）【4】の兵なり。備え固けれど、敵の器用を難《はば》むことあたわざるは、〈4〉陵兵なり。〈5〉器用 利ならざるに、敵の備え固きは、挫兵なり。兵【5】稱《かな》わざるは、内疲の兵なり。費すこと多けれど、□を固くせず……【6】

……〔兵〕百功を長ずること〔能わざるは〕、大なること能わざる者なり。兵 大功を昌んにすること能わざるは、〈6〉會を知らざる者なり。兵 民を失うは、過ちを知らざる者【7】なり。兵 力を用いること多けれど功 少きは、時を知らざる者なり。兵 大患に勝つこと能わざるは、民心を合すること能わざる者なり。兵 悔ゆること多きは、疑わしきを信ずる【8】者なり。〈7〉兵 禍福を未だ形《あらわ》れざるに見る能わざるは、〈8〉備えを知らざる者なり。兵 善を見れども怠り、時 至れども疑い、非を去れども【9】邪に處り、是《ぜ》を是《ぜ》とすれども居ること能わざるは、斷ずること能わざる者なり。〈9〉……【10】

天下をして其の勝を利せしむる者なり【11】。
……□兵……能わず【12】
……□者なり。陣を善くし、背嚮を知り[10]、地形を知れども【13】、兵 數しば困するは、國勝・兵勝に明らかならざる者なり。民 志さず、衆 敝《つか》れ易く……【14】
……司利、兵の勝理 見えず、敵 服すること難く、兵 尚お天地を淫し【15】

現代語訳

兵の恒失（兵が必ず失敗してしまう原因）

・兵が必ず失敗してしまう原因は、政治を行うのに民が安心できないことをし、……

・敵国の民が不安に思うことによって、世間一般の……することを正そうとするのは、……の兵である。国〔兵の短所〕によって、敵国の兵の優れた所を阻もうとするのは、耗兵（薄弱な兵）である。無理に国のまばらで脆弱な所を充実したように〔見せかけ〕て、そうして敵国の充実した所に対抗しようとするのは、速詘（屈）の兵（すぐに力を使い果たす兵）である。防備は堅固であるが、敵の兵器を阻止することができないのは、陵兵（侮られる兵）である。進攻の兵器が鋭利でないにも関わらず、敵の備えが堅固であるのは、挫兵（挫折する兵）である。兵が〔事の軽重を〕計れないのは、内疲の兵（疲弊する兵）である。浪費することは多いが、□を堅固にできない……〔兵〕が多くの功績をさらに伸ばしてゆくことができないのは、強大にはなれないものである。兵が大きな功績をあげられない（それ以上盛んにすることができない）のは、よい機会を知らないものである。兵が民を失うのは、過ちを知らないものである。兵が〔兵〕力を多く用いたにも関わらず功績が少ないのは、時宜を知らないものである。兵が大きな困難に打ち勝つことができないのは、民心を一つに合わせることができないものである。兵がよく後悔するのは、疑わしいことを信ずるものである。兵が禍福をまだはっきりしない内に予測できないのは、備えを知らないものである。兵が有利な状況を認めながら怠って進まず、よい時宜が巡ってきているにも関わらず〔これを〕疑い、欠点を除いておきながら依然として邪道におり、良いと認識しても〔そこに〕居ることができないのは、決断力のないものである。……天下全体にその軍事的勝利で恩恵を与えるものである。

……□兵は……できない

……□者である。陣立てに巧みで、布陣の際に向かう所や背にする所を知り、地形〔の優劣〕を知っているにも関わらず、兵が度々困窮するのは、国や兵の勝利に精通していないものである。民が自発的に行動せず、衆が疲れやすく……

……司利、兵の勝利が見えず、敵は降服することが難しく、兵がなお世界を淫し……

語注

〈1〉整理者（銀雀山漢墓竹簡整理小組）によれば、この篇題は、『銀雀山漢墓竹簡〔叁〕』所収予定の篇題木牘にも見えるという。篇題木牘および第二簡冒頭部から「失」字を補った。

〈2〉整理者は、「詘」字を「屈」字と捉え（音通）、さらに「屈」を「尽」と読むべきであろうとしている。張震澤『孫臏兵法校理』（中華書局、一九八四年）では、「詘」を「屈」と通ずるとした上で、『管子』国蓄篇に「出二孔者、其兵不詘」とあり、その房玄齢注に「詘、窮也」とあることから、「詘」を「窮」の意とする。『荀子』王制には、「財物不屈」とあり、その王先謙注に「屈、竭也」とある。そのため、ここでは整理者と同様に、「竭」（あるいは「尽」）の意で解したい。

〈3〉第十一簡のみ見れば、用兵に長けた者の記述のようにも思われるが、本篇には「兵之恒失」という篇題が附され、一貫して兵の敗因が列挙されている。恐らく、欠失している第十簡下部には、否定詞が含まれていた可能性が高いと考えられる。また、第十一簡の下部は文字がなく留白となっている。そのため、この簡が末簡であった可能性がある。

〈4〉「備固、不能難敵器用」について整理者は、防御は堅固であるが、敵の兵器に対抗することができない意とする。あるいは、この句の「備」字の下には「不」字が脱落している可能性があると述べる。
『尚書』舜典に「難任（佞）人」とあり、その偽孔伝に「難、拒也」とある。ここでは「難」は阻む、または防ぐという意ではなかろうか。「不」字の有無については、どちらの文脈でも解釈できるため、今は原文に従う。

〈5〉「陵兵」とは、相手に侮られる軍隊の意。『尉繚子』攻権篇に「疾陵之兵」とある。

〈6〉『逸周書』王佩篇に「昌大在自克」とある。

〈7〉整理者は、「兵失民、不知過者也」より以下の一段が、次に引く『逸周書』王佩篇の内容と一致すると述べている。「安民在知過、用兵在知時、勝大患在合人心、[注6]殃毒在信疑」。また、『尉繚子』十二陵篇に「悔在於任疑」とあることを指摘する。

〈8〉『逸周書』王佩篇に「見禍在未形」とある。

〈9〉『逸周書』王佩篇に「見善而怠、時至而疑、亡正処邪。是弗能居。此得失之方也。不可不察」とある。

〈10〉「背嚮」とは、行軍や布陣の際に向かう所、あるいは背にする所を指す。整理者は、『尉繚子』天官篇に「世之所謂刑徳者、天官・時日・陰陽・向背者也……故按刑徳『天官』之陣曰、〝背水陣者為絶地。向阪陣者為廃軍〟」とあることを指摘する。[注7]また、『淮南子』兵略訓に「明於星辰日月之運、刑徳奇賅之数、背嚮左右之便、此戦之助也」とあり、『韓非子』飾邪篇に「初時者、魏数年東嚮攻尽陶・衛、数年西嚮以失其国。此非豊隆・五行・太一・王相・摂提・六神・五括・天河・殷槍・歳星非数年在西也、又非天欠・弧逆・刑星・熒惑・奎・台非数年在東也。故曰……左右背嚮不足以専戦」とあることを記す。他に、『孫子』軍争篇に「故用兵之法、高陵勿向、背丘勿逆」とあり、行軍篇に「平陸処易而右背高」とある。また、『司馬法』用衆篇に「凡戦、背風背高、右高左険」とある。

（二）竹簡の配列について

「兵失」は「兵之恒失」として改編されるにあたり、竹簡の配列に変更が見られた箇所がある。ここでは、配列にどのような変更がなされたかについて検討する。
まずは、「兵失」と「兵之恒失」との配列の相違を次に示す。

【「兵失」より削除された箇所】

・「……明者也。」（『孫臏兵法』文物出版社、一九七五年二月、一〇四頁五行）

・「止道也。貪而廉、龍而敬、弱而强、柔而〔剛〕、起道也。行止道者、天地弗能興也。行起道者、天地……」（同、一〇四頁一一行～一〇五頁一行）

【「兵之恒失」への挿入および変更箇所】

・「兵之恆失、政爲民之所不安……」（第二簡）

・「……之兵也。欲以國〔兵之所短〕」（第三～四簡）

・「稱、内疲之兵也。多費不固□……〔兵不能〕長百功、不能大者也。」（第六～七簡）

・「處邪、是■而」（第十簡）

・「善陣、知背鄕、知地形、而兵數因、不明於國勝兵勝者也。民不志、衆易敝……」（第十三～十四簡）

・「……司利、兵之勝理不見、敵難服、兵尚淫天地……」（第十五簡）

　部は「兵失」において前後の接続が不明とされていた竹簡が、「兵之恒失」では本文に組み込まれたものを表し、二重傍線部は、逆にはじめ「兵失」本文に位置付けられていた竹簡が、「兵之恒失」では接続不明簡として取り扱われているものを示している。

「兵失」「兵之恒失」の両者を比較すると、一見して「兵之恒失」本文に、「兵之恒失～」や「～之兵也」といった「兵」に関する記述が追加されたことが分かる。本文献の篇題や本文献が兵の敗因について列挙する形式で記されていることからも、「兵之恒失」本文にこれらの竹簡が編入されたことは、何ら不自然ではないように思われる。

また、両者を比較すると、「兵失」で述べられていた「止道」や「起道」に関する傍線部の内容が、「兵之恒失」からは削除されたことも窺える。「兵失」では、傍線部は「兵善を見れども怠り、時至れども疑い、非を去れども居ること能わず」[注8]という文脈の後に接続しており、これは『六韜』文韜・明伝篇に「太公曰く〝善を見れども怠り、時至れども疑い、非を知れども処る。此の三者は道の止まる所なり〟」[注9]とあることと類似する。そのため、ここから従来、「兵失」には「兵の敗因を分析し、軍事行動では止道（停滞し滅亡する道）を避け、起道（興旺し勝利する道）を行うべきであると主張する内容」が記されていると考えられてきた。

　しかし、前項の語注〈9〉に示した通り、『逸周書』王佩篇に「善を見れども怠り、時至れども疑い、正を亡くし邪に処す。是なるも居ること能わず。此失を得るの方なり。察せざるべからず」とあることや、本篇においては「兵～〇〇者也」という句形が多用されていることから、「兵之恒失」において「兵善を見れども怠り、時至れども疑い、非を去れども邪に処り、是《ぜ》を是《ぜ》とすれども居ること能わざるは、断ずること能わざる者なり」（第九～十簡）と再編されたことは、適切な処置であろうと思われる。

　なお、新たに「兵之恒失」に加えられた波線部は、残欠簡であり接続が不明である。これらは今後、より詳細な検討を要すると思われるが、その他の箇所に関しては以上で述べてきた通り、「兵之恒失」の配列が「兵失」時の配列に比べ、より妥当な形へと改められたということができるであろう。

第二節　「兵之恒失」の文献的性格

本節では、「兵之恒失」の文献的性格について、構成及び思想の両面から分析を加える。

（一）文体・構成について

ここでは、「兵之恒失」の文体および構成に着目して検討する。まず、「兵之恒失」の文体に注目すると、兵の敗因が「～するは○○の兵なり」や「兵が～するは、○○者なり」という一定の形式で列挙されていることに気づく。戦闘に関する内容をこのように箇条書き形式で記す文献には、他に『孫子』謀攻篇や（注10）『孫臏兵法』簒卒篇などがあり、（注11）「兵之恒失」がこれらと類似する文章形式を持つものであったことが窺える。

また構成に着目すると、「兵之恒失」では、「耗兵」や「挫兵」など戦闘において敗北を招く兵が列挙されており、篇全体を通して自戒的内容となっていることが分かる。これは、同じ文章形式を持つ『孫子』が「○○者は勝つ」というように勝利を得るための方策を記し、また『孫臏兵法』が「恒に勝つに五有り。○○は勝つ……」や「恒に勝たざるに五有り。○○は勝たず……」というように戦闘における勝敗の両因を記していることと異なる。このように、勝因に触れず敗因のみを列挙する「兵之恒失」の記述には、『孫子』や『孫臏兵法』と比べ、より緊迫した戦闘状況や切実な訓戒意識が反映されていたと推測することができるであろう。

（二）「兵之恒失」に見える合理性

「兵之恒失」の思想的特質としては、まず、時宜や禍福を迅速かつ的確に察知する先見の明が重要視されている点が挙げられる。具体的には、「兵力を用いる多けれど功少きは、時を知らざる者なり」（第八簡）や「兵禍福を未だ形《あらわ》れざるに見る能わざるは、備えを知らざる者なり」（第九簡）とあるのがそれに該当する。これは、『孫子』計篇に見える「廟算」（開戦前の情報分析）や『孫臏兵法』簒卒篇に見える「敵を糧《はか》り険を計れば勝つ」（注12）という考え方と類似するものであると思われる。

また、本文献には「陣を善くし、背嚮を知り、地形を知れども、兵数しば困するは、国勝・兵勝に明らかならざる者なり」（第十三～十四簡）と布陣や地形の優劣に言及する記述があることにも注目できる。ここでは、文脈上、陣や背嚮、地形の優劣を理解することが、勝利獲得のための初歩的要素として肯定的に認識されていたものと理解できる。この点に関しても、『孫子』に「故に兵を用いるの法、高陵に向う勿れ、丘を背するに逆《むか》う勿れ」(注13)（軍争篇）や、「平陸には易きに処りて高きを右背にす」(注14)（行軍篇）という「兵之恒失」と同様の表現が見える。

　このように「兵之恒失」が戦闘前の情報分析の重要性や、地形を戦闘に積極的に利用することを説く点には、『孫子』や『孫臏兵法』のごとき兵権謀家的合理思想を窺うことができる。

小結

　以上、本章においては、「兵之恒失」を取り上げて検討を試みてきた。その結果、「兵之恒失」は『孫臏兵法』から除外され、新たに「論政論兵之類」として再編されたが、本文献の構成は『孫子』や『孫臏兵法』と非常に近く、また兵の敗因のみを述べる内容からは、『孫子』や『孫臏兵法』以上に切迫した時代状況を窺うことができた。「兵之恒失」と同一の篇題木牘には、「将敗」や「将失」など他にも十一篇の文献名が見えると指摘されている。同一木牘に篇題が記されたそれら十二篇の関連性や思想的特質にも目を向けるとともに、さらには類似した内容を持つ「論政論兵之類」五十篇へと視野を広げて検討してゆく必要があるであろう。そのため、次章でも引き続き、「論政論兵之類」に見える文献について取り上げ、その特質を論じてみたい。

注

（注1）これらは銀雀山漢墓竹簡と称される。その出土状況については、山東省博物館臨沂文物組「山東臨沂西漢墓発現「孫子兵法」和「孫臏兵法」等竹簡的簡報」（『文物』、文物出版社、一九七四年第二期 所収）に詳しい。

（注2）一九七五年に刊行された釈文を掲載する文献には、『銀雀山漢墓竹簡〔壹〕孫子兵法・孫臏兵法』（銀雀山漢墓竹簡整理小

組編、文物出版社、七月）及び『孫臏兵法』（銀雀山漢墓竹簡整理小組、文物出版社、二月）がある。

（注3）『銀雀山漢墓竹簡〔壹〕』には、『孫子兵法』『孫臏兵法』『尉繚子』『晏子』『六韜』『守法守令等十三篇』が収録されている。なお、竹簡の釈文と図版とを掲載する『銀雀山漢墓竹簡』は〔壹〕～〔叁〕の全三冊が刊行される予定である（現在、第二輯まで刊行済み）。

（注4）「兵失」という篇題は、整理者（銀雀山漢墓竹簡整理小組）によってつけられた仮題である。

（注5）図は「兵之恒失」中、完整簡である第五簡、第八簡、第九簡、第十一簡を参考に作成した。

（注6）整理者は「殃毒」に「此二字有誤、拠簡文、以当作〝多悔〟」と注している。

（注7）整理者は『尉繚子』天官篇の引用を『群書治要』巻三七によっており、この引用と今本『尉繚子』の該当箇所とには相異があるとしている。今本『尉繚子』天官篇には「非所謂天官・時日・陰陽・向背也……案『天官』曰〝背水陣為絶地、向阪陣為廃軍〟」とある。

（注8）原文は以下の通り。「兵見善而怠、時至而疑、去非而弗能居。」

（注9）原文は以下の通り。「太公曰〝見善而怠、時至而疑、知非而処。此三者道之所止也〟。」

（注10）原文は以下の通り。「故知勝者有五。知可以戦与不可以戦者勝。識衆寡之用者勝。上下同欲者勝。以虞待不虞者勝。将能而君不御者勝。此五者知勝之道也。」

（注11）原文は以下の通り。「孫子曰、恒勝有五。得主専制勝。知道勝。得衆勝。左右和勝。糧敵計険勝。孫子曰、恒不勝有五。御将不勝。不知道不勝。乖将不勝。不用間不勝。不得衆不勝。」

（注12）注（11）を参照。

（注13）前節釈読の語注〈10〉を参照。

（注14）前節釈読の語注〈10〉を参照。

第二章　銀雀山漢簡「五議」小考

二〇一〇年一月に出版された『銀雀山漢墓竹簡〔貳〕』には、「論政論兵之類」としてまとめられた五十篇の文献が見える。これらの文献については、各篇に関する個別的検討も、五十篇全体を視野に入れた総合的検討も、まだ十分には行われていない。(注1)

本章では、前章に引き続き、銀雀山漢墓竹簡「論政論兵之類」の一篇である「五議」について検討を加え、まずはその全容を明らかにし、次いで本篇を含む「論政論兵之類」十二篇の特質について私見を述べてみたい。

第一節　「五議」の全体構成

(1)「五議」の釈読

整理者(銀雀山漢墓竹簡整理小組)によれば、銀雀山漢墓竹簡には、五枚の篇題木牘が含まれており、そのうち「論政論兵之類」五十篇にかかわる木牘には、十二篇の篇題が記されているという。(注2)「五議」は、この十二篇に含まれる一篇であり、『銀雀山漢墓竹簡〔貳〕』の刊行によって初めて公開された文献である。そのため、いまだ釈文の検討が十分ではなく、現代語訳も発表されていない。そこで、まず「五議」の釈読作業を行い、その内容を明確にしておく。

なお以下、一〇二七・一〇二八などの漢数字は整理者が付した本篇の竹簡番号を、［　］は欠損部分を整理者が補っている箇所を示す。また、点線部は「五議」の一部と考えられる接続不明の残欠簡を示している。

原文

五議〈1〉【一〇二七】

•有國之五議。一曰、百言有本、千言有要、萬言有總。能總言、能知言之所至者也。【一〇二八】能知言之所至、能爲有天下有國者定治之高庫（卑）。不能知言之所至、［不能爲有【一〇二九】天］下有國者定治之高庫（卑）。有國之一議也。【一〇三〇】

［•二曰、□□□□□能知知（智）之所］至者也。能知知（智）之所至〈2〉、能爲有天下有國者定可與【一〇三一】不可。不能知知（智）之所至、不能爲有天下有國者定可與不可。有［國之二議也］。【一〇三二】

•三曰、言用行而天下安樂、能極得也。能極得、萬民親之、天［地□□、鬼神□］【一〇三三】助〈3〉。不能極得、萬民弗親、天地弗與、鬼神弗助。有國之三議也。【一〇三四】

•四曰、天不言、萬民走其時。地不言、萬民走其財。能知此、知治之所至［者也。能知治］【一〇三五】之所至、能不以國亂、能不以國危。不能知治之所至、不能不以國亂、不能不以國【一〇三六】危。有國之四議也。【一〇三七】

［•五曰］……［能知極不可亂］之治也。能知極不可亂［之治、能不以國惑］、【一〇三八】能不以國怠。不能知極不可亂之治、不能不以國惑、不能不以國怠。有國之五【一〇三九】議也。五議、有國之所以觀【一〇四〇】……

……□也。此有國者之所以觀【一〇四一】……

訓読

五議〈1〉

•國を有《たも》つの五議。一に曰く、百言に本有り、千言に要有り、萬言に總有り。能く言を總ぶるは、能く言の至る所を知る者なり。能く言の至る所を知らば、能く天下を有ち國を有つ者、治の高卑を定むるを爲す。言の至る所を知る能わざれば、［天］下を［有ち］國を有つ者、治の高卑を定むるを［爲す能わず］。國を有つの一議なり。

［•二に曰く、□□□□□能く智の］至る［所を知る］者なり。能く智の至る所を知らば[2]、能く天下を有ち國を有つ者、可と不可とを定むるを爲す。智の至る所を知る能わざれば、天下を有ち國を有つ者、可と不可とを定むるを爲す能わず。［國を］有つ［の二議なり］。

•三に曰く、言用《も》て行い、行いて天下安樂なれば、能く得るを極むるなり。能く得るを極むれば、萬民之に親しみ、天［地□□、鬼神□］助[3]。得るを極むること能わざれば、萬民親しまず、天地與えず、鬼神助けず。國を有つの三議なり。

•四に曰く、天言わざるも、萬民其の時に走る。地言わざるも、萬民其の財に走る。能く此を知るは、治の至る所を知る［者なり。能く治］の至る所を［知らば］、能く以て國亂れず、能く以て國危うからず。治の至る所を知る能わざれば、以て國亂れざること能わず、以て國危うからざること能わず。國を有つの四議なり。

［•五に曰く］……［能く亂るべからざる］の治を［極むるを知る］なり。能く亂るべからざる［の治を］極むるを知らば［能く以て國惑わず］、能く以て國怠らず。亂るべからざるの治を極むるを知る能わざれば、以て國惑わざること能わず、以て國怠らざること能わず。國を有つの五議なり。五議、國を有つの所以觀……

……□なり。此 國を有つ者の所以觀……

現代語訳

五議

•国を保有するための五つの建議。一つは、百言には根本があり、千言には要点があり、万言には総括がある。言葉をまとめることができるものは、言葉の最上の状態を認識できる者である。言葉の最上の状態を認識できれば、天下を保有し国を保有する者は、政治の重要な点とそうでない点とを判断することができる。言葉の最上の状態を認識できなければ、〔天〕下を〔保有し〕国を保有する者は、政治の重要な点とそうでない点とを判断することが〔できない〕。〔これが〕国を保有する一議である。

［•二つめは、□□□□□智恵の〕最上〔の状態を認識できる〕者である。智恵の最上の状態を認識できれば、天下を保有し国を保有する者は、〔統治する上での〕可と不可とを判断することができる。智恵の最上の状態を認識できなければ、天下を保有し国を保有する者は、〔統治する上で〕可と不可とを判断することができない。〔これが〕〔国を〕保有する〔二議である〕。

•三つめは、言葉に基づいた行いをし、〔その〕行いをして天下が平和で治まっていれば、多くのものを得られる〔ということである〕。多くのものを得られれば、万民は統治者に親しみ、天〔地□□、鬼神□〕助。多くのものを得られなければ、万民は〔統治者に〕親むことなく、天地は〔何も〕与えず、鬼神も〔何も〕手助けしない。〔これが〕国を保有する三議である。

•四つめは、天が〔何も〕言わずとも、万民は〔天の〕時宜にあった行動をとる。地が〔何も〕言わずとも、万民は〔地の〕財物を獲得するように行動する。このことを認識できるものは、政治の最上の状態を認識できる〔者である。政治〕の最上の状態を〔認識できれば〕、国は乱れることなく、危険なこともない。政治の最上の状態を認識できなければ、国が乱れないことはなく、危険に晒されないわけにもいかない。〔これが〕国を保有する四議である。

［•五つめは〕……〔乱れることのない〕政治〔の極致を認識できること〕である。乱れることのない〔政治の〕極致を認識できれば〔国は混乱せず〕、国は怠惰な風潮にもならない。乱れることのない政治の極致を認識できなければ、国は混乱しないことはなく、怠惰な風潮にならないこともない。〔これが〕国を保有する五議である。五議は、国を保有する所以観

……

……□である。これは国を保有する者の所以観……

語注

〈1〉整理者によって「五議」と称される文献は、銀雀山漢墓竹簡の中に二篇存在する。本章で取り上げる「論政論兵之類」中の五番目の文献と、他に三十五番目の文献がそれである。しかし、三十五番目に配された文献は篇題簡に「議」と記されており、また篇題簡の他は残欠簡が一簡残るのみである。そのため、なぜ整理者が「五議」と称したのかは不明であり、この一簡「……□議能乱法。」のみから何らかの思想を読み解くことは不可能と考えられる。よって、今は五番目の文献のみを取り上げて、検討を試みることとする。

〈2〉整理者は、二つめの「知」字を、「智」と読むべきであろうと述べる。
馬王堆帛書『老子』にも「故大道廢、案有仁義。知（智）慧出、案有大偽」（道経十八）や、「絶聖棄知（智）、民利百倍」（道経十九）など、「知」と「智」が通用していた例が散見する。「知」「智」に関しては、音通・字形の類似から、読み替えが可能であったと考えられる。該所では、文脈上、このように読み替えるべきであると考えられるため、これに従う。

〈3〉整理者は、下文の「天地弗与、鬼神弗助」の語によって、文を補い「天【地与之、鬼神相】助」と釈読している。ただし、「天【地】」の下の二字は「□与」に作っていた可能性がある。また、「助」の上一文字は必ずしも「相」字と確定することはできず、そのため、該当箇所は空欄のままにしておく。

（2）「五議」の内容・構成

五議には、国を保有するための提言が、「～であれば、……できる」「～できなければ、……できない」というように、箇条書き形式で記されている。箇条書きは、「論政論兵之類」に収められた多くの文献に共通する記述形式であり、特に篇題木牘に名称の見える十二篇は、大部分がこのような要点をまとめる箇条書き形式となっている。[注3] しかし、「一議」「二議」というように「議」（臣下が為政者へ向けて行ったと考えられる「建議」）の語を用いて箇条書きされた文献は、漢代以前、本篇の他には見られず、特徴的なスタイルと言えるであろう。

「五議」では、まず前提となる事柄が述べられ、それに関連する統治の条件が提示される。そして、その条件が実現できれば国を保つことに繋がるプラスの事態が起こり、実現できなければ国を滅ぼすことになるマイナスの事態に陥るとされている。この観点から、各議の内容をまとめると次の表のようになる。

	前提	条件	統治者の行動：可否（結果）
一	どんなに多くの言葉にも重要な根本がある。	言葉の一番重要な根本を認識できるか否か。	可能＝政治の重要な点とそうでない点とを判断できる。 不可能＝政治の重要な点とそうでない点とを判断できない。
二		智恵の最上の状態を認識できるか否か。	可能＝統治上の良し悪しを判断できる。 不可能＝統治上の良し悪しを判断できない。
三	言葉に基づいた行動をして天下が治まっていれば、多くのものを得られる。	多くのものが得られるか否か。	可能＝万民は親しみ、天地は恵みを施し、鬼神は手助けをしてくれる。 不可能＝万民は親しまず、天地は恩恵を与えず、鬼神は何の手助けもしてくれない。
四	天地が何も言わずとも、万民は時宜にあった行動をし、財物獲得のために奔走する。上記のことを理解していれば、政治の最上の状態を認識することができる。	政治の最上の状態を認識できるか否か。	可能＝国は乱れることなく、危険もない。 不可能＝国は乱れ、危険に晒される。
五		乱れることのない政治の極致を認識できるか否か	可能＝国は混乱せず、怠惰な風潮にもならない。 不可能＝国は混乱し、怠惰な風潮に陥る。

また、五議は各議の内容から、大きく三つの面について説かれていることが分かる。まず、第一議と第二議には、「言葉」や「智恵」の極致を認識する必要があるという、知性面に関する記述が見える。ここでは、言葉や智恵の重要な根幹をきちんと認識していれば、政治を行う上で適切な判断を下すことができると述べられている。

さらに第三議には、「極得」（獲得の極致に到達できるか）という物質面の重要性も説かれている。ここでは、第一議や第二議と同様に、言葉に則して行動し、なおかつ天下が平和に治まるならば、多くのものを得ることができるとされている。また多くのものが得られれば、万民は統治者に親しみ、天地は恵みを施し、鬼神は手助けをすると記述される。続く第四議と第五議では、政治の極致を認識する必要があると説かれる。政治の極致を認識していれば、国は乱れることなく、危険に陥ることもない。言わば、政治的センスの問題である。

このように、「五議」には全体を通して、現実的思索に基づいた国家統治論が提示されていることが窺える。

第二節　「五議」の思想的特質

前節で確認したとおり、「五議」において国政を論ずる前提には、以下の三つの認識が必要であるとされていた。①多くの言葉には、根本があるということ（第一議）。②言葉に基づき行動し、その結果天下が治まれば、多くのものを得られるということ（第三議）。③天地が何も言わずとも、万民は時宜にかなった行動をとり、財物獲得のために奔走する。これを理解していれば、政治の最上の状態を認識できるということ（第四議）。

①については、長沙馬王堆三号漢墓から出土した帛書『十六経』成法にも「夫百言有本、千言有要、万【言】有総（夫れ百言には本有り、千言には要有り、万【言】には総有り）」と、類似する語句が見られる。

しかし「成法」において該当句は、黄帝と大臣力黒との問答中、成文法の必要性が説かれる箇所に登場しており、「五議」とは文脈が異なっている。『十六経』成法では、成文法が一言で事足りるものとされており、その理由について、一の根本が道であり、万物はすべて一つの隙間から生じる。よって、一（一言の成文法）を認識して多くの状況を把握できれば、天下を正しく統治できると述べられている。

また②の認識は、儒家や法家のいう「正名」や「刑（形）名」思想を想起させる。たとえば、『論語』において、子路が孔子に「政治を行う場合、まず何から手をつければよいか」と問うた際、孔子は「必也正名乎。（必ずや名を正さんか）」（子路）と答えている。さらに孔子は続けて「名不正、則言不順。言不順、則事不成。事不成、則礼楽不興。礼楽不興、則刑罰不中。刑罰不中、則民無所錯手足。故君子名之必可言也、言之必可行也。君子於其言、無所苟而已矣。（名正しからざれば、則ち言順ならず。言順ならざれば、則ち事成らず。事成らざれば、則ち礼楽興らず。礼楽興らざれば、則ち刑罰中《あた》らず。刑罰中らざれば、則ち民手足を錯《お》く所無し。故に君子之を名づくれば必ず言う可し、之を言えば必ず行う可し。君子は其の言に於いて、苟《いや》しくもする所無きのみ）」と述べ、名を正すことの重要性や、それを基として言論や政治が達成されることを説いている。『荀子』にも正名篇があり、また『韓非子』においても「人主将欲禁姦、則審合刑名者、言与事也。（人主将《まさ》に姦を禁ぜんと欲すれば、則ち刑名を審合せよとは、言と事となり）」（二柄）と記されるごとく、先秦において、いかに名（言葉）と行動の一致が重要視されていたかが窺える。[注4]

さらに③についても、同様の思想が『慎子』威徳に存在する。該当箇所は以下の通り。「天雖不憂人之暗、闢戸牖必取己明焉。則天無事也。地雖不憂人之貧、伐木刈草必取己富焉。則地無事也。聖人雖不憂人之危、百姓準上而比於下、其必取己安焉。則聖人無事也。（天 人の暗きを憂えずと雖ども、戸牖《こゆう》を闢《ひら》き必ず己の明を取れば、則ち天 事無きなり。地 人の貧しきを憂えずと雖ども、木を伐り草を刈り必ず己の富を取れば、則ち地 事無きなり。聖人 人の危うきを憂えずと雖ども、百姓上に準じて下に比し、其れ必ず己の安んずるを取れば、則ち聖人事無きなり）」。

「五議」や『慎子』の内容は、天や地が何も言わず（せず）とも、人民は適宜自らの得となるところを見極め行動するという人間観が、戦国後半期にはすでに流布していたことを示唆していよう。[注5]

以上のように、「五議」に見える国保を説く上での三つの前提は、儒家や道家・法家などの枠を越え、当時、広く普及していた認識であったと考えられる。しかし、その上で、①の語句が『十六経』成法においては「五議」と異なり、道と関連づけられた成文法を論じる文脈に登場している点や、②に近い思想を持つ『論語』子路が、「五議」には見られない「礼楽」などの徳目にも話題を展開させ言及している点、さらに③と類似する『慎子』威徳において、該当句が「何もせずとも治まる」というような自然法的存在を強調し、その上「非尚賢説」を唱えるために使用されている点には、言葉や智恵、統治者の政治的手腕を重要視する「五議」との思想的相違が表れており、注意が必要である。

また、「五議」第三議には「得るを極むること能わざれば、万民親しまず、天地与えず、鬼神助けず」と「鬼神」を説く箇所が見える。戦国期において、占いや卜筮《ぼくせい》を重視する兵陰陽家は、「鬼神」についてもしきりに説き、戦乱を左右する要素であるとしてきた。しかし、本篇においては、続く第四議に「天地が何も言わずとも、万民は財物獲得のために奔走する」と記されるとおり、「天地」の働きかけや「鬼神」の助けに絶対的な信服がおかれているわけではないことは明らかである。すなわち、「五議」全体の中で「鬼神助けず」を見た時、この語句がそれほど呪術的かつ神秘的な現象を示唆しているとは考えにくく、あくまで人為の結果、付随してくる状況を表しているにすぎないものと思われる。右記の三つの前提に加え、この点からも、「五議」が道家や儒家、兵陰陽家などの枠には縛られぬ、あくまで現実的観点から国策を論ずる文献であったことが窺えるであろう。なお、役人のための手引書として編纂されたと考えられている睡虎地秦簡『為吏之道』や岳麓秦簡『為吏治官及黔首』にも、諸学派の折衷的な統治論が見え、為政における「五議」との思想的関連を認めることができる。(注6)

第三節　「論政論兵之類」について——「五議」を含む十二篇を中心に——

「五議」には直接戦闘に関する記述は見えず、「論政論兵」のうち、「論政」について記された文献であったことが分かる。しかし、「論政論兵之類」としてまとめられた文献中には、「将敗」や「兵之恒失」のように、軍事について説かれた篇も見受けられる。果たして、これらの文献は単なる偶然によって一つにまとめられたものなのか、それとも何らかの意図のもとに編纂されたものであったのか。以下、篇題木牘に名称が見え、少なくともある時点において一つのまとまりを持つものとして扱われていたと考えられる十二篇を中心に考察を加えてみたい。

まず、検討すべきは、これら十二篇の時代性である。本章で取り上げた「五議」には、「天下を有《たも》ち国を有つ者」（一〇二九簡・一〇三〇簡・一〇三一簡・一〇三二簡）や「行いて天下安楽なれば」（一〇三三簡）など、天下統治を視野に入れた記述が見える。このような記述は、他に十二篇中の一篇「王道」に「能除天下之共憂。（能く天下の共憂を除く）」や、「兵之恒失」に「使天下利其勝者也（天下をして其の勝を利せしむる者なり）」とあり、これらが明らかに「五議」と共通する政治観を示していたことが窺える。これとよく似た表現は、戦国時代後期に斉の稷下で活躍した荀子の書にも見られる。該当箇所は以下のとおり。「用国者、得百姓之力者富、得百姓之死者強、得百姓之誉者栄。三得者具而天下帰之、三得者亡而天下去之。……湯・武者、脩其道、行其義、興天下同利、除天下同害、天下帰之。（国を用《おさ》むる者、百姓の力を得る者は富み、百姓の死を得る者は強く、百姓の誉を得る者は栄ゆ。三得なる者具わりて天下之に帰し、三得なる者亡くして天下之を去る。……湯・武は、其の道を脩め、其の義を行い、天下の同利を興し、天下の同害を除きて、天下之に帰す）」（王覇）

ここには、百姓からの支持を得て、天下の利益を考え、天下の害悪を除けば、天下はこれに帰服するという内容が示されている。「五議」や「王道」に見られる統治観に類した記述と言えるであろう。

さらに、十二篇中、「為国之過」には、「其君至於失国而不悟。（其の君は国を失うに至るも悟らず）」や「如以城量之、而人君以亡其国。（如《も》し城を以て之を量れば、而《すなわ》ち人君以て其の国を亡ぼす）」という語句が見え、また「観卑」には「不見危国。（危国を見ず）」「不見亡国。（亡国を見ず）」などの記述が見える。これらは一見して、国を失う可能性の示唆された内容であることが分かる。『韓非子』亡徴にも、「……者、可亡也。（……者は、亡ぶ可きなり）」と、国家滅亡の兆候が箇条書き形式で列挙されている箇所がある。韓非子は戦国末期に活動した思想家である。「論政論兵之類」には、他にもこのような乱世に通ずる緊張感や統治論の説かれた「将敗」「将失」「三乱三危」などの篇が散見し、それらは十二篇のまとめられた時代性を反映していると考えられる。つまり、ここから「論政論兵之類」十二篇の編纂時期も、戦国時代後半期であった可能性が指摘できよう。

次に、十二篇の内容に注目したい。先に「論政論兵之類」には、「論政」に関する篇と「論兵」に関する篇とが見られることを指摘した。そのうちの「論兵」類は、『孫子』や『孫臏兵法』と近い内容を含んでおり、明らかに兵権謀家的合理思想を有した文献であることが分かる。(注7) 一方、「論政」類には、儒家系文献である『論語』や『荀子』などの内容や、法家系文献である『韓非子』の内容と類似する記述が含まれているものの、そこには儒家に見られる「礼」や「楽」などの徳目の重視は見えず、また法家において顕著な法令の絶対視や儒家批判の記述なども見受けられない。しかし、前節で「五議」を検討した際に述べたとおり、「論政」類における統治論が、現状に目を向けた論理的思索に主眼をおき記されたものであったことは明白である。従って銀雀山漢簡に見える「論兵」・「論政」類は、現実に即した論理的・合理的施策を説くという点で通ずるものであり、これは「論政論兵之類」十二篇に共通する基本的な特質であったと考えられる。

小結

『呉子』や『司馬法』などの兵書には、戦時のみならず、平時における食糧の確保や国勢の充実を図る必要性を説く箇所が見える。「論政論兵之類」十二篇中の「為国之過」には、主に「論政」に関する内容が記されているものの、中には「欲士卒之輯睦□□也（士卒の輯《あつま》りて睦まじく□□と欲す）」と「兵」に関する記述も見え、これらが同一の統治論の中に組み込まれてしかるべきものであったことが窺える。

「論政論兵之類」十二篇は、勿論、偶然によってまとめられたものであった可能性も捨てきれない。しかし以上の考察により、描かれた時代状況や国政に関する思想内容の共通性から、それらが戦乱の世において、国防のための指針となるよう記され、まとめられた文献であったと考えることも可能であろう。

本章においては、主に「五議」の思想について考察し、それを基に「論政論兵之類」十二篇へと検討を進めた。しかし、中にはいまだ検討の不十分な篇や、十二篇には含まれないものの「論政論兵之類」五十篇のうち、思想的にこれらの篇と近似した内容の文献も存在する。今後、それらの篇との関連性にも注意しながら、より体系的な分析を加える必要があると感ずる。

注

（注1）「論政論兵之類」に関する先行研究には、その中の一篇を取り上げ論じた、草野友子「銀雀山漢簡『為国之過』の全体構成とその特質」（『京都産業大学論集』、人文科学系列第四十三号、二〇一一年三月）や、椛島雅弘「銀雀山漢墓竹簡「聴有五患」と古代中国の「聴」」（大阪大学文学会『待兼山論叢』第四十八号、哲学篇、二〇一四年十二月）、主に「論政論兵之類」十二篇を俯瞰して検討した、湯浅邦弘「銀雀山漢墓竹簡「論政論兵之類」について」（『中国出土文献研究 2010』、『中国研究集刊』第五十二号、二〇一一年二月）、字句の異同についてまとめた、石井真美子「『銀雀山漢墓竹簡〔貳〕』・『銀雀山漢簡釈文』簡番号対照表（一）」（『学林』第五十三・五十四号、二〇一一年十二月）が見えるのみである。

（注2）十二篇の篇題は以下のとおり。「将敗」「将失」「兵之恒失」「王道」「五議」「効賢」「為国之過」「務過」「観庳」「持盈」「分士」「三乱三危」。なお、この篇題木牘は、『銀雀山漢墓竹簡』第三輯に所収予定。

（注3）「論政論兵之類」十二篇のうち、「分士」のみ、湯王と伊尹の問答形式で記されている。ただし、この篇は大部分が残欠簡であり、全体の内容については不明である。

（注4）馬王堆帛書『十六経』滅法にも「昔天地既成、正若有名、合若有刑（形）……」とある。

（注5）『慎子』の成立については不明な点が多く、慎重に議論すべきであるが、その著者とされる慎到は、戦国中期に活動した思想家として認識されている。恐らく、『慎子』の中でも根幹となる思想は、慎到自身の著作と言えないまでも、かなり早い段階から慎到と結び付けられ、説かれていたのではないかと思われる。

（注6）睡虎地秦簡『為吏之道』については、湯浅邦弘「秦帝国の吏観念――雲夢秦簡「語書」「為吏之道」の思想史的意義――」（『日本中国学会報』第四十七集、一九九五年十月）に詳しい。

（注7）「論兵」に関する内容は、前章参照。

（附録一）　出土文献用語解説、及び出土文献における文字の通用例

出土文献を研究対象とする書籍や論文には、一般的な書誌学用語とは異なる専門用語が多用される。ここでは、特に竹簡や木牘に関するものを中心として、出土文献を取り扱う上で、重要と考えられる専門用語や文字の通用例について解説する。

1．用語解説

以下、出土文献を研究対象として取り上げる書籍や論考に頻出する二十三の用語について説明する。なお、この用語解説は、『中国研究集刊』第三十三号（別冊：新出土資料と中国思想史（二〇〇三年六月））に掲載された「「書誌情報」用語解説」（福田哲之）、および『中国研究集刊』第三十八号（別冊：戦国楚簡研究（二〇〇五年十二月））に掲載された「「書誌情報」用語解説（二）」（竹田健二）を参考にし、それらに新たな情報を加筆して作成した。

また、横田恭三『中国古代簡牘のすべて』（二玄社／二〇一二年五月／二八三頁）や、湯浅邦弘『竹簡学――中国古代思想の探究――』（大阪大学出版会／二〇一四年五月）、中国出土資料学会編『地下からの贈り物――新出土資料が語るいにしえの中国』（東方書店／二〇一四年六月）、冨谷至編『漢簡語彙考証』（岩波書店／二〇一五年三月／四七三頁）にも、出土文献を扱う上で有益な情報が掲載されている。合わせて参照されたい。

（1）簡牘…竹や木を細長く切った札。「牘」は「簡」に比べて横幅が広く、数行にわたって文字を記すことができ、ほとんどが木製。竹簡・木簡・木牘を総称して簡牘という。

（2）簡長・簡幅…竹簡の長さと幅を表す。出土文献中、簡長が短いものとしては、たとえば郭店楚簡『語叢一』『語叢

四』などの約十五センチ、長いものとしては、銀雀山漢簡「元光元年暦譜」の約六十九センチが挙げられる。

（3）簡端…竹簡の先端と末端を表す。次の三種に分けられる。
①平斉…竹簡の両端が角をもった方形状になったもの。
②梯形…竹簡の両端が角を落とした台形状になったもの。
③円端…竹簡の両端が丸い円形状になったもの。

（4）編綫（線）…竹簡を綴じる紐。両道と三道の二種が多く見られ、竹簡を分類する際の手がかりとなる（出土時には大概紐が朽ちているため、その綴じ紐の痕跡や契口により両道か三道かを判断する）。編痕とも称される。
①両道…竹簡を上・下二本の紐で綴じたもの。両道編（綫）ともいう。
②三道…竹簡を上・中・下三本の紐で綴じたもの。三道編（綫）ともいう。

（5）編距…上・下または上・中・下の綴じ紐の間の距離を表す。

（6）冊書…竹簡を紐で綴じて書物の形にしたもの。

（7）完簡…欠損がなく完全な簡。整簡と合わせ「完整簡」とも呼ばれる。

（8）整簡…上下二つ、あるいは三つに折れた残簡同士を接合して、文字の欠落がない一本の竹簡の形にしたもの。（ただし、文献の整理者・釈読者によっては、接合して一本の形にした竹簡を「完簡」と読んだり、もともと完全な形を保っている竹簡を「整簡」と呼ぶなど、使用語句に統一が取れていない場合もある。）

（9）残簡（残欠簡）…欠損の見られる竹簡。

（10）断簡…残簡同様、欠損の見られる竹簡を表す。

（11）満写簡…上端、もしくは上端に近い部分から、下端、もしくは下端に近い部分にまで、文字が筆写されている竹簡。

（12）留白簡…上端部と下端部、もしくはその一方に文字が筆写されていない、一定の空白を持つ簡。白簡ともいう。

（13）標号…竹簡に記された符号表す。次の八種が見られる。

①墨釘…方形状の墨点。小方点ともいう。句読点や章・篇の末尾を表す。

②墨鉤…釣り針のようなかぎ状の記号。句読点や章・篇の末尾を表す。

③墨節…横に引かれた墨線。篇・章の末尾を表す。

④短横・小点…短い横画や小さな墨点。句読点や章の末尾を表す。

⑤首符・尾符…上博楚簡『周易』にみられる符号。首符は、卦名の直後、卦辞の直前にある符号。尾符とは、爻辞全体の最後にある符号。

⑥重文記号…同一文字を重ねる記号。踊り字。多くの場合「＝」で表示される。

⑦合文記号…表記法の一形式。異なる二字（あるいは三字）を一字に合して表記したもの。（点画の一部や偏旁が他の一字と共通する場合に合文で表記される。多くの場合、画数の多い文字の右下部に「＝」の記号が附される。画数の多い文字で画数の少ない文字を代表させていると考えられる。なお、重文も合文も同じ「＝」という記号が附されるため、内容や文脈によってそのどちらかを判断する必要がある。）

⑧円形墨点…章の初めに附される円形の図形（「●」）。銀雀山漢簡や北京大学漢簡等に見られる。

○上博楚簡に見える合文記号の用例

大夫	 『鄭子家喪』第1簡
先人	 『従政』（甲）第17簡
子孫	 『民之父母』第12

（14）契口…竹簡の編綫部に刻まれた切れ込みのこと。竹簡を編綫し冊書を作成する際、竹簡を固定する必要があること

から刻まれたと考えられる。竹簡の文字面に向かって右側面に位置するものを右契口、左側面に位置するものを左契口と呼ぶ。契口の位置は、折れた竹簡同士をつなぎ合わせて一本の竹簡に復元する際に、客観的な手がかりとして有効と考えられる。

(15) 首簡・末簡…上博楚簡『周易』においては、一卦（卦画・卦名・首符・卦辞・爻題・尾符）につき竹簡二・三本が使用されているが、その最初の簡を「首簡」といい、最後の簡を「末簡」という。なお、「首符・尾符」については、「(13) 標号の⑤首符・尾符」を参照。

(16) 篇題…竹簡に記された（篇の）題名。上博楚簡や清華簡には篇題が記されているものがあり、大半は竹簡の背面に書写されている（上博楚簡『鮑叔牙与隰朋之諫』や清華簡『祭公之顧命』などは、竹簡の正面に篇題が見られる）。篇題は、その文献の基本的内容を知るための重要な手がかりとなる。（なお、篇題がない場合には、仮題が整理者によって名付けられる。その場合、内容面から名付けられる場合と、冒頭句から名付けられる場合とがある。）

(17) 編号…竹簡の背面（竹節部）や、正面下部に附された配列番号（ノンブル）。

(18) 劃痕（劃線）…竹簡の背面に記された、ひっかき傷状の斜線。左上から右下に向かって引かれている場合が多い。清華簡や上博楚簡、北京大学漢簡・北京大学秦簡などに見られ、竹簡の配列を復原する手がかりとなり得ることが指摘されている。（ただし、竹簡背面につけられた劃痕には、前後の簡と連続する線もあれば、連続しない線もあり、非常に複雑な状況を示している。そのため、劃痕については慎重に取り扱うべきと考える研究者も多い。）

(19) 墨線…劃痕同様、墨を用いて（毛筆によって）竹簡の左上から右下に引かれた斜線。上博楚簡『荘王既成』第一簡背面、『命』第十一簡背面、『王居』第一簡背面に、その存在が確認できる。（ただし、上記に挙げた三例は、いずれも該当箇所に篇題の見える竹簡であるため、背面の写真が図版に掲載されているが、その他の背面写真は公開されていない。従って、該当簡の前後の竹簡がどのようになっていたのか、その他の竹簡にも墨線があるのかについては、現時点において未詳である。）

（20）分段筆写…一枚の簡牘に、二段以上に分けて記述する書写方式。比較的短い文章を列挙する際に用いられていたと考えられる。睡虎地秦簡や岳麓秦簡等に見える。

（21）隷定…戦国時代の古文字（始筆が太く、終筆が細い文字が多かったため、その形から「蝌蚪文字」とも呼称される）を隷書で書き換えて確定させること。『尚書』偽孔伝序に「定其可知者、為「隷古」定。更以竹簡写之」とあり、その孔穎達疏に「言「隷古」者、正謂就古文体而従隷定之、存古為可慕以隷為可識。故曰「隷古」」とある。

（22）釈読…各文献の担当者（整理者）によって隷定され、注釈が施された釈文を原釈文という。釈読とは、その原釈文を先行研究をもとに竹簡の配列や文字の字形・音韻など、様々な面から検討し直し、文字や文意を確定することを指す。

（23）炭素十四年代測定法…放射性同位体炭素十四の放射性崩壊（減少する特質）を利用した資料の年代

編号と劃痕（清華簡『赤鵠之集湯之屋』第11～15簡背面上部）

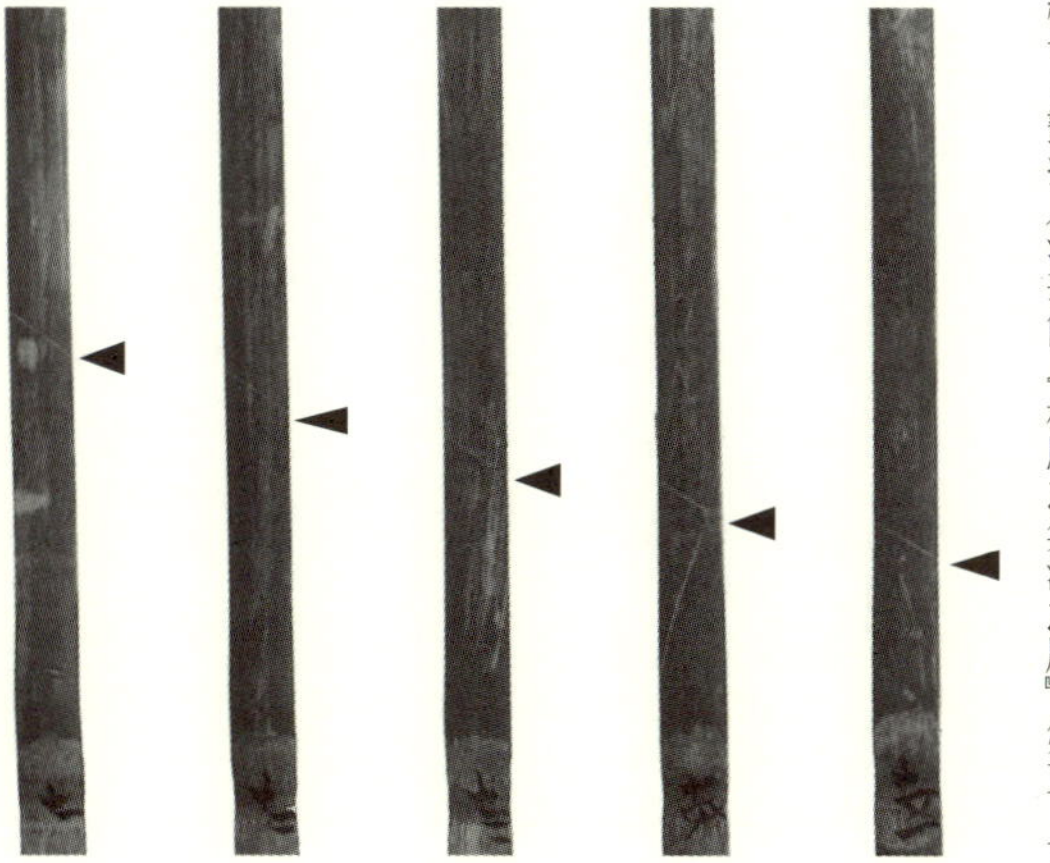

第十五簡　第十四簡　第十三簡　第十二簡　第十一簡

測定法。基本的に信頼性の高い測定法とされるが、水や太陽の影響によっても数値に誤差が出ると言われているため、注意が必要である。

2. 文字の通用例

次に、出土文献において、通用する文字のパターンを【字形】や【音】から四種に分け、その図版や例を示す。

【字形】（1）偏の有無に関わらず、同じ文字を表す例

「心」について……（及）・（忣）	
 （及）上博楚簡『仲弓』12	 （忣）上博楚簡『鄭子家喪』（甲本）2
「辵（しんにょう）」について……（及）・（込）	
 （及）上博楚簡『仲弓』12	 （込）上博楚簡『鬼神之明』3
「ウ冠」について……（寝）・（㝲）	
 （寝）包山楚簡267	 （㝲）信陽一号楚墓遣策簡21

【字形】（2）同一文字を表す際、偏の位置が異なる例

同一文字「板」と「枈」と	
（板）上博楚簡『容成氏』30	（枈）上博楚簡『緇衣』34

【字形】（3）異なる偏の漢字が通用する例

「辵（しんにょう）」と「行人偏」とが通用する例	
（迬）上博楚簡『周易』30	（往）上博楚簡『曹沫之陳』55

「言偏」と「人偏」とが通用する例	
（識）睡虎地秦簡『秦律』	（⿰亻戠）上博楚簡『従政』（甲本）12

【音】（4）音通する文字の例

①	「思」（心紐之部）	「使」（心紐之部）	
②	「執」（照紐緝部）	「質」（照紐質部）	
③	「豫」（喩紐魚部）	「舎（捨）」（書紐魚部）	
④	「豫」（喩紐魚部）	「抒」（神紐魚部）	「舒」（審紐魚部）

（附録二）　思想関連出土簡帛の形制一覧

以下の文献について、本書「（附録五）参考文献一覧」（313頁～）に掲載した「図版・原釈文」をもとに、先行研究の情報を加えて形制一覧（書誌情報一覧）を作成した。

なお、左表下部に示した頁数は、それぞれの一覧表の該当頁数を表している。

(1) 郭店楚墓竹簡（郭店楚簡）形制一覧表

No.	名　称	竹簡数	簡長 (cm)	編綫	契口	簡端	完整簡	残簡	篇題	内　容	備　考
1	老子 甲 乙 丙	39 18 14	32.3 30.6 26.56	両道	右	梯形 平斉 平斉	38 8 5	1 10 9	―	三種の『老子』写本は、馬王堆漢墓帛書『老子』よりさらに百年以上古いものと考えられ、これまで成立事情がほとんど分からなかった『老子』について重要な手がかりを与えるものである。	形制の相違により、甲・乙・丙はそれぞれ別個に書写された文献と考えられる。三者の合計は、現行本の５分の１の量に相当する。
2	太一生水	14	26.56	両道	右	梯形	7	7	―	佚書。『老子』に類似した宇宙論を説く文献であるが、「水」に着目した独特の宇宙生成論が説かれ、太一と天・地・四時・陰陽などとの関係が論じられている。	竹簡の形制と書体が『老子』丙本と類似しており、整理者はもともと『老子』丙本と合わせて１冊の文献であった可能性があると指摘している。
3	緇衣	47	32.56	両道	右	梯形	47	6	―	『礼記』緇衣篇と若干差異が見られるが、ほぼ同内容となっている。	上博楚簡中にも『緇衣』が見られる。
4	魯穆公問子思	8	26.46	両道	右	梯形	6	2	―	「忠臣」について、魯の穆公と子思と成孫弋の問答形式で記される文献。子思が登場し、その立場が称揚されているため、子思学派の著作とも考えられている。	
5	窮達以時	15	26.46	両道	右	梯形	13	2	―	「有天有人、天人有分」とあり、荀子の独創と考えられてきた「天人之分」論が展開されている文献。賢者は不遇であろうとも、その資質は「人」の領域において保たれることが述べられている。	
6	五行	50	32.56	両道	右	梯形	39	11	―	馬王堆漢墓帛書『五行』とほぼ同一の内容である。仁・義・礼・智・聖の徳目を五行と称し、それについて言及している。	• 朱淵清（『中国出土文献の世界』）は、『五行』と『中庸』は多く思想内容が符合すると述べている。 • 冒頭２字を篇題とする説もある。

7	唐虞之道	29	28.1～28.3	両道	右	平斉	22	7	—	唐（堯）虞（舜）の治世を対象に、堯から舜、舜から禹への禅譲を理想の姿として賛美し、また舜が仁義孝悌の徳を備えていたことを論じている。	
8	忠信之道	9	28.2～28.3	両道	右	平斉	8	1	—	「忠」と「信」とを主題とし、「忠信」が君子の要件として重視されている。	『論語』においても、「忠信」は君子の重要な徳目とされており注目できる。
9	成之聞之	40	32.56	両道	右	梯形	38	2	—	君子と民との関係において、まず君子の側が自己の内面を充実させるべきことが述べられている。	『中庸』『孟子』に類似する「性」「心」「反」「求」の問題を説く。また、『中庸』や『大学』に見られるような天人関係の構図も窺える。
10	尊徳義	39	32.56	両道	右	梯形	39		—	「君」が「民」をどう治めるべきかということを論じている。儒家の文句が多く見られる。	『礼記』曲礼上の「礼不下庶人、刑不上大夫」と同様の思考が見られる。また、『論語』泰伯篇の「子曰、民可使由之、不可使知之」の解釈に重要な示唆を与える文章がある。
11	性自命出	67	32.56	両道	右	梯形	57	10	—	本性論を記した文献。「性は命より生じ、命は天より降る」とあり、性が天の命に由来するものであるとされている。人間が善行をなす根源を天に求める内容が見える。	『中庸』の性説と思想的基盤が共通していると考えられる。上博楚簡『性情論』とほぼ重複する内容である。
12	六徳	49	32.56	両道	右	平斉	39	10	—	六徳（聖智仁義忠信）と六位（父夫子君臣婦）、六職（教使受率事従）との関係が説かれる前半部と、まず血縁的・共同体的「内」を重視して、その後それを「外」へ適用するという理論が述べられる後半部よりなる。	詩・書・礼・楽・易・春秋の名称が見え、六経の成立を前提とする記述がある。六徳に六書（詩書礼楽易春秋）が対応している。
13	語叢　一	112	17.1～17.4	三道	右	平斉	100	12	—	短い竹簡であり、連続した文章体ではなく、独立した短文によって構成されている。（一）～（三）は儒家中心の文献。（四）は儒家的要素がほとんど見られない文献である。	儒家や道家、縦横家に関わる多様な言説を雑集した文献と考えられている。
14	語叢　二	54	15.1～15.2	三道	右	平斉	51	3	—		
15	語叢　三	72	17.6～17.7	三道	左	平斉	64	8	—		
16	語叢　四	27	15.1～15.2	両道	右	平斉	26	1	—		

(2) 上海博物館蔵戦国楚竹書（上博楚簡）形制一覧表

No.	分冊	名　称	竹簡数	簡長(cm)	編綫	契口	簡端	完整簡(完簡/整簡)	残簡	字数	篇　題	内　容	備　考
1	一	孔子詩論	29	55.5	三道	右	円端	1(1/0)	28	1006		はじめに詩の総論が記され、続いて邦風（国風）・大夏・小夏（雅）・訟（頌）の各部についての総評、各詩に対する解説が記されている。	•『子羔』『魯邦大旱』と同筆と考えられる。 •第2簡から第7簡は留白簡である。 •逸詩を含めて約60篇、現行本『詩経』の約5分の1の名称が確認できる。
2	一	緇衣	24	約54.3	三道	右	梯形	8(8/0)	16	978		郭店楚簡『緇衣』とほぼ同一の文献と考えられる。現行本『礼記』緇衣篇とも概ね内容が一致している。	
3	一	性情論	45	約57	三道	右	平斉	7(7/0)	38	1256		郭店楚簡『性自命出』とほぼ同内容の文献である（ただし、配列や字句に関しては、両者間で異なる部分がある）。	
4	二	民之父母	14	45.8	三道	右	平斉	1(1/0)	13	397		『詩経』大雅・洞酌にある「民之父母」の句をめぐる、子夏と孔子の問答が記されている。	『礼記』孔子間居、『孔子家語』論礼と概ね同一の内容である。
5	二	子羔	14	残簡最長 54.2	三道	右	円端	0	14	395	第5簡背面「子羔」	堯と舜の禅譲に関する前半部と、夏・殷・周それぞれの始祖である禹・契・后稷の生誕神話に関する後半部より構成される。	『孔子詩論』『魯邦大旱』と同筆と考えられる。

6	二	魯邦大旱	6	約55	三道	右	円端	2(2/0)	4	208		哀公が孔子に大干魃の対処法を尋ねる内容が記されている。孔子は、神に祈祷するよりも､「刑徳」を充足させることが重要であると哀公に述べる。	『孔子詩論』『子羔』と同筆と考えられる。 『晏子春秋』に類似した話が見える。
7	二	従政 甲 乙	18 6	約42.6 42.6	三道	右	平斉	9(9/0) 1(1/0)	9 5	519 140		政治に従事する者に求められる姿勢や心構えが説かれている｡「五徳（寛・恭・恵・仁・敬)」や「仁」などの徳目が含まれており、儒家的な思想が窺える。	残存状況が悪く、竹簡の配列についても確定的ではない｡『従政（甲)』『従政（乙)』は同筆と考えられている。
8	二	昔者君老	4	44.2	三道	右	平斉	3(3/0)	1	158		太子が、老衰により死期の迫った君主に朝見する作法を記す。大きく「孝」に関する文献と捉えられる。	脱簡が存在する可能性がある。
9	二	容成氏	53	約44.5	三道	右	平斉	37(37/0)	16	2062	第53簡背面「訟城氏」	古代帝王の系譜や禅譲・殷周革命について記されている。	
10	三	周易	58	44	三道	右	平斉	44(44/0)	14	1806		64卦中、約半分にあたる34卦が含まれている。各卦ごとに卦画・卦名・首符（卦名直後にある符号)・卦辞・爻題・爻辞・尾符（爻辞の末にある符号）の順に記されており、現行本・帛書本と基本的に同一である。	「首符」や「尾符」などの６種（一説には９種）の符号が見られる点が特徴的であるが、これらが何を意味するものかについては、未詳である。
11	三	仲弓	28	約47	三道	右	平斉	3(3/0)	25	520	第16簡背面「中弓」	孔子と仲弓との問答形式によって記された文献。政治、特に民の統治・教化に関する内容が説かれている。	大部分が残簡であるため、内容把握は困難な状況である。文義や字体に関連が認められるが､『仲弓』中の他の竹簡に比べ

												て字間・竹簡の色が異なるために、「附簡」とされた断簡1簡（24字）がある。
12	三	恒先	13	約39.4	三道	右	平斉	13(13/0)	0	496	第3簡背面「亙先」	宇宙の原始を「恒」とする、独自の宇宙生成論が記されている。	『老子』『太一生水』にも宇宙生成論が見られ、共通した性格を看取できる。
13	三	彭祖	8	約53	三道	右	平斉	3(3/0)	5	291		彭祖と耇老の君臣問答によって展開する文献。天・地・人のあり方、人倫・人道の重要性、国家の長生について説いている。	『老子』との関連が窺える。
14	四	采風曲目	6	残簡最長56.1		右	平斉	0	6	149		五音のうち、宮・商・徴・羽の4音階の音名とそれぞれに属する歌謡の曲目が記されている。	37曲目のうち、『詩経』に見えるのは僅かに3曲目に過ぎず、大部分は逸詩であった可能性が高い。
15	四	逸詩	6	残簡最長27			平斉	0	6	138		「交交鳴鶩」（4簡）と「多薪」（2簡）によって構成される逸詩2篇。「交交鳴鶩」には君子の品性や威厳を称えた内容が、「多薪」には兄弟の絆についての内容が詠まれている。	『詩経』との関連が注目される。
16	四	昭王毀室	10	約44	三道	右	平斉	6(6/0)	4	196		父母の合葬を願う君子の行動とそれに対する昭王の対応とが記された文献。	第5簡の墨節で区分される。「楚王故事」の一つと考えられる。
		昭王与龔之脽								192		御者である龔之脽の服装・勤務態度をめぐって、大尹と昭王との問答が記されている。	

17	四	柬大王泊旱	23	約24	両道	右	平斉	23(23/0)	0	601		旱魃を鎮めるため、簡王が様々な卜筮や祈祷を行う内容が記されている。	欠簡の可能性が指摘されており、多くの配列案が論ぜられている。 「楚王故事」の一つと考えられる。
18	四	内豊（礼）	10	44.2	三道	右	平斉	4(4/0)	6	376	第1簡背面倒書「内豊」	『大戴礼記』曾子立孝・曾子父母、『礼記』内則・曲礼上、『儀礼』士相見礼などの文献と関連する内容を持つ。父母に対する孝を説く前半部と、目上の者に対する悌を説く後半部より構成されていたと考えられる。	
19	四	相邦之道	4	残簡最長 51.6				0	4	107		「邦を相くる」方策について、孔子と君主との問答が記された文献。	儒家の国家統治に関する内容として、『従政』や『魯邦大旱』との関連が指摘されている。
20	四	曹沫之陳	65	約47.5	三道	右	平斉	45(45/0)	20	1784	第2簡背面「敓蔑之戦」	魯の荘公と曹沫の問答形式によって記された佚書。政治に関する前半部と軍事に関する後半部とからなり、兵書の性格を持った文献と考えられる。	多くの研究者により、配列案が提示されている。
21	五	競建内之	10	42.8～43.3	三道	右	平斉	7(7/0)	3	347	第1簡背面「競建内之」	大夫である鮑叔牙と隰朋が日食は兵乱の予兆であるとして、斉の桓公に善行を行うよう諫言する内容。	『鮑叔牙与隰朋之諫』と併せて一篇と考えられている。
22	五	鮑叔牙与隰朋之諫	9	40.4～43.2	三道	右8 左1	平斉	7(7/0)	2	340	第9簡「鮑叔牙与隰朋之諫」	鮑叔牙と隰朋が、国家利益のために行動するよう、桓公を諫める内容。	『競建内之』と併せて一篇と考えられている。

23	五	季庚子問於孔子	23	38.6～39.0	三道	右	平斉	12(8/4)	11	669		季庚子と孔子が国家統治について問答する内容が記されている。孔子の政治論が窺える。	
24	五	姑成家父	10	43.7～44.4	三道	右	平斉	6(6/0)	4	466		春秋中期の晋国における三郤（郤錡・郤犨・郤至）と関わる文献である。	『左伝』や『国語』との関連が指摘されている。
25	五	君子為礼	16	54.1～54.5	三道	右	平斉	2(2/0)	14	342		孔子と弟子との問答に関する文献。孔子と顔淵が「礼」と「仁」について問答する前半部と、子羽と子貢とが孔子と子産はどちらが賢人であるかという問答を行っている後半部とからなる。	『弟子問』の一部と連続する可能性がある。
26	五	弟子問	25	残簡最長45.2	三道	右	平斉	0	25	494		『君子為礼』同様、孔子と弟子の問答を記す。孔子と宰我・顔淵の問答、顔淵と子由の問答、子羽と子貢の問答などが見られる。	
27	五	三徳	22＋1	44.7～45.1	両道	右	平斉	6(6/0)	17	898		「天」「地」「人」に関する内容が記される。人為が天に感応して、天がそれに応じた禍福を降すという天人相関思想が見られる。	22簡。別に1簡を香港中文大学中国文化研究所文物館が所蔵している。
28	五	鬼神之明	8	整簡最長52.1	三道	右	平斉	0	8	197		『墨子』の佚文である可能性が指摘される文献。「鬼神」には明不明があるということを問題にしている。	• 第1簡に留白がある。 • 第2簡背面に、書き漏らしの補足と考えられる13字が記されている。

		融師有成氏							122		古代伝説上の人物の故事や、夏・商に関わる内容を記述している。	• 内容は第3簡の墨節で「鬼神之明」と「融師有成氏」とに区分される。
29	六	競公瘧	13	約55	三道	右	平斉	0	13	489	第2簡背面「競公瘧」	斉の景公の瘧をめぐって、晏子を含む朝廷内の議論が記されている。王が自ら徳を行うことが重要であると説かれている。また、民と上帝・(鬼) 神の関係についても注目される文献である。	『左伝』昭公十二年や『晏子春秋』などに類似した内容の話が見られる。
30	六	孔子見季桓子	27	約54.6	三道	右	平斉	0	27	554		孔子と季桓子との対話形式で記された文献。「仁」についての内容が記されている。	
31	六	荘王既成	9	33.1～33.8	両道	右	平斉	9(9/0)	0	93	第1簡背面「荘王既成」	無射の大鐘を鋳造した荘王が、子桱に「後の楚王がこれをいつまで保つことができるか」と質問する内容。子桱の発言は四代後の昭王期に楚が呉に国都を侵略されることを予言するものであった。	• 内容は第4簡の墨釘によって「荘王既成」と「申公臣霊王」とに区分されている。 •「楚王故事」の一つと考えられる。
		申公臣霊王								107		陳公子皇（穿封戌）と王子囲（楚霊王）とのやりとりが記された文献。	
32	六	平王問鄭寿	7	33～33.2	両道	右	平斉	7(7/0)	0	173		平王と鄭寿の問答を中心に展開する書。平王が国難を憂え、何を改めればよいのかと鄭寿に問う場面より始まる。王のあり方に言及した発言が見られる。	「楚王故事」の一つと考えられる。

33	六	平王与王子木	5	約33	両道	右	平斉	5(5/0)	0	117		王子木（建）と成公幹（乾）とのやりとりを記した書。王子木が麻も知らないほど無知であることに対して、成公が「あたなは王となることはできないでしょう」と告げる内容となっている。	「楚王故事」の一つと考えられる。
34	六	慎子曰恭倹	6	32	両道	右	平斉	1(0/1)	5	128	第3簡背面「慎子曰恭倹」	現行本『慎子』には見られない内容であり、後日為政者になるべき人物に対する訓戒の書と考えられる。	
35	六	用曰	20	45～45.9		右	平斉	4(4/0)	16	753		戒めや良言が記載されている。世間の人々に警告を発する語が多く叙述されている。	
36	六	天子建州甲 乙	13 11	約46 42.1～43.9	・	右	平斉	4(4/0) 7(7/0)	9 4	407		礼を中心として説き、天文や暦法に関する記述も見られる。一定の意図に基づいて著述された論文ではなく、断片的な文章を寄せ集めた雑纂と考えられる。	甲本・乙本の内容は同じ。それぞれが残欠した箇所を補完できるため、全篇の内容を復元することができる。甲本第13簡、乙本第3簡は完簡とされるが、実際には欠損がある。
37	七	武王践阼	15	43.7	三道	右	平斉	0	15	491		武王が師尚父（太公望）に「黄帝・顓頊・堯・舜の道」を問う内容が記された文献。	•『大戴礼記』武王践阼篇と多く重複する。 •第10簡と第11簡との間に脱簡がある。

												•武王が尋ねる場面が2回繰り返されるため、もともとは別の2篇であった可能性も指摘されている。
38	七	鄭子家喪甲 乙	7 7	33.1～33.2 47.5	両道 両道	右 右	平斉 平斉	7(7/0) 1(1/0)	0 6	235 214		鄭の子家の死を契機として、楚が鄭に侵攻し、鄭を救援に来た晋と両棠に争うという内容が記されている。	•乙本第5簡は完簡とされるが、図版を参照すると、第5簡上端に欠損が確認でき、第5簡上端にもう一字分あった可能性がある。 •「楚王故事」の一つと考えられる。
39	七	君人者何必安哉 甲 乙	9 9	33.2～33.9 33.5～33.7	両道 両道	右 右	平斉 平斉	9(9/0) 5(3/2)	0 4	241 237		昭王と范乗との問答形式で記される。范乗が昭王に対し、伝統的礼楽の不備・妾妻制の不充実などの三つの問題点をあげて諫言する。	「楚王故事」の一つと考えられる。
40	七	凡物流形甲 乙	30 22	32.2～33.6 39.4～40.1	両道 三道		平斉 平斉	23(23/0) 5(2/3)	7 17	846 601	甲本第3簡背面「凡物流形」	『楚辞』天問と同様の「有問無答」形式の部分と、「一」に言及した道家思想的な部分より構成される。宇宙生成論を備える文献として注目される。	•乙本は残欠が酷く、残簡を綴合したものが多い。また、乙本は原釈文の「説明」において「二十一簡」と記載されているが、実際は22簡ある。 •『凡物流形』は、もともとは全く異なる二つの文献が、誤

												って一つに接合されたものとの指摘もある。（浅野裕一「上博楚簡『凡物流形』の全体構成」）
41	七	呉命	9	約52	三道		平斉	1(1/0)	8	375	第3簡背面「呉命」	魯の哀公13年、「黄池の会」周辺の出来事が記された佚書。呉王夫差が兵を率いて北上し、陳を手に入れようとしたが、晋がうまく立ち回りそれを防いだことが記された前半部と、呉王が臣下を周に派遣したことが記された後半部よりなる。『国語』呉語の佚篇と考えられている。	原釈文の「説明」において、第9簡は完簡とされるが、続く各簡の解説では、第9簡の下部に残欠が指摘されている。また、簡長約52cmとは、現存する竹簡の最長簡（第9簡51.1cm）から、原釈文者が推測した完簡の長さを示している。
42	八	子道餓	6	約44	三道	右	平斉	2(2・0)	4	121		魯の司寇が言遊を訪ねると言いながら、訪ねなかったため、言遊が、「禄」だけを与えて「礼」を行わないのは、商人や工人の扱いだとして、その場を立ち去るという内容。後半部で言遊の子が餓えて死んでしまったため、門人が言遊を諫める語が見えるが、竹簡が欠損しており、返答は不明。	整理者の配列には問題があるとされており、聯合読書会は「簡4－簡5－簡3－簡2－簡1」と配列し直している。内容上、こちらの方が正しいと思われるため、内容は聯合読書会に従い解釈している。
43	八	顔淵問於孔子	14	約46.2	三道	右	平斉	0	14	313		顔淵が孔子に対し、積極的に国政や民の教導、名声を得る方法について問うている。全体は、顔淵と孔子の問答形式で記されている。	整理者によれば、簡長は、比較的残存状況の良い第7簡や、他簡の状況を総合的に分析して割り出したという。

44	八	成王既邦	16	45.6～45.9	三道	右	平斉	2(2・0)	14	319		成王と周公旦の政治に関する問答が記されている。周公旦に対し、「天子の正道」や「夏の繪氏の道」などについて、積極的に問う成王の姿が描かれている。	• 断簡が多く、全体を通読することは難しい。 • 文字や内容から複数の篇が混入していると考えられる。
45	八	命	11	33.1～33.4	両道	右	平斉	11(11・0)	0	274	第11簡背面「命」	令尹子春が、葉公子高の子に、うまく政治を行えるよう、葉公子高の遺命を授けて欲しいと頼み、それに対して、子高の子は皮肉を交えて、信頼できる仲間を側に置き、議論すべきであると述べている。	• 楚の在地性文献と考えられる。 • 篇題は、竹簡の中間部に記されている。 • 整理者の配列には問題があるとされる。『王居』『志書乃言』と『命』とは形制がほぼ同じであるため、これら3篇全体を再配列し直す案が多く提出されている。今は聯合読書会の案に従い内容を記した。
46	八	王居	7	33.1～33.2	両道	右	平斉	4(4・0)	3	152	第1簡背面「王居」	楚の恵王が、大夫を讒言して無能な者を賢人として推挙した観無畏を処罰し、大夫の実力を正しく判断・報告した彭徒を取り立てる内容が見える。本篇では、恵王が理想的な王として描かれている。	• 『志書乃言』と同篇であった可能性が高い。また、『命』第4・5簡も本篇の一部と考えられている。 • 内容は、浅野裕一氏の釈文に従っている。

		（志書乃言）	8	33.1～33.2	両道	右	平斉	6(6・0)	2	169		『王居』と同篇。上記参照。	原釈文では『王居』と別篇とされているが、形制がほぼ同様であり、『王居』と併せて一篇であったと考えられている。
47	八	李頌	3	約53	三道		平斉	2(0・2)	1	172		本篇はほぼ残簡で構成されており、復元は不可能であるが、曹錦炎氏によれば、『李頌』は三部分に分けられるという。（1）楚辞体の作品…「桐」の木や「鳳」などを題材として君子の姿を詠んでいると考えられる。（2）講評の文字。（3）講評の文字の「節録」。	• 第1簡の背面に、竹簡に収まらなかった数文字が記されている。また、第2・3簡の背面には、別篇の『蘭賦』が記載されている。 • 綴合にも様々な意見が提示されている（脱簡の可能性も指摘される）。
48	八	蘭賦	5	約53	三道	右	平斉	1（0・1）	4	160		整理者の曹錦炎氏によれば、本篇の内容は、「蘭」を発端として、物に託して志を詠んだもので、蘭の徳性を借りて、作者の感情と志とを言い表しているという。	整理者によれば、本篇では、対句や用字などの修辞表現が、よく熟考され使用されているという。
49	八	有皇将起	6	約42	三道	右	平斉	0	6	186		断簡が多く、文意未詳。整理者によれば、作者は楚の上層の知識人であり、貴族の子弟を教育する職に就き、思うところがあってこの詩を作成したという。	全ての句末に双音節の語気詞「含兮」が含まれている（結尾部分には「也含兮」という三音節の語気詞が使用されており、『楚辞』を彷彿とさせる）。

50	八	鶹鷅	2			右	平斉	0	2	45		「鶹鷅」とは、梟を意味する。全体の文意は未詳であるが、本篇には「鶹鷅」が繰り返し登場しており、「鶹鷅」が何かを喩えた表現であったことが分かる。	『有皇将起』と同じく、「含兮」の語気詞が多用されている。
51	九	成王為城濮之行 甲 乙	全9 甲5 乙4	33.1～33.3	両道	右	平斉	5(4·1) 甲3 乙2(1·1)	4 甲2 乙2	209 甲138 乙71		（本篇の原釈文には配列に問が多いため、王寧氏・曹方向氏の説に従い概要を記した。草野友子「『上海博物館蔵戦国楚竹書（九）』について」参照。） 楚の成王が城濮の地を視察し、子玉とその指導者子文に軍事演習を行わせた。軍事演習は成功裏に終わり、祝宴が開催されたが、その席で伯嬴が子文と問答をしてその行動に疑義を呈するという内容。	• 甲本乙本全体を併せて再配列する案が提示されている。 • 乙本第3簡下段は異なる字体で記されているため、本篇に属さない可能性が指摘されている。 • 本篇は『左伝』僖公二十七年の記事と関連が深く、両文献を対比して読解することができると指摘されている。
52	九	霊王遂申	5	33.3	両道	右	平斉	5	0	167		本篇には、楚の霊王が蔡を滅ぼした後、申の人々に蔡の器物を取りに行かせる内容が見える。申成公はその子「虚（虎との説あり）」に取りに行かせたが、虚は何も持ち帰らずに帰国した。	再配列案が多く発表されている。
53	九	陳公治兵	20	44	三道	右	平斉	9	11	519		楚王が陳公に対して、士卒を整備するよう要請した内容が記されているが、後半	再配列案が多く発表されている。

												部の竹簡の欠損が激しく、文意は不明な点が多い。	
54	九	挙治王天下（五篇）	35	46	三道	右	平斉	5	30	719		①古公見太公望＝古公が太公望に教えを請う内容。 ②文王訪之於尚父挙治＝「挙治」について、文王と尚父（太公望）が問答する内容。 ③堯王天下＝堯が聖徳によって善政を行っていたことが記されている。 ④舜王天下＝舜が服しない三苗の対応ついても排除することなく、善政を敷いたという内容。 ⑤禹王天下＝禹の治世には、堯舜の教えが浸透し、天下太平であったという内容。	本篇所収の５篇の仮称と字数は、次のとおり。 ①古公見太公望（44字） ②文王訪之於尚父挙治（367字） ③堯王天下（93字） ④舜王天下（51字） ⑤禹王天下（164字）
55	九	邦人不称	13	33	両道	右	平斉	9(6・3)	4	358		楚の歴史書。葉公子高（沈諸梁）の故事が記述されており、楚の恵王期の「白公の禍」、またその後の「沈諸梁兼二事」(『左伝』哀公十六年）との関連が指摘されている。	•「楚白公之禍事件」と関連する内容であると指摘されている。 •『王居』『命』と形制の類似が指摘されている。
56	九	史蒥問於夫子	12	最長簡 25.6	両道	右	平斉	0	12	236		斉の吏の子・史蒥と孔子との問答が記されている。世襲の方法や治国のための八つの禁止事項、さらに「教」「治」「敬」「強」等について説かれている。	•『孔子見季桓子』と字体の類似が指摘されている。 •竹簡の欠損が激しく、判読が困難。

57	九	卜書	10	43.5	三道	右	平斉	4(3・1)	6	256		• 4人の亀卜家（肥叔・季曾・鄭公・丞公）の辞が記されている。 • 卜占の内容は、居住地や国事に関するもの。 • 兆象・兆色・兆名・卜占の結果（吉凶）を述べている。	• 竹簡正面の第3契口より下部に竹簡の順番を示す番号（編号）が記されている。(完整簡の第1、2、7、8簡を参照) • 竹簡背面には劃痕（ひっかき傷状の斜線）が見え、配列の復元に用いられている。

(3) 清華大学蔵戦国竹簡（清華簡）形制一覧表

No.	分冊	文献名	竹簡数	簡長（完整簡）	編線	竹簡番号（背面）	文字数	篇題	内容	備考
1	一	尹至	5	約45	三道	有り	153字	無し	夏討伐に関する湯王と伊尹との問答が記されている（中には、情況説明文も混在する）。天人相関思想が見える。	『尚書』中の商書や『呂氏春秋』慎大篇との関連が指摘されている。
2	一	尹誥	4	約45	三道	有り	110字	無し	湯王と伊尹の問答形式で記されている。夏討伐後、伊尹が湯に対し、民衆に反感を買わず、また民衆を離反させないことが国を保つために重要であると説く。	• 孔壁古文『咸有一徳』や『礼記』緇衣篇、また『孟子』との関連が指摘されている。 • 『礼記』緇衣や郭店楚簡・上博楚簡『緇衣』が「尹誥曰」として引用する逸文と『尹誥』本文との合致に基づき、篇題が『尹誥』と命名された。

3	一	程寤	9	約44.5	三道	無し	289字	無し	周の文王の妻太姒が夢を見、その夢の内容から文王が周の受命を悟るものの、まだ殷の力が強力であるとして、太子発に訓戒を与える内容。	『芸文類聚』や『太平御覧』などに部分的に引用されていた『逸周書』程寤ではないかと指摘されている。
4	一	保訓	11	約28.5	両道	無し	232字	無し	文王が太子発（武王）に対して、舜や上甲微の故事をもとに、「中」を遵行すべきと説く内容が見られる。	『保訓』の竹簡の長さは、他篇と比べ短く、特殊であったため、比較的整理作業が早く進み、他篇に先行して図版が公開された。
5	一	耆夜	14	約45	三道	有り	353字	「郜夜」（第14簡背面）	周が耆を伐った後の飲至の儀礼が記されており、「楽楽旨酒」や「蟋蟀」などの詩が詠まれている。	古逸文献のため、内容の大部分が未知のものであったが、「蟋蟀」の詩のみは、『毛詩』唐風・蟋蟀との関連が指摘されている。
6	一	周武王有疾周公所自以代王之志（金縢）	14	約45	三道	有り	386字	「周武王有疾周公所自以代王之志」（第14簡背面）	周室のために尽力した周公旦が、不当な待遇を受けたため、天がそれに応じ、周に天災を与えたという内容。その後、成王が周公旦をもてなしたため、天災は治まったとされる。	語句の異同はあるものの、今本『尚書』金縢と、ほぼ同内容の文献。
7	一	皇門	13	約45	三道	有り	516字	無し	武王の死後、周の血族や群臣に対して、周公旦が述べた訓戒が記されている。	• 語句の異同はあるものの、『逸周書』皇門と、ほぼ同内容の文献。 • 古代の良王を褒め、後代の王は安逸に耽るのみと嘆く内容が、『尚書』無逸と類似している。
8	一	祭公之顧命	21	約45	三道	有り	581字	「禮（祭）公之賜（顧）命」（第21簡正面）	祭公が、穆王に対し、夏・商の衰退と文王・武王の成功とについて述べ、教戒する内容が見える。また、三公に対しては、よく王を補佐するよう告げている。	語句に異同はあるものの、『逸周書』祭公と、ほぼ同内容の文献。

9	一	楚居	16	約47.5	三道	無し	595字	無し	楚国23代の君主の居所や国都を記した文献。本文献により、「郢」と呼ばれる国都が14存在したことが明らかとなった。	もともと竹簡に篇題は記されておらず、その内容が『世本』居篇に類似することから、『楚居』と仮称された。
10	二	繫年	138	44.6～45	三道	有り（※但し、第138簡目には竹簡番号が記されていない。）		無し	• 全23章より構成される。 • 第1～4章は西周時代の内容が、第5章以降は春秋時代から戦国前期までの内容が記されている。	• 篇題は、整理者が『竹書紀年』にならい『繫年』と命名。 ※本篇に記述される最後の君主は、楚の悼王（在位前401～前381年）である。そのため、『繫年』の成書年代は、楚の粛王（在位前380～前370）の時代、もしくはその次の宣王（在位前369～前340）の時代と考えられている。 ※成書年代は、清華簡（一）に所収の『楚居』と合致するとされる（浅野裕一『出土文献から見た古史と儒家経典』）。
11	三	傅説之命（説命）（上・中・下）	23（現存）	約45	三道	有り	642字	「傅説之命」（各篇の最終簡背面）	• 偽古文『尚書』説命同様、三篇よりなるが、異なる内容が多く含まれている。 • 上篇には、殷王武丁が失仲の使人である傅説を天より賜る託宣を受け、その居処を探し求めさせたこと、後に傅説が失仲を伐ち、自ら進んで殷に赴き、公となったことが記述されている。一方、中篇下篇には、傅説が殷に至った後、武丁が傅説に対し、政治をしっかりと支えるよう呼びかける内容が記されている。	• 上中下の三篇よりなる。 • 『傅説之命（下）』の第1簡は、欠失しており見られない。

12	三	周公之琴舞	17	約45	三道	有り	520字	「周公之琴舞」(第1簡背面上端)	周公の多士に対する教誡的内容の詩一篇と成王の教誡的内容の一組九篇の詩よりなる。特に成王の第一詩は、今本『毛詩』周頌・敬之と同内容の詩と考えられ、両者の関係が注目される。	•『芮良夫毖』と形制・筆跡が同一。 • 本篇は『楽経』や『尚書』との関連性も指摘されている。
13	三	芮良夫毖	28	約45	三道	有り	約822字	「周公之頌志」(第1簡背面※)	本篇には、始めに周の厲王期の情勢が記され、続いて芮良夫の毖が記述されている。芮良夫は、当時における悪弊を的確につき、君主が天の常理を畏敬すべきであること、また君臣は利を貪り享楽に耽ってはならないこと等、教誡的な言葉を述べている。さらに、芮良夫によって作成されたと伝えられる『毛詩』大雅・桑柔と本篇との関連性も注目されている。	• 簡長について、整理者の趙平安氏は「44.7cm」としているが、本篇中には45cmを僅かに上回る竹簡も存在するため(清華簡（三)「竹簡信息表」)、ここでは約45cmと記した。 ※もともと第1簡背面に記されていた「周公之頌志」には、明らかに削り取られた痕跡が窺える。そのため、現時点においては、本篇の内容により「芮良夫毖」と仮称されている。
14	三	良臣	11	約32.8	両道※	無し	270字		• 本篇には、黄帝から春秋時代までの著名な君主の良臣が記されている。おおよそ黄帝より周の成王に至るまでは時代順に、春秋時代の晋の文公から鄭の子産の師・輔に至るまで国別に配列されている。 • 本篇に記載されている人物中には、伝世文献に未見のものや、その人物の時代が従来の見解と異なるものもおり、注意を要する。	• もとは『祝辞』と同一の書写者によって、一編の竹簡上に連続筆写されていたと考えられている。 • 内容から「良臣」と仮称された。 • 本篇は連続筆写されているが、途中、墨節で分割され、二十の小段に区切られている。 ※清華簡（三)「竹簡信息表」には、「三道」と記されているが、カラー図版を参照する限り、両道に見える（上部が第一編綫部分から断裂し欠失した可能性も考えられる)。

15	三	祝辞	5	約32.8	両道※	無し	120字		本篇は、「巫術の類」に属する文献と考えられ、各簡ごとに一則（条）の祝辞が筆写されている。一条目には、「恐溺」（落水や沈溺を防止する祝辞）が記述され、二条目には、「救火」の祝辞が記されている。残り三条には、全て「射箭」（矢を射ること）に関する祝辞が記載されており、それらはそれぞれ敵・禽獣・革製の甲や盾を射ることの三種に分類できる。	•『良臣』と同一の書写者により、連続筆写された可能性がある。 ※清華簡（三）「竹簡信息表」には、「三道」と記されているが、カラー図版を参照する限り、両道編綫に見える。
16	三	赤鵠之集湯之屋	15	約45	三道	有り	約448字	『赤鵠之集湯之屋』（第15簡背面下端）	本篇には、湯王が赤鵠を射、伊尹にそれを煮て羹を作らせたが、伊尹がそれに手を付けてしまったため、王の怒りをかい、呪詛をかけられてしまう内容が見える。呪いのために行き倒れていた伊尹は「巫烏」に救われ、その際、天帝の命令により夏王桀が重病を患っていることを知る。後に、病の原因を理解したことで、伊尹は夏王の危難を救うことができたとされている。	•背面上端に劃痕（ひっかき傷之状の斜線）が見える。 •整理者は、本篇の内容について、楚人が巫鬼（などの巫術）的習俗を深く信じていたことと関連するものであり、楚地に伝播した伊尹故事の一つであろうと述べている。
17	四	筮法	63	35	三道	無し			•占筮の原理と方法について記述されている。卦を数字で表しており（数字卦）、この手法は、天星観楚簡・包山楚簡・新蔡葛陵楚簡などの内容と類似している。 •占筮の内容ごとに計三十に区切られて記されている。また分欄筆写（欄の大きさや配置に規則性は見られない）され、図や表なども見える。	•竹簡正面下部に順番を示す編号が見え、背面には劃痕が見える。 •先秦の三易（連山・帰蔵・周易）研究に有用な史料と考えられる。

18	四	別卦	7	16	両道	無し			• 卦象と卦名が記述されている。 • なお、整理者によれば、卦名は一簡ごとに7つずつ記されており、卦象に含まれる卦名（八卦名）を併せると、各簡8つの卦名が見えることになる。さらに、脱簡を考慮すれば、全8（簡）×8（卦名）＝64卦存在していたことが窺われると言う。	• 竹簡（第3簡）が一本分欠失（脱簡）。 • 馬王堆帛書『周易』と配列が等しく、同一系統の文献と考えられている。
19	四	算表	21	43.5～43.7	三道	無し			• 90、80、70、60、50、40、30、20、10、9、8、7、6、5、4、3、2、1、半（2分の1）の内、二つの数字を掛け合わせた乗算表。	• 竹簡背面に劃痕が見える。 • 十進法が見える文献の中で最古の乗算表。 • 里耶秦簡・張家山漢簡「九九乗算法」との関連性も含め、先秦数学研究に資する史料。

(4) 睡虎地秦墓竹簡（睡虎地秦簡）形制一覧表

No.	名　称	竹簡数	篇題	内　容	備　考
1	編年記	53	—	秦の周辺諸国への進攻と、墓主の経歴とを記した竹簡。これにより、墓の被葬者が、この地域の県吏を歴任した「喜」という人物であることが判明した。	秦の昭王元年（前306）から、始皇帝三十年（前217）に至る90年間の出来事が記されている。
2	語書	14	語書	前半の8簡は、秦の植民官である南郡の郡守騰という人物が、県令以下の官吏に発した文書の写しであり、法令の施行・遵守・徹底を要請している。後半の6簡は､「良吏」と「悪吏」の定義を述べている。	最終簡（第14簡）の背面に「語書」という篇題が記されている。
3	秦律十八種	201	—	律の正文集。農業に関するものから、官吏任用や異民族管理に至るまで、多様な律文が示されている。	各条文の末に記載された律名が18種あることから､「秦律十八種」と仮称された。

4	効律	60	効	『秦律十八種』中の「効律」と一部重複する内容が見られるが、記述量はより多量なものとなっている。特に、秦律中の「効律」を集めて編集したものと考えられ、墓主である喜の職種に関係があるとする指摘もある。	第1簡の背面に「効」と篇題が記されている。
5	秦律雑抄	42	—	『秦律十八種』に含まれない律を寄せ集めた雑多な集積の文献。内容にも一貫性がない。	
6	法律問答	210	—	律文の語句の解説、律文の解釈、量刑などの解説書。具体的な秦の司法制度が窺える。	問答形式で記されていることから、「法律問答」と仮称されている。
7	封診式	98	封診式	担当官が事例処理のために記す書式（文例）。窃盗や罪人の告発などの内容が記されている。	最終簡（第98簡）の背面に「封診式」という篇題が記されている。
8	為吏之道	51	—	「語書」同様、官吏としての心得を記す。全体が4字句で構成されることや、韻文を含んでいること、また各所に官吏の常用語が散見することから、識字用の教科書であった可能性が指摘されている（冨谷至『古代中国の刑罰』）。	篇題は冒頭句による仮称。
9	日書　甲	166（326）	—	時日の吉凶占いを中心とした占書。甲本と乙本に一部重複する箇所がある。	甲本のみ、竹簡の表裏に記載がある。ただし、背面の最終6簡には記述が見られないため、有字簡は計326簡である。
	日書　乙	258	日書		

(5) 岳麓書院蔵秦簡（岳麓秦簡）形制一覧表

No.	分冊	名　称	篇題の有無	竹簡数	編綫	簡長	簡幅	内　容	備　考
1	一	質日	有	165	三道	約27	約0.6	•記述されている内容、および干支がすべて「秦始皇二27年」あるいは「34年」のもの。	•すべての竹簡の配列は、上部に附された干支の順番によって、復原することができる。 •『質日』の年号により、岳麓秦簡に含まれるその他の文献に関しても、成書年代の下限は、「秦始皇35（前212）年」附近であろうと考えられている。
					三道	約30	約0.5	•内容が「秦始皇35年」のもの。	

2	一	為吏治官及黔首	有	87	三道	約30		①３～４段に分段筆写されているもの：記述形式や内容は、睡虎地秦簡の『為吏之道』とほぼ同内容の文献。(秦代の役人のための教材ではないかとされている文献) ②分段筆写されていない竹簡３枚：役人教材の主旨を概述したものと考えられている。	•残存する編綫が文字と重なっていることから、竹簡が書写された後に編聯された文献であろうと指摘されている。
3	一	占夢書	—	48	三道	約30		①２段に分段筆写されているもの(第35簡のみ長文のためか、分段されていない)：夢象と占語とを記す。 ②分段筆写されていない竹簡５枚：陰陽五行学説によって占夢理論を解釈する内容。	•「占夢書」は整理者による仮称。 •現存最古の占夢に関する文献であると指摘されている。
4	二	数	有	236※	三道	約27.5	0.5～0.6	「租税類算題」「面積類算題」「営軍之術」「合分与乗分」「衡制」「貲・馬甲」「穀物換算類算題」「衰分類算題」「少広類算題」「体積類算題」「贏不足類算題」「句股算題」などの算題や数学的専門知識が記述されている。	※『岳麓書院蔵秦簡（二）』の「前言」によれば、竹簡は236簡あり、断簡が他に18枚あると記されているが、図版には竹簡番号が附された簡は219簡しか見えず、断簡も12枚しか掲載されていない。 •『数』の算題の中には、張家山漢簡『算数書』や『九章算術』に見えるものも含まれている。
5	三	為獄等状四種	有	252				主に秦王政（始皇帝）時代の司法文書が収められている。	•『岳麓書院蔵秦簡（三）』の「前言」によれば、もともと「為獄訲状」とあるのに従って、「為獄等状四種」の篇題が付けられたという。 •第一類には、秦王政18年～25年の案例が記されている（六国統一以前）。また、第二類には、六国統一前後の秦王政在位期の案例が見られる。
		（第一類）		（136）	三道	27.4～27.5	0.6～0.7	「癸・瑣相移謀購案」「尸等捕盗疑購案」「猩・敞知盗分贓案」「芮盗売公列地案」「多小未能与謀案」「暨過誤失坐官案」「識劫娩案」	

		（第二類）		(73)	三道	約25	0.5～0.6	「読・妬刑殺人等案」「同・顕盗殺人案」「麹盗殺安・宜等案」「得之強与棄妻奸案」「田与市和奸案」「善等去作所案」	• 第一類と第四類は、書風が近似している。 • 第三類は、秦王政22年のものであるという。 • 第五類には、残簡が収められており、第一類～第四類への分類が難しいものを掲載している。
		（第三類）		(27)	両道	約22.9	0.8	【木簡】「学為偽書案」	
		（第四類）		(9)			0.6	「綰等畏耎還走案」	
		待考残簡（第五類）		(7)				「待考残簡」暫且帰為第五類。	

(6) 馬王堆漢墓帛書（馬王堆帛書）形制一覧表

No.	名　称	所収文献	行　数	字　数	篇題	内　　容	備　　考
1	老子　甲本	老子（甲本）	169	4100			乙本同様､「徳経」が「道経」の前に配されている。
		佚書１：五行	182	5400余	—	「仁・義・礼・智・聖・聡・明・楽」を論じる。文中に『孟子』の話を引用し、『大学』・『中庸』に類似する語句が見られ、子思・孟子学派の作品に属するとされる。	佚書４篇には篇題がついておらず、これらには整理者によって仮称が付けられている。
		佚書２：九主	52	1500余	—	「伊尹論九主」。古今の成敗興亡した九種の君主について説かれ、特に「法君」を肯定する法家的要素を持つ。	
		佚書３：明君	48	約1500	—	兵家の書に属し、攻撃や守備を論ずる。	
		佚書４：徳聖	13	約400	—	欠損が激しく、全容は明らかではないが、五行と徳、聖、智の関係について論じている。	
	老子　乙本	佚書１：経法	77	計467	経法	「刑名」の説について述べる。	文末に「凡五千」とある。

		佚書２：十六経	65		十六経	•小篇に分かれており、多く黄帝と臣下との問答形式をとる。 •「刑名」や「陰陽刑徳」の説について記されている。	文末に「凡四千」とある。 ※なお、「経法」「十六経」「称」「道原」は、『漢書』芸文志に見える『黄帝四経』と考えられている。
		佚書３：称	25		称	前２篇とほぼ同様の思想が見られる。格言を多く集めている。	文末に「千六百」とある。
		佚書４：道原	7		道原	道の性質を論ずる。	文末に「四百六十四」とある。
		老子（乙本）	上篇43、下篇35 計78	5000	徳 道		•甲本同様、「徳経」が「道経」の前に配されている。 •文末に「徳三千四十一」「道二千四百二十六」とある。
2	周易	周易六十四卦		4500	―	六十四卦が揃い、卦ごとに行分けをして書写される。卦の序列は今本と完全には一致しない。卦辞・爻辞を有する。	
		佚書１：二三子問	35（篇末残欠）	約3200		孔子と門人の問答を記し、子貢の名が書中に見られる。	篇題は、冒頭の四字による仮称である。
		佚書２：繫辞		約6000	―	現行の繫辞伝と異同がある。	この文献については、繫辞下伝とする見方が有力であるが、別の佚文であるとの指摘もあり（韓仲民氏）、また冒頭句に基づき『易之義』とすべきという説もある（張立文氏）。
		佚書３：要	18（篇首残欠）	1648	要	一部が現行の繫辞下伝に見られる。	『要』『繆和』『昭力』の三篇には、もともと篇題が付されていた。
		佚書４：繆和			繆和		
		佚書５：昭力		約6000	昭力	易を伝えた者と昭力等の問答が記される。	
3	戦国縦横家書		325	11200余	―	縦横家の言行を記す。	27章の内、11章が『戦国策』ならびに『史記』に見える。他の16章は、伝世文献には見られず、蘇秦の遊説活動が記されている。

4	春秋事語		97	2000余		春秋時代の史事を記す。(魯の隠公弑殺事件から、晋の三家が智氏を滅する事件までが記されている。)	国別の史書ではなく、また編年体で記されてもいない。貴族教育に使われた可能性が指摘されている。
5	五星占		144	約8000	—	天文星占に関する書。木火土金水の五星に関する天文現象によって起こる事態について、占辞が述べられている。篇末には秦の始皇帝元年から漢の文帝三年までの木星・土星・金星の位置が記されている。	
6	天文気象雑占		約350条の占い			天文気象に関する占書。占文・図像(朱・墨を使用)等の内容を含む。	
7	相馬経		77	5200余		相馬に関する書。馬の目・睫毛・眉・骨等の外形を根拠にして、馬の優劣を鑑別している。(現行の『相馬経』と全く異なる内容である。)	• 書中、劉邦の諱を避けるが、恵帝の諱は避けていないため、書写年代は恵帝・呂后の時期であろうとされる。 • 文体が賦と類似しており、取り上げる地名からも戦国期の楚人の著作である可能性が指摘されている。
8	五十二病方	佚書1：足臂十一脈灸経	34	7000余	—	人体における11脈の走向経路、およびそれに関する病状、灸によるそれらの治療法を論じる。	
		佚書2：陰陽十一脈灸経(甲本)	37	800余	—		『導引図』の帛に含まれる『陰陽十一脈灸経』と同一の内容が記されている。本文献は「甲本」、『導引図』の方の『陰陽十一脈灸経』は「乙本」として区別される。
		佚書3：脈法	12	200余	—	脈に基づいて疾病の兆候を判断することを説く。	
		佚書4：陰陽脈死候	4	80余	—		

		五十二病方	459	約10000	—	古病方に関する書。52の疾病や外傷があげられ、その治療法が記されている。治療法は薬物・灸・石針・切開手術などが示されている。	書物の冒頭に病方目録を並べており、目録の末尾に「凡五十二」とある。紀元前3世紀末の写本ではないかという説がある。
9	導引図	佚書1：却穀食気篇	約8	400余	—	気功による健康法を示す。	
		佚書2：陰陽十一脈灸経（乙本）	約18	約900	—		『五十二病方』の帛に含まれる『陰陽十一脈灸経』と同一の内容が記されている。本文献は「乙本」、『五十二病方』の方の『陰陽十一脈灸経』は「甲本」として区別される。
		導引図			—	多種の運動姿態がある彩図（朱・褐・藍・墨を使用）。各図の側には、その術の名称や器具名などが記されている。	「導引」とは、道引・接引と同義で、道家の修練の術（健康法の体操）を指す。
		域邑和園寝図			—	田園・山丘・土坑・房室及び廟宇（神社）などの建築物の図画。	
10	長沙国南部地形図		96cm四方の帛に描かれている。			長沙国南部地区の地形図。現在の湖南省南部を流れる瀟水流域とその近接地域が描かれている。	縮尺は、およそ17万分の1から19万分の1である。
11	駐軍図（箭道封域図）		縦98cm、横78cmの帛に描かれている。			『長沙国南部地形図』の東南部の一角（現在の湖南省最南部の江華県の江流域）における駐軍図。	縮尺は、およそ8万分の1から10万分の1である。黒、紅、濃緑の三色が使用されており、河川や山脈は薄い色で、軍隊の駐屯地や防衛線については濃い色で示されている。
12	刑徳関連書	佚書1：甲本			—	内容は、兵陰陽家に属す。数種の図が付されている。	
		佚書2：乙本			—		
		佚書3：丙本			—		四神に関わる箇所は『礼記』曲礼上の記述と類似している。

13	陰陽五行関連書	佚書１：式法 （篆書陰陽五行）			―	これまでに『天一』『徙』『天地』『上朔』『祭』『式図』『刑日』の７つの釈文が公開されている。『上朔』『式図』には表・図がある。	
		佚書２：隷書陰陽五行			―	『式法』に近い内容であるが、一部に兵陰陽家の思想が見られる。	

＊その他、次のような数術・方術・房中術関連書や図も含まれている。房内記、療射工毒方、胎産書、太一祝図、卦象図、府宅図、居葬図、宅位草図、喪服図、九主図、物則有形図、出行占、木人占、宅位宅形吉凶図、養生方、十問、合陰陽、雑禁方、天下至道談。なお、十問・合陰陽・雑禁方・天下至道談については、竹簡に書写されている。

（7）銀雀山漢墓竹簡（銀雀山漢簡）形制一覧表

No.	分冊	名　称	竹簡数	篇数・章数	内　容	備　考
1	一	孫子兵法	233	孫子13篇 （及びその佚篇）	現在見られる『孫子』13篇のうち、「地形」篇以外の12篇に属する記載が確認できる。ただし、同時に出土した木牘には『孫子』の篇題が記されており、それにより「地形」篇を含めた伝世13篇が全て揃っていたことが指摘されている。また、それ以外に佚篇が計４篇（「呉問」「黄帝伐赤帝」「四変」「地形二」）出土している。	竹簡の総数は、残簡も含めて4942枚。それ以外に数千点の断片が出土している。 れ、それぞれ27.6㎝（約5000枚）、18㎝（10枚）である。 【編綫】両（二）道編綫と三道編綫の文献がある。 【簡長】竹簡の長さは２種類に分けら 【字数】各簡ごとに一定でなく、27.6㎝の竹簡の場合、通常35字程度記されている。多くの篇末には総字数が記述されている。 【篇題】篇題の表示位置には３通りある。１つは第１簡の正面上部であり、２つめは第１簡の背面上部、３つめは篇末最終簡の末尾に記されている。
2	一	孫臏兵法	222	16篇	『漢書』芸文志に見られる『斉孫子』と考えられる。第１篇～第４篇までは、孫臏が斉の威王ならびに斉の将軍田忌と交わした問答が記されており、間違いなく『孫臏兵法』とされる。第16篇「強兵」にも孫臏と威王の問答が見られるが、内容的に『孫臏兵法』と合致しないとする研究者もいる。	
3	一	尉繚子	72	5篇	現行本『尉繚子』（全22篇）の「兵談」「攻権」「守権」「将理」「原官」「兵令」の計６篇と一致する記述が含まれている。ただし、このうち「兵令」篇と一致する竹簡は『尉繚子』の一篇としてではなく、『守法守令等十三篇』の一篇として出土した。	

4	一	晏子	103	16章	現行本『晏子』(８篇）と部分的に一致する。	
5	一	六韜	136	14組（３種類）	現行本『六韜』の記載と一致する部分・現行本に見られず『群書治要』『通典』『太平御覧』などに引用された佚文と一致する部分・残簡だが、書体や字体が前者２つと類似しており、さらに文王や太公望に関する記述が見られる部分の３種に分けられる。	
6	一	守法守令等十三篇	224	10篇	「守法」と「守令」とは非常によく似ており、識別が困難であるため、一篇にまとめられている。「守法」篇は『墨子』の「備城門」や「号令」などの篇と類似し、「上篇」や「下篇」は『六韜』との関連が指摘されている。その他、韻を踏んだ用語が多く一種の格言集となっている「要言」篇や、土地・租税などに関する法律制度、王者の道についてなど様々な内容が含まれている。	
7	二	論政論兵之類		50篇	「論政論兵之類」には、おおむね兵権謀家的思想の特色が見られる文献が収められている。第１～12篇は、篇題が一号墓から出土した篇題木牘に見える。12篇以外の各篇は字体によって２組に類別される。１つは隷書で記された第13～44篇、もう１つは草書の筆法を帯びた第45～50篇である。論兵篇の中には、かつて多く『孫臏兵法』下編に編入されていた文献が含まれているが、それらはすべて、孫臏の書に属させるには根拠が不足していた。そのため、本書においては内容や篇題木牘（第３分冊に所収予定）により、それらを『孫臏兵法』から除外し、「論政論兵之類」として再編している。	本書には「佚書叢残」として、第１分冊には採られなかった比較的まとまりのある文献や、残欠部分は多いが、篇義が比較的明確な文献が収められている。各篇の配列については未詳であるが、内容に基づき「論政論兵之類」「陰陽時令、占候之類」「其他」の３部に分けられ掲載されている。
8	二	陰陽時令占候之類		12篇	「陰陽時令占候之類」に所収の文献は、兵陰陽家的思想を帯びている。銀雀山漢墓竹簡整理小組は、中でも「曹氏陰陽」「三十時」「天地八風五行客主五音之居」「占書」などの篇（「論政論兵之類」の「君臣問答」も同様）は、他の篇に比べて相対的に量が多く、これらを独立した書とみなすべきであろうとしている。	

9	二	其他		13篇	全13篇に分類・整理されているが、第6篇以下の篇はただ一枚の標題簡があるだけで、篇義は不明である。整理小組の「編輯説明」によれば、本部には「論政論兵之類」や「陰陽時令、占候之類」に括ることのできなかった竹簡を所収するという。その中には、「唐勒論御」賦、相狗方、作醬法、算書などの残篇が収められており、内容は多岐に渡っている。	
10	三（所収予定）	元光元年暦譜	32		10月を歳首とする。毎月の朔（1日）から晦（30日）に至る日々の干支が記されており、これによって宋代の『通鑑目録』をはじめとする関連諸書に誤記・相違の可能性があることが判明した。	一部の簡冊として、原形を保った状態で出土した。簡長は69cm、幅1cm、厚さ0.2cm。

〔附録三〕「張家山漢簡」主要六文献解題

以下は、張家山漢簡の主要六文献（『二年律令』『奏讞書』『脈書』『引書』『算数書』『蓋廬』）の解題であり、主に各文献の書誌情報と概要とを記す。書誌情報は『張家山漢墓竹簡〔二四七号墓〕』（文物出版社、二〇〇一年十一月。以下、『張家山』と略記）に依拠し、概要はこれまでの諸研究を参考に作成した。なお、『張家山』の掲載順とは異なるが、『脈書』と『引書』とは共に医学関連書であるため、続けて解説を施すこととする。

『二年律令』（にねんりつれい・にねんりつりょう）

（1）書誌情報

全五二六簡（完整簡四九四簡、残簡三十二簡）。両端は平斉。簡長は約三十一センチ。三道編綫。第一簡（首簡）の背面に「二年律令」と記されている。この「二年」については諸説あるものの、呂后二年（前一八六年）を指すとする見方が有力視される。また、第八十一簡「盗律」の下部に「鄭奺書」（鄭奺書す）と、書写人の名称と思われる記述がある。

なお、『張家山』釈文公開後、赤外線技術を用いて再度文字の判読が行われ、新たに竹簡十四枚が追加公開された。（彭浩・陳偉・工藤元男主編『二年律令与奏讞書――張家山二四七号漢墓出土法律文献釈読』、上海古籍出版社、二〇〇七年。詳細は、「『張家山漢墓竹簡〔二四七号墓〕』解説」序言参照。）

（2）概要

本篇は、前漢初期の法令集であり、「盗律」「賊律」等の二十七種の律と、一種の令（「津関令」）よりなる。律令の内容は社会・政治・経済等、多方面に及んでおり、その主なものは、以下の通りである。

まず、犯罪に関わる法令には、窃盗に関する処罰を規定した「盗律」、傷害・殺人・謀反等の罪を規定した「賊律」、誣告に関する「告律」等がある。

また、爵位に関する規定には、爵の授与を定めた「爵律」、爵位に応じた田地の支給を規定した「戸律」、有爵者の後継ぎに関する「置後律」等が見える。

さらに、職業上の規定を記したものとしては、官職ごとの秩禄を定めた「秩律」、吏の規定を記した「置吏律」、史・卜・祝に関する「史律」、国家に仕える工匠の徭役を定めた「復律」、農民の田地に関わる「田律」等が挙げられる。

市場の規定を記した「□市律」（□の文字は未詳）、貨幣や黄金に関する「銭律」は、当時の経済生活と関わるものであり、また、駅伝施設における食糧の支給を定めた「伝食律」や、郵便上の規定を記した「行書律」は、当時の駅伝制度や郵便制度を窺う上でも興味深い史料である。『二年律令』には、他にも、実に多様な法令が収められている。

『二年律令』は、居延漢簡や敦煌漢簡と共に、漢代の法律制度を窺う上で貴重な史料を提供している。また、本篇に記される法令中には、睡虎地秦簡・龍崗秦簡等の秦律や、唐律と類似する規定も多い。即ち、本篇は、漢律研究のみならず、秦律から漢律を経て、唐律に至るまでの法制史の継承・発展の過程を考察する上で重要な文献であると言える。

『奏讞書』（そうげつしょ・そうげんしょ）

（1）書誌情報

全二二八簡（完整簡二二六簡、残簡二簡）。両端は平斉。簡長は二十八・六〜三十・一センチ。三道編綫。第二二八簡（末簡）の背面に「奏讞書」と記されている。

（2）概要

本篇は、裁判の審理記録を集めたものであり、二十二の案例よりなる。いずれも裁決が困難な案件が取り上げられ、告訴から判決に至るまでの過程が記録されている。

案例には、春秋時代や、秦王政の治世下のものが含まれるが、中心となっているのは漢の高祖期の案例である。審理内容については、例えば、県令による官有穀物の横領、吏による公文書偽造や官有奴隷の致死事件、戦時における奴隷の逃亡、逃亡奴隷の隠蔽や逃亡奴隷との結婚、敵前逃亡に関する処罰等、多岐に渡る。本篇には、県令や吏等の役人の犯罪が見える一方で、奴隷等の社会的低階層の人々に関する犯罪も多く見える。これらはいずれも、通常は歴史記録に残ることのない比較的小さな事件について記したものであり、それだけに、前漢初期における社会実情の一端を映し出す生々しい史料であると言える。また、『奏讞書』は、解決困難な審議を上級機関に上申する際の書式の見本であった可能性が指摘されており、類似する文献には、睡虎地秦簡『封診式』がある。

本篇の中には秦王政の治世における案件が数件含まれているが、これは漢制が秦制を承けて成立したこととも関連するであろう。

さらに、春秋時代の案件二例が含まれている点も本篇の特色である。一つは、衛の史猷が料理人の無罪を証明する内容であり、『韓非子』内儲説下篇にも類似の故事が見える。もう一つは、魯の柳下恵と魯君との窃盗事件をめぐるやりとりである。前漢初期には、『春秋』に示される評価を基準に判決を下したことが知られているが、これらの史料も同様の役割をもっていた可能性が考えられる。

『奏讞書』は、前漢初期の裁判記録ではあるが、そこからは裁判制度のみならず、官僚機構、奴隷制度等、実に多様な漢代社会の実相が浮かび上がってくる。そうした意味でも、本篇は高い史料的価値を有していると言えよう。

『脈書』（みゃくしょ）

（1）書誌情報

全六十六簡（完整簡六十四簡、残簡二簡）。両端は平斉。簡長は三十四・二～三十四・六センチ。三道編綫。第一簡（首簡）の背面に「脈書」と記されている。

（2）概要

本篇は、疾病の診断法・治療法を説く医学書である。その内容は、およそ次の三段に分けることができる。

① 各種疾病の名称
② 経脈、及びそれに関連する疾病
③ 様々な病状とその対処法等についての雑記

①では、身体の各部位（頭・目等）とそこに発症する疾病（六十余種）が、概ね頭部より下肢へと順に記されている。例えば、冒頭部には「病在頭、農（膿）為𩑶、疕為禿、養（癢）為鬠」とあり、疾病の生じる部位（「頭」）、症状（「膿」「疕」「癢」）、病名（「𩑶」「禿」「鬠」）が記される。なお、これらの病名の中には、馬王堆帛書『五十二病方』と一致、或いは類似するものも見える。

②では、体内をめぐる脈の種類（陽脈六種と陰脈五種）とそこに生じる疾病について述べられている。この部分は、馬王堆帛書『陰陽十一脈灸経』甲本・乙本と多くの重複部分を持ち、字句に多少の異同はあるものの、両者は基本的に同一の資料と見なすことができる。また、『霊枢』経脈篇と一部重なる箇所も見え、『霊枢』の素材の一つであった可能性も考えられる。

③では、死に至る症状とその対処法、骨・筋・血・脈・肉・気の六者と疾病との関係、脈による診断方法とその治療法等、多様な論が展開されている。なお、この部分は、馬王堆帛書『脈法』『陰陽脈死候』と多くの重複箇所を持つ。

以上のように、本篇は馬王堆帛書中の医学関連文献と重複するものが多く、前漢初期にはこれらの医学書が広く流布していた状況が窺える。『脈書』を含むこれらの資料は、前漢初期における医術や養生論を解明する上で、価値を持つものであると考えられる。

『引書』（いんしょ）

（1）書誌情報

全一一二簡（完整簡一〇八簡、残簡四簡）。両端は平斉。簡長は三十〜三十・五センチ。三道編綫。第一簡（首簡）の背面に「引書」と記されている。

（2）概要

本篇は、養生と導引に関する書であり、広い意味での医学書に属する。その形式及び内容から、次の三段に分けることができる。

① 四季に応じた養生法
② 導引術の術式、及びそれを用いた疾病の治療法
③ 導引と養生の理論

①では、四季の変化に従うことが彭祖の長寿の秘訣であるとし、以下、四季に応じた養生法を説く。その具体的内容は、

起床・沐浴・飲食等の生活習慣に関わるもので、各季節に適した生活を送るべきであると述べられている。同様の養生論は、『素問』四気調神大論篇にも見える。

②では、導引術の各術式と、導引術を用いた疾病への対処法が説かれている。前半部では、導引術における各術式四十一種の名称（竹簡破損のため名称不明のものも含む）、その具体的な動作、それを行う回数等が記される。また後半部では、様々な疾病に対し、導引術を用いた治療法が述べられている。

③では、疾病の原因・予防に関する養生理論が示されており、その中には『老子』と類似する一文も見える。

嘗て馬王堆漢墓から出土した『導引図』には、導引術における各術式の名称と、その姿勢を表した絵図とが記されていた。ただし、『導引図』には文字による説明はなく、動作の詳細や導引の理論については不明であった。これに対して『引書』には、絵図は付されていないものの、各術式の動作の過程が文字で説明されており、動作の連続性が理解できる。両文献中には類似、或いは共通する術式も見えるが、共通する名称であっても、異なる動作を指す場合があり、注意を要する。

馬王堆帛書『導引図』に続く『引書』の発見は、導引技法に関する新しい知見をもたらすと同時に、こうした導引術が前漢初期において、盛んに行われていたことを物語っている。

『算数書』（さんすうしょ）

（1）書誌情報

全一九〇簡（完整簡一八三簡、残簡七簡）。両端は平斉。簡長は二十九・六～三十・二センチ。三道編綫。第六簡背面に「算数書」と記されている。一部の竹簡には、その最下部に「楊」「王」等の書写者、或いは校訂者の名称と思われる記述がある。

（2）概要

本篇は、多くの計算問題を記した数学書で、「相乗」「分乗」等、六十九の算題からなる。各算題は主に、算題名・問題文・解答・計算方法の説明の四部分で構成されている。

算題の内容は、算術・幾何・代数の部門を広く包括しており、分数の増減や乗法に関する計算、図形の面積や体積の求め方、各種の比例問題等が記載される。

具体的には、穀類（粟・米）の換算方法を記した「粟求米」題、利息に関する「息銭」題、毛皮にかかる関税を求める「狐出関」題、田地の課税についての「税田」題等、実生活に関わる計算問題が示されている。その他、「除」題は墳墓造営時における採土量を計算するための算題、また「飲漆」題は納税された漆の検査に用いられた算題であるとの指摘がなされており、これらも概ね実用的な計算法を記したものであると考えられる。以上に加え、張家山漢墓は、墓主が下級官吏であったと推定されていることから、本篇は、官吏が実務上様々な計算を行う際に使用した指南書であった可能性が高いと考えられる。

これまで現存最古の数学書としては『九章算術』が知られていた。その成書時期については、前漢中期説から後漢初期説まで諸説あるが、いずれにしても、前漢初期の写本である『算数書』は、それを遡る数学書となった。『算数書』中の算題は、『九章算術』と多く類似しており、中には「少広」のように、同一の名称も見える。従って、『九章算術』の成立を考える上でも、本篇は重要な意義を持つと言える。

このように、『算数書』は、中国古代における数学の体系や発達状況を示すものであり、また、そこに記載されている算題を通して、税制や田制等、当時の経済社会の状況をも窺い知ることができる。

『蓋廬』（がいろ・こうりょ）

（1）書誌情報

全五十五簡（完整簡五十四簡、残簡一簡）。両端は平斉。簡長は三十〜三十・五センチ。三道編綫。第五十五簡（末簡）背面に「蓋廬」と記されている。

（2）概要

本篇は、春秋末の呉王闔廬（「闔閭」とも表記）と伍子胥の問答形式によって構成された、一種の兵法書である。主として伍子胥の兵法が説かれており、その中には一部、兵陰陽家に属する用兵法が見える。

竹簡の形式、及びその内容から、『蓋廬』は全体を九章に分けることができる。各章の内容は以下の通り。

第一章　天下統治について（総論）
第二章　「天之時」について
第三章　布陣法
第四章　兵陰陽家の用兵法
第五章　兵陰陽家の用兵法
第六章　敵情の観察と攻撃方法
第七章　敵軍と対峙後の対処法
第八章　国内における攻撃対象
第九章　国外における攻撃対象

第一章は、軍事のみならず、広く天下統治に言及する総論的な性格を備えた章である。第二章以下は各論であり、個別の軍事論が展開されている。第二章・第四章・第五章では、兵陰陽家の思想が中心となっており、主に陰陽・日月・四時・五行に基づく用兵法が示される。第三章は布陣法を説き、第六章・第七章では、戦場における敵軍への対処法を記す。この部分は、『孫子』等にも類似の論が見え、兵権謀家の用兵法との関連性が指摘できる。第八章・第九章では、民を救い、乱を治める手段として兵（軍事）を位置づけた上で、国内外の攻撃対象を列挙する等、軍事に対する本篇の基本姿勢も垣間見える。

兵陰陽家の用兵法については、『六韜』等の伝世文献の一部に断片的な記載が見えるほか、馬王堆帛書『五星占』『天文気象雑占』等にも関連する記述が見える。しかし、『漢書』芸文志に記録されている兵陰陽家の著作は早くに佚したため、その具体的な用兵法については不明な点が多く残されていた。『蓋廬』には、『漢書』芸文志の兵陰陽家の説明にほぼ合致する内容が含まれており、兵陰陽家の思想を考究する上で非常に貴重な資料を提供することとなった。

（附録四）　新出古代兵書に見える周公旦

小序

第一部第二章や第二部第一章では、それぞれ上博楚簡、清華簡における周公旦に関する文献（上博楚簡『成王既邦』、清華簡『周武王有疾周公所自以代王之志（金縢）』）を取り上げ、検討を試みた。

しかし、第三部で取り上げた銀雀山漢簡や古代兵書関連の研究では、周公旦を対象として検討を行ったものは、いまだ見られない。なぜなら、儒家により顕彰され、その他の諸子においても聖人として認識されてきた周公旦の言動が、伝世の古代兵書中にはほとんど見られなかったためである。[注1]したがって、従来の周公旦研究において、兵書が取り上げられることも、また、兵書における周公旦像を描き出すといった検討も、積極的にはなされなかった。

ところが、銀雀山漢簡中には、僅かながら周公旦の発言が見え、またその言動に対する評価が加えられている。兵家にとって、周公旦とは如何なる存在であったのか。ここでは、その言行に注目し、古代兵書における周公旦関連の記述を提示してみたい。

一、『孫臏兵法』に見える周公旦

（1）『孫臏兵法』について

一九七二年、山東省臨沂県銀雀山漢墓より出土した文献中、特に多くの研究者より注目されたのは、『孫臏兵法』である。[注2]『漢書』芸文志・兵書略・兵権謀家類には、「呉孫子兵法八十二篇」と「斉孫子八十九篇」とが併記されているが、伝世していたのは『孫子』十三篇の一書のみであった。そのため、この『孫子』が呉の孫武の兵法を表すものであったのか、斉の孫臏の兵法を表すものであったのか、長く未詳であった。(注3) しかし、銀雀山漢簡には、『孫子兵法』と『孫臏兵法』の二つの『孫子』が含まれており、この発見によって伝世文献の『孫子』十三篇が、孫武の兵法と関連する内容のものであったことが判明したのである。

『孫臏兵法』に関しては、一九七五年二月に『孫臏兵法 銀雀山漢墓竹簡』（銀雀山漢墓竹簡整理小組編、文物出版社）が刊行され、また一九八四年二月に張震沢『孫臏兵法校理』（中華書局）が出版されるなど、釈文が比較的早い段階から公開されていた。しかし、一九八五年に出版された『銀雀山漢墓竹簡〔壹〕』では、当初『孫臏兵法』下編とされていた文献が、『孫臏兵法』から除外され別文献へと改編されたり、(注4) また『孫臏兵法』自体も配列が再検討されるなど、大幅に修正が加えられている。ここで取り上げる『孫臏兵法』見威王についても、配列に変更が見られる。(注5) 具体的な変更箇所は、次に示す通りである（以下、竹簡番号は『銀雀山漢墓竹簡〔壹〕』に付されたものを使用する）。

• 第二四七簡「此先王之伝道也」

『孫臏兵法 銀雀山漢墓竹簡』や『孫臏兵法校理』においては「傳」字と隷定されていた文字が、『銀雀山漢墓竹簡〔壹〕』では「伝（傳）」字の誤りであろうとされている。

• 第二五四簡「西面而并三苗□□」

『孫臏兵法 銀雀山漢墓竹簡』や『孫臏兵法校理』では「舜伐劇【二五五】□□而并三苗、□□【二五四】……管、湯放桀（以下略）【二五六】」と配列されていたものが、『銀雀山漢墓竹簡〔壹〕』では、上部の二字を「西面」と定めた上で、(注6) 第二五四簡を該当箇所から切り離し、第二五三簡の下部に「中國四【二五〇】。故堯伐負海之國而后北方民得不苛、伐共工而后兵寢而不起、弛而不用。其間數年、堯身【二五一】衰而治屈、胥天下而伝舜。舜擊讙兜、放之崇、擊鯀、放之羽、擊三苗、放之危、亡有扈氏中國。有【二五二】苗民存、独爲弘。舜身衰而治屈、胥天下而傳之禹。禹鑿孔門而通大夏、斬八林而焚九□。(注7)【二五三】西面而并三苗□□【二五四】……素佚而致利也【二五五】。」と再配列し直している。

このように、公開以来、多くの修正が加えられている『孫臏兵法』であるが、本篇における周公旦の登場場面に関しては、特に配列や語句の変更は見られない。そのため、引用に際しては、以下、『銀雀山漢墓竹簡〔壹〕』の釈文を用いることとする。

（2）銀雀山漢簡『孫臏兵法』見威王における周公旦

『孫臏兵法』見威王には、孫臏が斉の威王に対して、自らの軍事論を述べる内容が記されている。まず、ここでは戦争が国の存亡を左右する重大事であり、かつ「夫れ兵とは、恒の勢を士《たの》むに非ざるなり」と、不変の形勢を頼りとすることはできないものとして捉えられている。そのため、孫臏は戦争を行う際には、必ず熟考すべきであるとしているが、これは『孫子』計に「孫子曰「兵者、国之大事、死生之地、存亡之道、不可不察也（孫子曰く「兵とは、国の大事にして、死生の地、存亡の道にして、察せざる可からざるなり」）」とあることと類似している。

また孫臏は、「夫の兵を楽しむ者は亡び、而して勝ちを利とする者は辱めらる」とし、戦争を好んだり、戦闘による勝利を貪るべきではなく、もし戦うとなった場合には、戦闘の準備を調え、物資を確保し大義を持って臨むべきであるとしている。これは、『尉繚子』兵令上に「兵者、凶器也。争者、逆徳也。事必有本、故王者伐暴乱、本仁義焉。（兵とは、凶器なり。争とは、逆徳なり。事は必ず本有り、故に王たる者は暴乱を伐つに、仁義に本づく）」とあるように、基本的には戦争が忌むべきものとして捉えられ、戦う際には大義に基づく必要があると説かれていることと類似する。このように、『孫臏兵法』見威王には、『孫子』や『尉繚子』などと近似する戦争認識が含まれていたことが確認できる。

それでは、本篇において、周公旦はどのような場面に登場しているのか。本篇後半部の該当箇所を以下に示す。

……素佚而致利也。戰勝而强立、故天下服矣。昔者、神農戰斧遂。黄帝戰蜀祿。堯伐共工。舜伐劅管。湯放桀。武王伐紂。帝奄反、故周公淺之。故曰、徳不若五帝、而能不及三王、智不若周公、曰「我將欲積仁義、式禮樂、垂衣裳、以禁争奪」。此堯舜非弗欲也。不可得故擧兵繩之」。

（……素より佚にして利を致す〔こと能わず※整理小組の注により補う〕。戦い勝ちて强立つ、故に天下服す。昔者《むかし》、神農 斧遂（意：補遂）に戦う。黄帝 蜀祿（意：涿鹿）に戦う。堯 共工を伐つ。舜 劅管〔※現時点において、未詳〕を伐つ。湯 桀を放つ。武王 紂を伐つ。帝奄 反す、故に周公 之を淺《ほろぼ》（意：踐・殘）す。故に曰く、徳は五帝に若かず、而して能は三王に及ばず、智は周公に若かざるに、曰く「我 將に仁義を積み、禮樂に式《のっと》り、衣裳を垂れ、以て争奪を禁ぜんと欲す」と。此れ堯舜も欲せざるに非ざるなり。得可からざるが故に兵を擧げて之を繩《ただ》す」と。）

ここでは、何もせずに利益をもたらすことはできず、戦争に勝った強者が上位に立つことにより、天下が服従するのだとされている。また、古代の聖王と考えられていた堯や舜もこれに例外ではなく、彼らも仁義に励み礼楽に則って行動し、為すこと無くして争いを廃絶したいと望んでいたが、それが不可能であったため、戦争を行いそれぞれの反抗勢力を討伐したのだと説かれている。

本篇では、周公旦が古代聖王と共に列記され、商奄を討伐した聖人と捉えられていたことが分かる。また、ここでは「徳は五帝に若かず、而して能は三王に及ばず、智は周公に若か」ずとあるように、周公旦が「智」に代表される人物として認識されていたことが窺える。

それでは、ここに記述された「智は周公に若かず」の「智」とはいかなるものであったのか。

「智」（智恵）については、『孫子』計や『呉子』論将に「将者、智・信・仁・勇・厳也（将とは、智・信・仁・勇・厳なり）」や、「務於北、無務於得、観敵之来、一坐一起、其政以理、其追北佯為不及、其見利佯為不知、如此将者、名為智将、勿与戦矣（北ぐるに務めて、得るに務むること無からしめ、敵の来たるを観るに、一坐一起して、其の政 以て理まり、其の北ぐるを追うや佯《いつわ》りて及ばずと為し、其の利を見るや佯りて知らずと為す、此くの如き将は、名づけて智将と為す、与に戦うこと勿かれ）」とあり、古代兵書において、将軍に求められる資質として重視されていたことが分かる。また、『孫臏兵法』八陣にも「智、不足将兵自恃也（智、足らざれば将兵 自ら恃むなり）」と述べられ、将軍に智恵が不足する場合、将校も兵士も自らを頼みに（勝手に）行動するようになるとして、将軍の「智」の重要性が説かれている。本篇における周公旦も、このように智謀をめぐらす統率者として登場していたものと考えられる。

二、銀雀山漢簡「論政論兵之類」における周公旦

次に、『銀雀山漢墓竹簡〔貳〕』「論政論兵之類」に見える周公旦について取り上げてみたい。「論政論兵之類」には、五十篇の文献が収められているが、その中でも周公旦は、『聴有五患』、『君臣問答』成王与周公旦の二篇にのみ登場する。

（1）『聴有五患』について

まず、『聴有五患』における周公旦像を確認してみよう。

『聴有五患』前半部には、天下を有ち王覇となるには、「聴」（他者の意見を聴くこと）が大切であるが、「聴」にも五つの弊害となるものがあると語られている。その五つのうち、二つは「内」（自らの内側）に弊害を引き起こす原因があり、三つは「外」（外見・容貌・権勢などの事物に対する自らの対応）に原因があるという。具体的には、「中心虚ならず、耳目間ならず、善言を聞くと雖も心に著《つ》かず」ということが内患であり、「其の勢を貴として、因りて其の言を聴き、其の色を美として、因りて言を聴き、其の身を親として、因りて其の言を聴く」ということが外患であるとされている。ここでは、君主がそれらの五つの患いに惑わされることなく、的確に臣下の言葉を聴き、彼らの賞罰や進退を決する必要があると説かれ

ていることが分かる。

周公旦は、このような議論に続く、本篇の後半部に登場する。内容は以下の通り。

故萬乘之主、務存於［擧廢賞］罰。曰「何從知其然也」。曰「昔者周武王擧太公望、召公奭・周公旦從之、何□□類利耳。[注8] 故擧一賢而二賢從之。豈直二賢從之而已哉。天下之士皆至。

（故に萬乘の主、務めは［擧廢・賞］罰に存す。曰く「何に從りて其の然るを知らんや」と。曰く「昔者 周の武王 太公望を擧ぐるに、召公奭・周公旦 之に從う、何□□類利耳。[注8] 故に一賢を擧げて二賢 之に從う。豈に直だ二賢 之に從うのみならんや。天下の士 皆至る。）

後半部では、君主が臣下の賞罰や進退を的確に判断した例として、武王の太公望推挙を挙げている。ここでは、武王が賢人である太公望を用いたことにより、他の二賢（召公奭と周公旦）がこれに付き従い、さらには天下の士も皆、武王に付いたのだとされている。この記述からは、本篇における太公望が、召公奭・周公旦の上位に位置づけられていたことが推測される。古代兵書中、太公望は、固有名詞を挙げることの極めて少ない『孫子』においても、伊尹と共に、優れた間諜として取り上げられている。[注9] 恐らく、『六韜』や『三略』などの兵書と関連づけられ、武王の軍師として殷討伐に尽力したと認識される太公望を、兵家はその他の聖人と区別し、特に重要視して扱ったのではなかろうか。

本篇においては、周公旦も、太公望や召公奭同様、賢人の一人と捉えられている。しかし、儒家の経書や古代の思想文献には、それ以上に周公旦と召公奭が頻出する。[注10] このことを考慮すれば、本篇の「太公望を第一の賢人」とする考え方は、やはり兵書的な発想に立つものと考えられるだろう。

（2）『君臣問答』成王与周公旦について

次に、『君臣問答』成王与周公旦に見える周公旦像について検討したい。『君臣問答』には、古代聖王とその賢臣との問答が計十一篇収められている。(注11)「成王与周公旦」は、その中の一篇であるが、欠損部分が多く、通読することは難しい。以下にその全文を掲げる。

①成王問周公旦曰「願聞有國……（成王周公旦に問いて曰く「願わくは國を有《たも》つ……聞かん）

②……爲大。」周公旦曰「□以人之惡自爲善（……大と爲す」と。周公旦曰く「□人の悪を以て自ら善と爲し）

③……［周公］旦曰……（……［周公］旦曰く……）

ここには、成王が周公旦に対して国を保つ上での重要事項を問う内容が見え、政治的な問答がなされていたものと考えられる。

『君臣問答』のその他の篇には、堯・舜・禹・湯・文王などの古代聖王や、斉の桓公・秦の穆公・晋の文公・楚の荘王・魏の襄王などの春秋戦国期の覇者が登場する。どの篇も保存状況が悪く、ほぼ断簡で構成されているため、文意を捉えることは極めて困難であるが、いくつかの篇には共通して「願聞有国之大失（願わくは国を有つの大失を聞かん）」という語句が見られる。また、これらの篇には、「失」字や「亡」字が散見することから、『君臣問答』を戦闘の激化し、戦争の勝敗が一国の存亡を左右するようになった戦国期に編まれた文献であったと考えることができよう。さらに、「成王与周公旦」では、周公旦が武王ではなく、成王に仕える賢臣として認識されていることが分かる。これは、戦国後期の『荀子』と共通する記述内容であると考えられ、(注12)ここからも本書の時代性が窺われるであろう。

三．銀雀山漢簡『六韜』に見える周公旦

（1）『六韜』について

『六韜』は、太公望に仮託された兵法書であるが、その伝来には謎が多く、これまでにも様々な意見が提示されてきている。顔師古は、『漢書』芸文志・諸子略・儒家類に見える「周史六弢六篇」を『六韜』としており、(注13)また『経典釈文』は、『荘子』徐無鬼の「金板六弢」という記述について、「司馬崔云「金版六弢皆周書篇名。或曰祕讖也。本又作六韜、謂太公六韜文武虎豹龍犬也」（司馬崔云く「金版六弢 皆な周書の篇名なり。或いは曰く祕讖なりと。本又た六韜に作り、太公の六韜 文武虎豹龍犬なるを謂う」）」と説明している。しかし、『六韜』を儒家類に配したり、無理な時代説明を行うなど、これらの説には『六韜』をそれと位置づける根拠が不足していた。一方、『六韜』が多面的な内容を含むことから、『漢書』芸文志・諸子略・道家類に属する『太公』二三七篇（「謀」八一篇、「言」七一篇、「兵」八五篇）と関わりのある文献であろうとする研究者も多く、現時点においては、これが定説となっている。(注14)

このように、『六韜』の来歴に対し、様々な意見が提出された理由としては、古代兵書と言われながら、『漢書』芸文志にその名が見えず、『隋書』経籍志に至って、初めて正史中に「太公六韜五巻〔注〕梁六巻。周文王師姜望撰」と記述されるようになったことも要因の一つと考えられる。(注15)しかし、『六韜』については、語句や内容から太公望の著書と考えることはできないが、『淮南子』精神訓に「金縢豹韜（高誘注：金縢豹韜周公太公陰謀図王之書）」とあることから、前漢初期にはすでに『六韜』に関する文献の一部が流布し、ある程度認識されていた情況が窺える。

さらに、一九七二年に出土した銀雀山漢簡や、一九七三年に河北省定州市八角廊四十号漢墓から出土した竹簡群に、(注16)現行の『六韜』と類似する内容を持つ文献が含まれていたことにより、『六韜』が前漢以前には一定のまとまりを持った文献として広まっていたことが明らかとなり、その来歴が改めて見直されることとなった。

ここでは、そのような契機を与えた銀雀山漢簡『六韜』中、周公旦の登場する佚篇を取り上げ、若干の考察を加えてみ

たい。

（2）銀雀山漢簡『六韜』の周公旦に関する内容

銀雀山漢簡『六韜』には、現行本『六韜』には見えない佚篇が数篇含まれている。[注17]その中の一篇に、周公旦の登場する文献がある。[注18]該当篇は残欠部分が多く、通読することは難しい。しかし、『太平御覧』や『北堂書鈔』などの類書に、本篇と近似する記述が見えるため、おおよその内容を把握することができる。以下、本篇の内容と類書とを対比させながら検討を進めていきたい。

周公旦の登場する銀雀山漢簡『六韜』一〇には、殷周革命の際、殷への進撃を加えるべきか否かについて、武王・周公旦・太公望が議論する内容が記されている。

まず、銀雀山漢簡『六韜』では、武王が「……厳、殺戮無常。縦之不義、舎之不仁。願聞□（……厳、殺戮して常無し。之を縦《ほしいまま》にして義ならず、之を舎てて仁ならず。願わくは聞□）」と述べ、恐らく紂の暴虐行為を非難し、何らかの意見を臣下に求める発言がなされていたものと考えられる。これに対し、太公望は「……前行已修矣。今時可、臣固将言之。（……前行して已に修まる。今時可なり、臣固より将に之を言わんとす）」と述べ、今が進撃の時としている。しかし、太公望に続く周公旦の発言は「周公旦□……□之□□」と欠損が激しく、どのようなことを述べているか未詳である。また、以上の内容に該当する文献は、類書中にも見えず、現時点においては、他の文献よりその内容を推察することも難しい。

次に、周公旦の発言を受けて、太公望は以下のように述べ、その後、武王の軍隊が紂の討伐に乗り出すことになる情況が窺える。

太公望曰「夫紂爲无道、忍……百姓。君秉明徳而誅之、殺一夫而利天〔下〕[注19]……」……之師以東伐紂、至於河上。[注20]（太

公望曰く「夫れ紂は无道を爲し、忍……百姓。君 明徳を秉りて之を誅す、一夫を殺して天〔下〕[注19]を利す……」……の師 以て紂を東伐するに、河上に至る。[注20]）

しかし、事態は思わぬ展開を迎える。武王軍は突如、風雨に見舞われ、馬が死に、旗が折れるなど、次々と不吉なことが起こったのである。この情況の中で、周公旦と太公望は、それぞれ自らの意見を武王に述べている。本文は以下の通り。

雨□□疾、武王之乘黄震而死、旗折□□……「……□正而后伐、故功可得而立也。意者我□□……官治、其氣佾、王姑修身下賢、□須其時」。太公望曰「四時无窮、人□……□時無恆與、道无恆親、盈□變化、天□□……可、孰爲有天。夫天先□之、【□□□□】□之。道先非之、而后天下叛之。今夫紂外失天下、内失百姓。我秉明德而受之、其不可何也。夫以百姓而攻天子、可諱而舍乎。去必死、進必取□……□今日行之」。

（雨□□疾しく、武王の乘黄 震えて死に、旗折れ□□……「……□正して后に伐つ、故に功 得て立つ可し。意者《おもうに》 我□□……官治、其の氣 佾すに、王 姑く身を修め賢に下りて、□其の時を須て〔筆者注：図版から、□には「欲」字が記されていた可能性がある〕」と。太公望曰く「四時 窮すること无く、人□……□時 恆與無く、道 恆親无し、盈□〔整理者注：絀〕變化し、天□□……可、孰か天を有つを爲さん。夫れ天 先□之、【□□□□】□之。道 先に之を非として、而る后 天下 之に叛く。今 夫れ紂 外は天下を失い、内は百姓を失う。我 明徳を秉りて之を受くるに、其れ不可なるは何ぞや。夫れ百姓を以てして天子を攻むるに、諱して舍く可きか。去らば必ず死し、進まば必ず取□……□今日 之を行う〔筆者注：図版から、□には「欲」字が記されていた可能性がある〕。）

ここでは、数々の不吉な出来事に対し、まず周公旦が「王の行いを正し、賢者に謙り、その適した時を待つ」べきだと述べ、殷討伐へ反対の意を表していることが分かる。一方、太公望は「四時は極まりなく、時や道（天道）も常に恩恵を与え続けるものではない」として、世の変化を強調し、さらに天や道の巡り合わせによって、天下も紂に叛いたのだと説いている。その上、紂は国外的には天下を失い、国内的にはその民を失っている。そんな殷を我ら周が明徳を固く守り討伐しようというのに、どうしてできないことがあろうと、強く進軍を主張している。該当箇所において、周公旦と太公望の意見は激しく対立しているが、その他の類書に両者はどのように記述されているのであろうか。以下、類似する内容を挙げて確認してみたい。

①『通典』巻第一六二（兵十五）

推人事破災異

周武王伐紂、師至氾水牛頭山、風甚雷疾、鼓旗毀折、王之驂乗惶震而死。太公曰「用兵者、順天之道未必吉、逆之不必凶。若失人事、則三軍敗亡。且天道鬼神、視之不見、聴之不聞、智将不法、而愚将拘之。若乃好賢而能用、挙事而得時、此則不看時日而事利、不假卜筮而事吉、不待祷祀而福従」。遂命駆之前進。周公曰「今時逆太歳、亀灼告凶、卜筮不吉、星変為災、請還師」。太公怒曰「今紂刳比干、囚箕子、以飛廉為政。伐之有何不可。枯草朽骨安可知乎」。（周の武王 紂を伐つに、師 氾水牛頭山に至るも、風甚だしく雷疾《はげ》しく、鼓旗 毀折し、王の驂 乗惶 震えて死す。太公曰く「兵を用うる者は、天の道に順うも未だ必ずしも吉ならず、之に逆うも必ずしも凶ならず。若し人事を失すれば、則ち三軍 敗亡す。且つ天道鬼神、之を視れども見えず、之を聴けども聞こえざれば、智将は法らず、而して愚将は之に拘《とら》わる。若し乃ち賢を好みて能く用い、事を挙げて時を得れば、此れ則ち時日を看ずして事は利、卜筮を假りずして事は吉、祷祀を待たずして福従う」と。遂に命じて之を駆りて前進せしむ。周公曰く「今 時 太歳に逆う、亀灼 凶を告げ、卜筮 吉ならず、星変 災を為すに、師を還さんことを請う」と。太公怒りて曰く「今 紂 比干を刳《ころ》し、箕子を囚え、飛廉を以て政を為す。之を伐つに何の可ならざること有らんや。枯草朽骨 安んぞ知る可けんや」と。）

②
『太平御覧』巻第十三（天部十三 雷）
『六韜』曰「武王伐紂、雨甚雷疾、武王之乗、雷震而死。周公曰「天不祐周矣」。太公曰「君秉徳而受之、不可如何也」。（『六韜』に曰く「武王 紂を伐つに、雨甚しく雷疾しく、武王の乗、雷震して死す。周公曰く「天 周を祐けず」と。太公曰く「君 徳を秉りて之を受くれば、不可なるは如何ぞ」と。）

③
『太平御覧』巻第三二八（兵部五十九 占候）
『六韜』曰「周武王伐紂、師至泥水牛頭山、風雨甚疾、旗鼓毀折、王之驂乗惶震而死。（『六韜』に曰く「周の武王 紂を伐ち、師 泥水牛頭山に至るも、風雨甚だ疾しく、旗鼓 毀折し、王の驂 乗惶 震えて死す」と。）

④
『太平御覧』巻第十一（天部十一 雨下）
『太公金匱』曰「武王師到牧野、陣未畢而暴風疾雨電雷、幽冥前後不見。太公曰「善雷電者、是吾軍動応天也」。（『太公金匱』に曰く「武王の師 牧野に到るも、陣すること未だ畢わらずして暴風疾雨電雷ありて、幽冥として前後 見えず。太公曰く「善く雷電するは、是れ吾が軍 動きて天に応ずればなり」と。）

⑤
『北堂書鈔』巻第一一四（武功部二 征伐三）、陳禹謨注
太公曰「夫紂無道、流毒諸侯、欺侮群臣、失百姓之心。秉明徳以誅之、誰曰弗克」。（太公曰く「夫れ紂 無道にして、諸侯に流毒し、群臣を欺侮し、百姓の心を失う。明徳を秉りて以て之を誅するに、誰か克たずと曰わん」と。）

以上の文献は、内容からおおよそ銀雀山漢簡『六韜』一〇に類するものと考えられるが、①や③④では、それぞれ場所

が「氾水牛頭山」「泥水牛頭山」「牧の野」と設定されており、銀雀山漢簡『六韜』とは異なっている。また、銀雀山漢簡『六韜』の太公望の発言について、竹田健二氏が「「四時」の運行に言及していることから、その思想的立場は先に見たような「天道」の推移に従うべきとする黄老道的天人相関の立場に立つものであることが窺われよう。このことは、（中略）「天」或いは「道」が人為の規範として機能することが説かれていることからも、確認できよう」と述べているように、(注21)そこには「黄老思想」が含まれていたと考えられるが、(注22)①においては「推人事破災異」と題される通り、太公望は「天の道に順うも未だ必ずしも吉ならず、之に逆うも必ずしも凶ならず」や「天道鬼神、之を視れども見えず、之を聴けども聞こえ」ずなどと、天人分離の立場から発言していることが分かる。(注23)さらに、銀雀山漢簡には残欠箇所が多いため、厳密に比較することは難しいが、①における周公旦が「今 時 太歳に逆う、亀灼 凶を告げ、卜筮して吉ならず、星変 災を為すに、師を還さんことを請う」と述べ、兵陰陽的要素を強く有しているのに対し、銀雀山漢簡『六韜』では「王 姑く身を修め賢に下りて、□其の時を須て」と語っており、天災と王の行動を関連づけた天人相関思想は窺われるものの、①のような強烈な兵陰陽的要素は見受けられない。

　また、②～⑤はいずれも本篇の記述を抄出したような内容になっており、特に②や⑤に関しては、「君 徳を秉りて之を受くれば、不可なるは如何ぞ」「明徳を秉りて以て之を誅するに、誰か克たずと曰わん」や、紂の失政を表す「百姓（の心）を失う」という表現が銀雀山漢簡『六韜』と共通しており、漢代以前から本篇の内容が、僅かに形を変えつつも、受け継がれていた情況を窺うことができる。

　しかし、以上のように、銀雀山漢簡本において、太公望が周の「明徳」や殷が「百姓を失っ」ていることなどを挙げ、殷討伐の正当性を人事にも関連させつつ主張しているのに対し、④には太公望の兵陰陽的発言「善く雷電するは、是れ吾が軍 動きて天に応ずればなり」が見え、④が銀雀山漢簡本から派生した内容であったことが確認できる。④に記された『太公金匱』とは、『隋書』経籍志・兵書類に初めて「太公金匱二巻」と見える文献である。『隋書』経籍志・兵書類には

「太公」を冠する文献名が計十記載されており、このことからも、『六韜』やその他の古代兵書が、唐代に至るまでに様々な変遷を経て、細分化・複雑化し受け継がれていた可能性が考えられるのである。

それでは、最後に本篇の末尾の内容を確認したい。銀雀山漢簡『六韜』の本文は、以下の通り。

太公……□□罪人而□……先渉、以造於殷。甲子之日、至牧之野、□……擒紂、繫其首於白□……（太公……□□罪人而□……先んじて渉り、以て殷に造《いた》る。甲子の日、牧の野に至り、□……紂を擒にす、其の首を白□に繫《か》く……）

ここには、殷討伐を行うべきと述べた太公望が、率先して黄河を渡り、殷に進撃したという内容が見える。さらに、甲子の日に武王軍が牧野に至り、ついに紂を捕らえ、その首を切り落としたことが記されている。類書中には、この内容と類似する箇所も見受けられるため、以下、該当箇所を挙げ、再び比較してみたい。

⑥『通典』巻第一六二（兵十五）

乃焚亀折蓍、援枹而鼓、率衆先渉河、武王従之、遂滅紂。（乃ち亀を焚き蓍を折り、枹を援きて鼓し、衆を率いて先んじて河を渉れば、武王 之に従い、遂に紂を滅す。）

⑦『太平御覧』巻第三四十（兵部七十一 旗）

『六韜』曰「武王伐紂、懸紂之首於白旗」。（『六韜』に曰く「武王 紂を伐ち、紂の首を白旗に懸く」と。）

⑥は先に挙げた①の資料に続く箇所である。ここでも「亀を焚き蓍を折り」とあるように、①同様、太公望の態度が、

兵陰陽的要素を強く否定するものとなっている事が分かる。また、⑦には銀雀山漢簡『六韜』と類似する「紂の首を白旗に懸く」という内容が見えるが、その記述は極めて短く、一部分のみが抄出され残されたのであろうと想像される。

さらに、全体を通して、銀雀山漢簡『六韜』一〇と極めて類似性の高い資料もある。

⑧『太平御覧』巻第三二九（兵部六十　徴応）

又（筆者補：『六韜』）曰「紂為無道、武王於是東伐紂、至于河上。雨甚雷疾、王之乗黄振而死、旗旌折、陽侯波。周公進曰「天不祐周矣。意者君徳行、未尽而百姓疾怨。故天降吾禍」。於是太公援罪人、而戮之於河、三鼓之、率衆而先以造于殷。天下従之甲子之日、至于牧野、挙師而討之。紂城備設而不守、親擒紂、懸其首於白旗」。（又た（筆者補：『六韜』に）曰く「紂 無道を為す、武王 是に於いて紂を東伐するに、河上に至る。雨甚しく雷疾しく、王の乗黄 振えて死す、旗旌折れ、陽侯波たつ。周公進みて曰く「天 周を祐けず。意者《おもうに》 君の徳 行われども、未だ尽くさずして百姓 疾怨す。故に天 吾に禍を降す」と。是に於いて太公 罪人を援きて、之を河に戮し、三たび之を鼓ち、衆を率いて先んじて以て殷に造る。天下 之に従いて甲子の日、牧野に至り、師を挙げて之を討つ。紂の城 備設して守らざれば、親ら紂を擒にし、其の首を白旗に懸く」と。）

⑧は、武王軍が紂を討伐するために河上に至り、その後、甲子の日に牧野に兵を挙げた経緯や、災異の後、周公旦が「天は周に味方していない、それは君の徳がまだ行き届いておらず、民の恨みをかっているからだ」と述べる点など、銀雀山漢簡と類似する内容が多く見られる。

ただし、ここには周公旦の発言の後に、太公望の反駁が記されておらず、突然進撃に出る太公望の様子が描かれている。また、ここで注意すべきは、太公望が殷へ出撃する直前に、罪人を犠牲にし天に捧げていることである。この表記よりすれば、太公望は周公旦の天人相関思想を有する発言を受け、それに対応する行動を起こしていたと考えられる。つまり、⑧では全体を通して天人相関思想が説かれていると言えるのである。

銀雀山漢簡『六韜』にも、欠損が激しく正確な判読は不可能であるが「□□罪人而□」という語句が見える。銀雀山漢簡において、太公望は、天人相関思想を用いて殷討伐に反対する周公旦に対し、殷の統治がもはや立ちゆかなくなったことを指摘した上で、「我 明徳を秉りて之を受くるに、其れ不可なるは何ぞや」と反駁したものの、ここでもやはり、天への犠牲に罪人を捧げる行為を行っていた可能性がある。以上の内容よりすれば、銀雀山漢簡も⑧同様、天人相関を基礎に作成された文献であったと考えられるであろう。

いずれにせよ、「乗黄」や「意者」、「罪人」や「以て殷に造る」など、銀雀山漢簡と⑧には共通した語句表現が多く使用されており、何らかの関連性があったと推察される。恐らく、そこには『太平御覧』に採られた該当文献が、銀雀山漢簡『六韜』の内容を受け継ぐものである、或いは両文献が同系統の祖本に基づくものであった可能性が考えられよう。

一方、同じ『太平御覧』巻第三二九には、銀雀山漢簡『六韜』の内容と大きく異なる資料も見える。

⑨『太平御覧』巻第三二九（兵部六十　徴応）

又（筆者補：『六韜』）曰「武王伐紂「諸侯已至、未知士民何如」。太公曰「天道無親。今海内陸沈於殷久矣。百姓可与楽成、難与慮始」。伯夷・叔斉曰「殺一人而有天下、聖人不為」。太公曰「師渡孟津、六馬仰流、赤烏降白魚外入。此豈非天所命也。師到坶野、天暴風雹、前後不相見、車蓋発越、轅衝摧折、旌旄三折、旗幟飛揚者、精鋭感天也。雨以洗吾兵、雷電応天也」。（又た（筆者補：『六韜』に）曰く「武王 紂を伐つに「諸侯 已に至れるも、未だ士民 何如なるかを知らず」と。太公曰く「天道 親無し。今海内 殷に陸沈すること久し。百姓は与に成を楽しむ可く、与に始を慮ること難し」と。伯夷・叔斉曰く「一人を殺して天下を有つこと、聖人は為さず」と。太公曰く「師 孟津を渡るに、六馬流れに仰《さから》い、赤烏降りて白魚外より入る。此れ豈に天の命ずる所に非ざらんや。師 坶〔注：牧〕野に到り、天暴《にわか》に風雹し、前後相い見えず、車蓋 発越し、轅衝 摧折し、旌旄 三たび折れ、旗幟 飛揚するは、精鋭 天を感ぜしむればなり。雨 以て吾が兵を洗い、雷電 天に応ずるなり」と。）

⑨では、武王が士民の動向を気にしているのに対し、太公望は「民は共に成果を楽しめばよく、事の始め（殷を討伐し、周が天下を統一する）を考えることは難しい」と述べている。また、これに対し、周公旦ではなく、伯夷・叔斉兄弟が「一人（紂）を殺して天下を保つことは、聖人の行いではない」と殷討伐に反対する意見を述べているが、太公望は、孟津を渉る際の瑞祥を天命とし、牧野の際の天災を、天が武王軍の精鋭に感動したためと説明し、殷討伐の正当性を主張している。

⑨に見える太公望も、④の資料同様、兵陰陽的天人相関を意識した発言をしていることが分かる。また、⑨の「天道 親無し」という記述は、銀雀山漢簡中の「道 恒親无し」を彷彿とさせるが、続く太公望の発言には世情や百姓に関することが見えるのみで、銀雀山漢簡『六韜』ほど、そこに黄老思想を認めることはできない。

『後漢書』袁紹劉表列伝の注には、「『太公金匱』曰「天道無親、常与善人。今海内陸沈於殷久矣、何乃急於元元哉」。（『太公金匱』に曰く「天道 親無し、常に善人に与す。今海内 殷に陸沈すること久し、何ぞ乃ち元元に急《きび》しくせんや」）」とある。これは⑨にみえる太公望の発言と近似しており、注目される。『後漢書』に注を施した李賢らは唐代の学者であり、本資料は『太平御覧』に先行するものであると考えられる。『六韜』の変遷には様々な紆余曲折があったと思われるが、少なくとも『太平御覧』において『六韜』とされた一部の文献は、唐代には『太公金匱』として認識されていた可能性があろう。⑨と同じく、太公望の発言に兵陰陽的天人相関思想が含まれていた資料④についても、『太平御覧』では『太公金匱』を出典として挙げている。太公望の言行に兵陰陽的天人相関思想が如実に表れているのは、『太公金匱』の特色であったのかもしれない。（注24）

（3）銀雀山漢簡『六韜』の周公旦に関する小考

以上、銀雀山漢簡『六韜』一〇を取り上げ、類書に見える類似内容の文献と比較することにより、検討を進めてきた。その結果、本篇には登場人物やその発言、また思想内容に多くの派生系が存在していたことが確認できた。銀雀山漢簡『六韜』における周公旦は残簡から推測するに、天人相関思想を有するものの、『通典』に引かれる内容とは異なり、卜占や亀灼などの陰陽的な要素を強く含む発言をしているわけではないことが明らかとなった。また、この『六韜』佚文中においては、周公旦の存在は太公望の下位に位置づけられており、殷討伐を強行した太公望が、内容の中心に据えられていたことが分かる。類書に見える同様の記事中には、周公旦の存在が示されていない文献も多い（右記③④⑤⑦⑨）。[注25] そこには、様々な内容を抄出するという類書の特色にも原因があろうが、やはり、本篇では周公旦の発言以上に太公望の存在が重要視され、語り継がれていったことにその要因があろうと思われる。

『史記』斉太公世家には、次のような記述がある。

文王崩、武王即位。九年、欲修文王業、東伐以観諸侯集否。師行、師尚父左杖黄鉞、右把白旄以誓曰「蒼兕蒼兕、総爾衆庶与爾舟楫、后至者斬」。遂至盟津。諸侯不期而会者八百諸侯。諸侯皆曰「紂可伐也」。武王曰「未可」。還師、与太公作此太誓。居二年、紂殺王子比干、囚箕子。武王将伐紂、卜亀兆不吉、風雨暴至。群公尽懼、唯太公強之勧武王。武王於是遂行。十一年正月甲子、誓於牧野、伐商紂。紂師敗績。紂反走、登鹿台。遂追斬紂。

（文王崩じて、武王即位す。九年、文王の業を修め、東伐し以て諸侯の集否を観んとす。師行き、師尚父 左に黄鉞を杖つき、右に白旄を把り以て誓ひて曰く「蒼兕蒼兕、爾の衆庶と爾の舟楫とを総べよ、后れて至る者は斬らん」と。遂に盟津に至る。諸侯 期せずして会する者 八百諸侯あり。諸侯 皆な曰く「紂は伐つ可きなり」と。武王曰く「未だ可ならず」と。師を還し、太公と此の太誓を作る。居ること二年、紂 王子比干を殺し、箕子を囚う。武王 将に紂を伐たんとし、卜するも亀兆 吉ならずして、風雨 暴《にわか》に至る。群公尽く懼るるも、唯だ太公のみ之を強いて武王に勧む。武王是に於いて遂に行く。十一年正月甲子、牧野に誓い、商紂を伐つ。紂の師敗績す。紂反り走りて、鹿台に登る。遂に追いて紂を斬る。）

ここには、銀雀山漢簡『六韜』に通ずる殷周革命の際の様子が記されている。該当箇所について、滝川亀太郎は『通典』の引用する『六韜』を参考として掲げ（先述資料①）、梁玉縄は『尚書』の疏を引き説明している。『尚書』泰誓中の孔穎達疏には「『太公六韜』云「卜戦亀兆焦、筮又不吉。太公曰「枯骨朽蓍、不踰人矣」」。彼言不吉者、『六韜』之書、後人所作、『史記』又採用『六韜』、好事者妄矜太公、非実事也」とあり、このように「不吉」をいうのは後人の述作した『六韜』の文であり、『史記』もこれを採用しているが、事実とは異なるものであるとしている。[注26]『史記』斉太公世家の記述は、確かに滝川の指摘する通り、『通典』に見える『六韜』の内容と酷似している。また、孔穎達の述べるように、司馬遷が斉太公世家を執筆した際、『六韜』の記述に拠った可能性はあろうが、『史記』斉太公世家の該当箇所には周公旦が登場せず、代わりに度重なる災異に恐れおののく諸侯達の姿が記されている。

銀雀山漢墓は、副葬品から武帝初期の墓であろうと推定されている。これよりすれば、銀雀山漢墓の造営時期は、司馬遷の活躍した時代を僅かに遡る時期か、或いは同時期であったと理解できよう。また、出土した竹簡の字体は早期の隷書体に属す。そのため、銀雀山漢簡は、文帝（在位前一八〇～前一五七）や景帝期（在位前一五七～前一四一）から、遅くとも武帝（在位前一四一～前八七）初期に筆写されたものと推定されている。従って、竹簡に記された『六韜』の内容自体は、当然、それより以前に成立し、流布していたと考えられる。恐らく、司馬遷はこの銀雀山漢簡『六韜』、もしくはそれと類似する①のような内容の文献を目にしていた可能性が高い。勿論、その時点において、すでに『六韜』が数種存在した可能性もあろうが、司馬遷はあえて、それらに見える周公旦の発言を採用しなかったのではないかと考える。なぜなら、『史記』周本紀における殷周革命の関連記事においても、周公旦が言葉を発することはなく、そこに見えるのは武王と太公望の発言のみである。(注27)また司馬遷には、周公旦を太公望と比較し、太公望側を立てるというような記述をする必要性がなかった。むしろ煩瑣となることを避けるため、周公旦の発言を省き、記事の主軸を書き記そうとしたかのように思われる。このことも、『史記』の関連記事に周公旦が登場しない一つの要因ではなかろうか。

いずれにせよ、本篇に関する周公旦の言は『史記』には見えず、現行の『六韜』にも採られることはなかった。この情況には、十分注意すべきであろう。また、本篇においては、黄老思想を含む太公望の言にこそ、その時代性が反映されているものと考える。この点よりすれば、本篇についても、恐らく、戦国後期から、遅くとも漢代初期には成立していた文献と言うことができるであろう。

小結

以上、確認してきた通り、銀雀山漢簡中、周公旦は様々な捉えられ方がされていることが分かった。『孫臏兵法』見威王では、その「智」が取り上げられ、古代聖王と共に列記される存在として、また『君臣問答』「成王与周公旦」には、成王の賢臣として、国を保つ上での重要事項を説く姿が見られた。断簡が多く含まれるため、「成王与周公旦」の詳しい内容については未詳であるが、恐らくそこには、古代の聖人賢臣に仮託し、兵家の説を補強するような内容が記されていたものと考えられる。さらに、『聴有五患』や『六韜』一〇では、周公旦が武王を補佐した賢臣として描かれるものの、その存在は太公望の下位に配されていることが確認できた。

周公旦は、当時において、他の諸子百家が語る聖人(聖賢)であり、兵家もそれを認識していたものと思われる。しかし、文献自体の変遷と共に、後代、兵書に要請される内容が、兵に関連する戦略や、戦闘を念頭に入れた政治思想重視へと移行したため、古代兵書に見られる殷周革命を中心とした一種の周公旦や太公望の故事は、兵書から削除されていく末路を辿ったのではなかろうか。勿論、故意による筆削ではなく、不幸にも散佚しただけの文献もあったであろうが、宋代

に編纂された『武経七書』中に、周公旦の言行がほぼ見られない状況には、何らかの理由があると考えるべきであろう。(注28)
しかし、ここで特筆すべきは、この流れとは逆に、類書中には、周公旦と古代兵書『六韜』とを結び付けようとする内容も多数見受けられる点である。『芸文類聚』や『太平御覧』、宋戴埴『鼠璞』に所収の『六韜』佚文中には、以下のように周公旦の姿が見える。

『太公六韜』曰「武王登夏台、以臨殷民、周公旦曰「臣聞之。愛其人者、愛其屋上烏。憎其人者、憎其余胥」」。(『太公六韜』に曰く「武王夏台に登り、以て殷民に臨むに、周公旦曰く「臣 之を聞く。其の人を愛する者は、其の屋上の烏をも愛す。其の人を憎む者は、其の余胥をも憎む」」と。)(『芸文類聚』巻第九二 鳥部下 烏)(注29)

『六韜』曰「文王既出羑里、召周公旦築為霊台」。(『六韜』に曰く「文王 既に羑里を出で、周公旦を召して霊台を築き為す」と。)(『太平御覧』巻第五三四 礼儀部 霊台)

太公六韜
武王問周公曰「諸侯攻天子、勝之有道乎」。公曰「攻礼為賊、攻義為残、失民為匹夫。王攻失民者也、何天子乎」。(武王 周公に問いて曰く「諸侯 天子を攻むれば、之に勝つに道有るか」と。公曰く「礼を攻むれば賊と為り、義を攻むれば残と為り、民を失えば匹夫と為る。王 民を失う者を攻むるなり、何ぞ天子ならんや」と。)(宋戴埴『鼠璞』引)

これらの記述は、『六韜』と周公旦とを関連づける重要な記事と言えよう。ただし、ここで注意しなければならないのは、『芸文類聚』に見える記述は、『尚書大伝』や『説苑』にも見受けられ、(注30)それらの文献では、「其の人を愛する者は、其の屋上の烏をも愛す。其の人を憎む者は、其の余胥をも憎む」という発言は太公望のものとされ、否定的に捉えられている点である。一方、『尚書大伝』や『説苑』における周公旦は「各おの其の宅に安ぜしめ、各おの其の田に田《たつく》らしめ、故毋く私毋く、惟だ仁にのみ之れ親し」（『尚書大伝』）めることを提言し、殷民の統治について尋ねた武王を納得させるに足る回答をしていることが分かる。この違いが生じた原因には、伝世の過程において、太公望の発言であったものが、周公旦の発言と混同され、書き換えられた可能性が考えられよう。しかし、そこには周公旦を中心とした故事へと恣意的に編纂し直された可能性もあると思われる。

また、『鼠璞』の引く内容も、『説苑』巻第十五・指武に類似する記述が見られるが、[注31]ここにも、周公旦だけではなく太公望の姿が確認でき、『鼠璞』に引用された内容が、話の一部を切り取り編纂されたものであったことが分かる。

これらの文献が、漢代以前、実際に『六韜』として認識されていたかは不明であるが、宋代に編纂された『武経七書』中の『六韜』には採られず、このように類書や個人の研究書中に細々と流伝してきたことには、注意が必要であろう。これらは、散佚した文献が抄出され収められた、もしくは混同されたまま収められた可能性もあろうが、『六韜』の名を借り、あるいは周公旦の名を借りて、恣意的に周公旦を中心とする話へと、その内容が改変された可能性もある。[注32]

今後も、兵書中（またはそれらが引用・収集された類書・叢書など）における記述に注意して、周公旦像を追究して行きたい。

注

（注1）宋・元豊年間にまとめられた『武経七書』中の『孫子』『呉子』『六韜』『司馬法』『尉繚子』『三略』には、周公旦に関する記述が一例もない。ただし、本章において後述する通り、『太平御覧』や『群書治要』などの類書中に、古逸文献として収められる『六韜』や『太公金匱』などには、その言行が確認できる。

（注2）銀雀山漢簡の発掘内容については、『文物』（文物出版社、一九七四年第二期）に山東省博物館 臨沂文物組「山東臨沂西漢墓発現『孫子兵法』和『孫臏兵法』等竹簡的簡報」（以下、簡報）、許荻「略談臨沂銀雀山漢墓出土的古代兵書残簡」、羅

福頤「臨沂漢簡概述」が掲載されている。なお、「簡報」に関しては、一九七四年の報告に加筆修正を行ったもの（「臨沂銀雀山漢墓発掘簡報」）が、『孫臏兵法 銀雀山漢墓竹簡』（文物出版社、一九七五年二月）に収録されている。

（注3）孫臏は、戦国中期に活動した兵家。斉の威王（在位前三五六～前三二〇）に仕えた人物である（『史記』孫子呉起列伝）。

（注4）『銀雀山漢墓竹簡〔壹〕』には、新たに『孫臏兵法』として加えられた篇（「五教法」）もある。

（注5）『銀雀山漢墓竹簡〔壹〕』に所収の『孫臏兵法』見威王の全文は、以下の通り。

孫子見威王曰「夫兵者、非士恒勢也。此先王之伝道也。戦勝、則所以在亡国而継絶世也。戦不勝、則所以削地而危社稷也。是故兵者不可不察。然夫楽兵者亡、而利勝者辱。兵非所楽也、而勝非所利也。事備而后動、故城小而守固者、有委也。卒寡而兵強者、有義也。夫守而无委、戦而无義、天下无能以固且強者。堯有天下之時、黜王命而弗行者七、夷有二、中国四。故堯伐負海之国而后北方民得不苛、伐共工而后兵寝而不起、弛而不用。其間数年、堯身衰而治屈、胥天下而伝舜。舜撃讙兜、放之崇、撃鯀、放之羽、撃三苗、放之危、亡有扈氏中国。有苗民存、独為弘。舜身衰而治屈、胥天下而伝之禹。禹鑿孟門而通大夏、斬八林而焚九□。西面而并三苗□□……素佚而致利也。戦勝而強立、故天下服矣。昔者、神農戦斧遂。黄帝戦蜀禄。堯伐共工。舜伐劚管。湯放桀。武王伐紂。帝奄反、故周公浅之。故曰、徳不若五帝、而能不及三王、智不若周公、曰「我将欲積仁義、式礼楽、垂衣裳、以禁争奪」。此堯舜非弗欲也。不可得、故挙兵縄之」。

（孫子 威王に見えて曰く「夫れ兵とは、恒の勢を士《たの》むに非ざるなり。此れ先王の伝道なり。戦い勝てば、則ち以て亡国を在らしめて絶世を継ぐ所となる。戦い勝たざれば、則ち以て地を削られて社稷を危うくする所となる。是の故に兵なる者は察せざる可からず。然らば夫の兵を楽しむ者は亡び、而して勝ちを利とする者は辱めらる。兵は楽しむ所に非ざるなり、而して勝ちは利とする所に非ざるなり。事備わりて后に動く、故に城 小なるも守りの固き者は、委 有ればなり。卒 寡きも兵強き者は、義 有ればなり。夫れ守りて委无く、戦いて義无ければ、天下に能く以て固くして且つ強き者は无し。堯 天下を有つの時、王命を黜《しりぞ》けて行わざる者七つあり、夷に二つ有り、中国に四つあり〔※筆者注：残りの一つは未詳〕。故に堯 負海の国を伐ちて后に北方の民 苛《みだ》れざるを得、共工を伐ちて后に兵 寝《や》めて起こさず、弛めて用いず。其の間数年にして、堯の身衰えて治屈《つ》くに、天下を胥《ひき》いて舜に伝う。舜 讙兜《かんとう》を撃ち、之を崇に放ち、鯀を撃ち、之を羽に放ち、三苗を撃ち、之を危に放ち、有扈氏を中国〔※銀雀山漢簡整理小組の注に、この「中国」は下文と接続する可能性があると指摘されている〕に亡ぼす。有苗の民存りて、独り弘（強）と為る。舜の身衰えて治屈くに、天下を胥いて之を禹に伝う。禹 孟門を鑿ちて大夏を通ぜしめ、八林を斬りて九□を焚く。西面して三苗を并《しりぞ》（屏）け□□……素より佚にして利を致す〔こと能わず

※銀雀山漢簡整理小組の注に、該当箇所は上部が欠失しているが、もとは否定の語があったであろうと指摘されている〕。

戦い勝ちて強立つ、故に天下服す。昔者《むかし》、神農 斧遂に戦う。黄帝 蜀禄に戦う。堯 共工を伐つ。舜 劅管を伐つ。湯 桀を放つ。武王 紂を伐つ。帝（商）奄 反す、故に周公 之を浅《ほろぼ》（践・残）す。故に曰く、徳は五帝に若かず、而して能は三王に及ばず、智は周公に若かざるに、曰く「我 将に仁義を積み、礼楽に式《のっと》り、衣裳を垂れ、以て争奪を禁ぜんと欲す」と。此れ堯舜も欲せざるに非ざるなり。得可からざるが故に兵を挙げて之を縄《ただ》す」と。）

（注6）『銀雀山漢墓竹簡〔壹〕』四十八頁の釈文には、「西而而并三苗」と記されているが、摸本四十二頁では「西面而并三苗」と記述されている。字形や文脈から、摸本に従って解釈する。

（注7）「西面而并三苗」の上部に接続する「故堯伐負海之国」から「斬八林而焚九□」までの一段は、『孫臏兵法 銀雀山漢墓竹簡』や『孫臏兵法校理』には含まれていない新たに付け加えられた箇所である。

（注8）［ ］は本篇の別の箇所から、欠失した内容を補った箇所を、□は竹簡に記された文字が不明瞭で、判読不能な文字を表す。「何□□類利耳」の訓読・内容に関しては、今は保留とする。

（注9）「昔殷之興也、伊摯在夏。周之興也、呂牙在殷。（昔 殷の興るや、伊摯 夏に在り。周の興るや、呂牙 殷に在り）」（用間）

（注10）『尚書』君奭には、周公旦の振る舞いに疑念を抱く召公を諭すために、一方的に自らの意見を述べる周公旦の様子が記されている。また、『詩経』大雅や『中庸』にも、召公奭や周公旦が「文武受命、召公維翰（文武 命を受け、召公 維れ翰《まも》れり）」、「武王末受命、周公成文・武之徳、追王大王・王季、上祀先公以天子之礼（武王末《お》いて命を受け、周公 文・武の徳を成して、大王・王季を追王し、上 先公を祀するに天子の礼を以てす）」と記述され、『荀子』王覇にも「故湯用伊尹、文王用呂尚、武王用召公、成王用周公旦（故に湯 伊尹を用い、文王 呂尚を用い、武王 召公を用い、成王 周公旦を用う）」と、両者を賢人として捉える記述が見える。

（注11）『銀雀山漢墓竹簡〔貳〕』の編輯説明によれば、『君臣問答』は「他篇と比べて相対的に分量が多く、〔※筆者注：『孫子兵法』や『晏子春秋』同様〕独立した書とみなすべきであろう」と指摘されている。『君臣問答』については、第一部第二章においても、考察を加えている。

（注12）墨家や道家、戦国中期の『孟子』では、周公旦が武王と関連付けられ、賢臣や周王朝の創始に関わる者として捉えられていることが分かる。詳しくは、本書第一部第二章第二節を参照。

（注13）『漢書』芸文志の該当箇所に、班固は「恵・襄之間、或曰顕王時、或曰孔子問焉（恵・襄の間なり、或いは曰く顕王の時、或いは曰く孔子 焉に問う）」と注し、顔師古は「即今之六韜也、蓋言取天下及軍旅之事。弢字与韜同也（即ち今の六韜なり、蓋し天下を取ると軍旅の事を言う。弢字 韜と同じきなり）」と補注する。

(注14)武内義雄「太公書」(『武内義雄全集』第六巻第六章、角川書店、一九七八年九月)(『武内義雄全集』第八巻「上世期(上)諸子時代」第六章、角川書店、一九七八年十一月)、浅野裕一「『六韜』の兵学思想――天人相関と天人分離――」(『黄老道の成立と展開』第三部第二章、創文社、一九九二年 所収)、服部泰澄「『六韜』の構造とその原型について」(『金沢大学中国語学中国文学研究室紀要』第六輯、二〇〇三年三月)、郷原翼「『六韜』の文献学的検討」(島根大学教育学部国文学会『国語教育論叢』第十四号、二〇〇五年三月)、鈴木達明「叙述形式から見た太公書『六韜』の成立について」(京都大学文学部中国語学中国文学研究室『中国文学報』第八十、二〇一一年四月)。

その他、崔述『豊鎬考信録』は、『六韜』を秦漢の人が偽撰したものであろうとし、梁啓超『飲冰室合集』も、偽作説を強く主張する。一方、孫星衍「六韜序」(『周書六韜』六巻(附:孫同元『六韜逸文』一巻)、平津館叢書)は信古の立場を取り、余嘉錫『四庫全書提要弁証』は、『荘子』や『淮南子』に「六韜」・「豹韜」などの名称が見えることから、戦国秦漢期には該当文献があったであろうとし、偽作説を否定している。

(注15)『後漢書』竇何列伝には、「太公六韜有天子将兵事」とあり、「太公六韜」の名称が見えるが、ここでは正史の目録に記載があり、その存在が明確であったという意味で、『隋書』経籍志の記述を正史中における「六韜」の初出とした。

(注16)定州漢墓竹簡『六韜』については、「河北省定県40号漢墓発掘簡報」「定県40号漢墓出土竹簡簡介」(『文物』一九八一年第八期)や、河北省文物研究所定州漢墓竹簡整理小組「定州西漢中山懐王漢墓竹簡『六韜』釈文及校注」(『文物』二〇〇一年第五期)を参照。

(注17)現行本とは、文韜・武韜に収められている文献が多く重複する。また銀雀山漢簡『六韜』中には、『群書治要』の引用する虎韜に類似するものもある。なお、『六韜』の諸テキストの引用状況や類似性については、参考文献に掲げた石井氏の論考に詳しい。

(注18)該当文献中の第七四四簡は断簡であるが、内容から該当文献との関連が指摘されている。その竹簡下部には「●葆啓」とあり、語注において、これが本篇の篇題であった可能性が指摘されている。

(注19)虞世南『北堂書鈔』巻第十三(帝王部十三 武功四十六)に「殺一夫而利天下」とあり、その陳禹謨注に「六韜」とあることから、「下」字を補った。

(注20)『太平御覧』巻第三二九(兵部六十 徴応)に「紂為無道、武王於是東伐紂、至於河上。(紂 無道を為す、武王 是に於いて紂を東伐するに、河上に至る。)」とある。

(注21)竹田健二「『六韜』における気の二元性」(大阪大学中国学会『中国研究集刊』、一九九七年八月)

（注22）兵権謀家の文献『孫子』勢や虚実にも、「四時」や天時の「変化」に関する語句は、「死而復生、四時是也」「故五行無常勝、四時無常位」などと見受けられる。しかし、『孫子』では「正」と「奇」の移り変わりや、軍隊の隊列を臨機応変に変化させることなどを五行や四時が不変に移り変わる様子に喩えているため、『六韜』の該当箇所とは異なる発想であると考えられる。『六韜』では、明らかに自然法の下位に人為的支配を位置づけ、天人相関を意識した内容が説かれていると言えよう。

（注23）該当箇所の太公望の天人分離思想については、浅野裕一「『六韜』の兵学思想――天人相関と天人分離」（『黄老思想の成立と展開』、創文社、一九九二年十一月　所収）でも指摘されている。

なお、浅野・竹田両氏は、現行本『六韜』全体には、兵権謀家的「天人分離」と兵陰陽家（さらには黄老思想）的「天人相関」思想が混在するとしている。

（注24）この他、周公旦や伯夷叔斉ではなく、散宜生が殷討伐へ反対する内容の文献も見られる。ここでは、太公望は強く天人分離の思想を述べている。

『六韜』曰「文王問散宜生「卜伐殷吉乎」。曰「不吉。鑽亀、亀不兆。数蓍、蓍不交而如折」。将行之日、雨輜重車至軫。行之日幟折為三。散宜生曰「此凶、四不祥、不可挙事」。太公進曰「是非子之所知也。祖行之日、雨輜重車至軫、是洗濯甲兵也」。（『芸文類聚』巻第二・天部下　雨）

又曰「武王使散宜生卜伐殷。鑽亀、亀不兆下占於地。数蓍、蓍交而折。祖行之日、雨輜車至軫。行至之日、幟折為三。宜王〔筆者注：「生」字の誤りであろう。〕曰「二四凶不祥、不可挙事」。太公進曰「退非子之所及也。聖人生天地之間、承衰乱而起、亀者枯骨、蓍者折草。何足以弁吉凶。祖行之日、雨輜車至軫、是先濯甲兵也。行之日、幟旗為三、是軍分為三、如此斬紂之首吉也」。（『太平御覧』巻第三二八・兵部五十九　占候）

（注25）その一方で、『荀子』儒効には、「周公旦」が殷討伐のために進軍すべきと主張する内容が見える。この周公旦の発言は、資料①や『太平御覧』巻第三二八・占候では、太公望の発言として記述されている。儒家の手により、内容が改められた可能性がある。

（注26）『尚書』泰誓中には、「朕夢協朕卜、襲于休祥。戎商必克（朕が夢　朕が卜に協《かな》い、休祥を襲《かさ》ぬ。商を戎たば必ず克たん）」とあり、占いは吉を示していることになっている。

（注27）『史記』周本紀に見える太公望の発言は以下の通り。

武王即位、太公望為師、周公旦為輔、召公・畢公之徒左右王師、修文王緒業。九年、武王上祭于畢、東観兵、至于盟津。為文王木主、載以車中軍。武王自称太子発。言奉文王以伐、不敢自専。乃告司馬・司徒・司空諸節。「斉栗信哉。予無知、以先祖有徳臣。小子受先功、畢立賞罰、以定其功」。遂興師。師尚父号曰「総爾衆庶与爾舟楫、後至者斬」。武王渡河、中流白魚躍入王舟中。武王俯取以祭。既渡、有火自上復于下、至于王屋、流為烏。其色赤、其声魄云。是時、諸侯不期而会盟津者八百諸侯。諸侯皆曰「紂可伐矣」。武王曰「女未知天命、未可也」。乃還師帰。

（武王即位し、太公望師と為り、周公旦輔と為り、召公・畢公の徒 王の師を左右し、文王の緒業を修む。九年、武王上りて畢に祭り、東のかた兵を観し、盟津に至る。文王の木主を為り、載するに車を以てし中軍とす。武王 自ら太子発と称す。文王を奉じて以て伐ち、敢えて自ら専らにせざるを言うなり。乃ち司馬・司徒・司空の諸節に告ぐ。「斉栗し信なれや。予無知にして、先祖の有徳の臣を以う。小子 先功を受け、畢く賞罰を立て、以て其の功を定めん」と。遂に師を興す。師尚父 号して曰く「爾の衆庶と爾の舟楫とを総べよ、後れて至る者は斬らん」と。武王 河を渡るに、中流にして白魚躍りて王の舟中に入る。武王 俯して取りて以て祭る。既に渡りて、火有りて上より下に復り、王屋に至り、流れて烏と為る。其の色赤く、其の声魄なりと云う。是の時、諸侯期せずして盟津に会する者 八百諸侯なり。諸侯皆な曰く「紂 伐つ可し」と。武王曰く「女 未だ天命を知らず、未だ可ならざるなり」と。乃ち師を還して帰る。）


　周本紀の内容は、『太平御覧』に見える佚文（資料⑨）とも、一部（赤烏・白魚）の箇所が類似している。また、魯周公世家には、殷周革命の記述はほとんど見られない。

（注28）なお、その他、殷周革命に関する記述は、『孫子』計の杜牧注や『楚辞』天問の洪興祖補注、『論衡』卜筮などに見える。ただし、『武経七書』中、唐の李靖の撰とされる『李衛公問対』には、次のように周公旦に関する記述が一点のみ見える。
太宗曰「誠哉。非仁義不能使間、此豈纖人所為乎。周公大義滅親、况一使人乎。灼無疑矣。

しかしながら、明らかに成立時代の降った『李衛公問対』を、『孫子』や『呉子』などの先秦の兵書と一括りに考えることは難しいであろう。そのため、ここでは検討の対象より除外した。

（注29）字句の多少の異同はあるものの、ほぼ同内容の記事が、『太平御覧』巻第九二十（羽族部七 烏）、『事類賦』巻第十九・禽二・烏賦注にも見える。

（注30）『尚書大伝』巻第三・大戦には、次のように記述されている。
紂死、武王皇皇若天下之未定。召太公而問曰「入殷奈何」。太公曰「臣聞之也、愛人者兼其屋上之烏。不愛人者及其胥余、何如」。武王曰「不可」。召公趨而進曰「臣聞之也、有罪者殺、無罪者活。咸劉厥敵、毋使有余烈、何如」。武王曰「不可」。周公趨而進曰「臣聞之也、各安其宅、各田其田、毋故毋私、惟仁之親、何如」。武王昿乎若天下之已定。（紂死して、武王皇

皇たれども、天下の未だ定まらざるが若し。太公を召して問いて曰く「殷を入るは奈何」と。太公曰く「臣の之を聞くや、人を愛する者は其の屋上の烏を兼ぬ。人を愛せざる者は其の胥余にまで及ぶ、と。何如」と。武王曰く「不可なり」と。召公趨りて進みて曰く「臣の之を聞くや、罪有る者は殺し、罪無き者は活かす、と。咸 厥の敵を劉して、余烈有らしむこと毋からしめば、何如」と。武王曰く「不可なり」と。周公趨りて進みて曰く「臣の之を聞くや、各おの其の宅に安ぜしめ、各おの其の田に田《たつく》らしめ、故毋く私毋く、惟だ仁にのみ之れ親しめば、何如」と。武王「眩なるかな、天下の已に定まるが若し」と。）

また、『説苑』巻第五・貴徳には、以下のように記述されている。

武王克殷、召太公而問曰「将奈其士衆何」。太公対曰「臣聞愛其人者、兼屋上之烏、憎其人者、悪其余胥。咸劉厥敵、使靡有余、何如」。王曰「不可」。太公出、邵公入、王曰「為之奈何」。邵公対曰「有罪者殺之、無罪者活之、何如」。王曰「不可」。邵公出、周公入。王曰「為之奈何」。周公曰「使各居其宅、田其田、無変旧新、唯仁是親、百姓有過、在予一人」。武王曰「広大乎、平天下矣」。凡所以貴士君子者、以其仁而有徳也。（武王 殷に克ち、太公を召して問いて曰く「将た其の士衆を奈何せん」と。太公 対へて曰く「臣 聞くに其の人を愛する者は、屋上の烏を兼ね、其の人を憎む者は、其の余胥をも悪む、と。咸 厥の敵を劉して、余 有ること靡からしめば、何如」と。王曰く「不可なり」と。太公出でて、邵公入るに、王曰く「之を為すこと奈何」と。邵公対へて曰く「罪有る者は之を殺し、罪無き者は之を活さば、何如」と。王曰く「不可なり」と。邵公出でて、周公入る。王曰く「之を為すこと奈何」と。周公曰く「各おのをして其の宅に居らしめ、其の田に田《たつく》らしめ、旧新を変ずること無く、唯だ仁にのみ是れ親しみ、百姓 過有らば、予一人に在らん」と。武王曰く「広大なるかな、天下を平げり」と。凡そ士君子を貴ぶ所以の者は、其の仁にして徳有るを以てなり。）

なお、『韓詩外伝』巻第三・十三にも同様の記述が見える。

『銀雀山漢墓竹簡〔壹〕』に所収の『六韜』一〇には、接続は不明だが、関連のあるであろう竹簡が七簡挙げられている。その中の一簡に「……行盤庚之政、使人人里其里、田其田、□……」という記述が見えるが、恐らくこれは、『尚書大伝』や『説苑』に記される右記の内容（周公旦の発言）と関わりのある文献ではないかと考えられる。

（注31）武王将伐紂、召太公望而問之曰「吾欲不戦而知勝、不卜而知吉、使非其人、為之有道乎」。太公対曰「有道。王得衆人之心以図不道、則不戦而知勝矣。以賢伐不肖、則不卜而知吉矣。彼害之、我利之、雖非吾民、可得而使也」。武王曰「善」。乃召周公而問焉曰「天下之図事者、皆以殷為天子、以周為諸侯。以諸侯攻天子、勝之有道乎」。周公対曰「殷信天子、周信諸侯、則無勝之道矣、何可攻乎」。武王忿然曰「汝言有説乎」。周公対曰「臣聞之、攻礼者為賊、攻義者為残。失其民、制為匹

夫。王攻其失民者也、何攻天子乎」。武王曰「善」。（武王 将に紂を伐たんとし、太公望を召して之に問いて曰く「吾 戦わずして勝を知り、卜わずして吉を知り、其の人に非ざるを使せんと欲す、之を為すに、道有るか」と。太公対えて曰く「道有り。王 衆人の心を得て以て道ならざるを図らば、則ち戦わずして勝を知れり。賢を以て不肖を伐たば、則ち卜わずとも吉を知れり。彼に之を害させ、我 之を利すれば、吾が民に非ずと雖も、得て使う可きなり」と。武王曰く「善きかな」と。乃ち周公を召して焉に問いて曰く「天下の事を図る者は、皆 殷を以て天子と為し、周を以て諸侯と為す。諸侯を以て天子を攻むれば、之に勝つに道有るか」と。周公対えて曰く「殷 信に天子たり、周 信に諸侯たらば、則ち之に勝つの道無く、何ぞ攻む可けんや」と。武王 忿然として曰く「汝の言 説有るか」と。周公対えて曰く「臣 之を聞くに、礼を攻むる者は賊と為り、義を攻むる者は残と為る。其の民を失えば、制せられて匹夫と為る。王 其の民を失うを攻むる者なれば、何ぞ天子を攻めんや」と。武王曰く「善きかな」と。）

また『孟子』梁恵王下にも、実際に言を発している登場人物は異なるものの、同内容の思想を説く箇所が見受けられる。斉宣王問曰「湯放桀、武王伐紂、有諸」。孟子対曰「於伝有之」。曰「臣弑其君、可乎」。曰「賊仁者、謂之賊、賊義者、謂之残。残・賊之人、謂之一夫。聞誅一夫紂矣、未聞弑君也」。（斉の宣王問いて曰く「湯 桀を放ち、武王 紂を伐つ、諸有りや」と。孟子対えて曰く「伝に於いて之有り」と。曰く「臣にして其の君を弑す、可ならんや」と。曰く「仁を賊う者、之を賊と謂い、義を賊う者、之を残と謂う。残・賊の人、之を一夫と謂う。一夫紂を誅するを聞く、未だ君を弑するを聞かざるなり」と。）

（注32）（注25）を参照。

【参考文献】

■インターネット上の論文・札記

（国外）

●『孫臏兵法』見威王

・郭永秉「読書札記（両篇）」（二〇〇九年二月三日）http://www.gwz.fudan.edu.cn/SrcShow.asp?Src_ID=684
・蔡偉「読竹簡札記四則」（二〇一一年四月九日）http://www.gwz.fudan.edu.cn/SrcShow.asp?Src_ID=1457

●『六韜』

・蕭旭「銀雀山漢簡『六韜』校補」（二〇一二年一月二十二日）http://www.gwz.fudan.edu.cn/SrcShow.asp?Src_ID=1779

■著書・論文

（国外）

・楊玲「出土竹簡与『六韜』弁偽」（銀雀山兵学文化研究会 銀雀山漢墓竹簡博物館 編輯組『銀雀山兵学——銀雀山漢簡兵書出土三〇周年紀念大会暨国際学術研討会論文集』、解放軍出版社二〇〇五年九月）

（国内）

・浅野裕一「『六韜』の兵学思想——天人相関と天人分離」（『黄老思想の成立と展開』、創文社、一九九二年十一月　所収）

・竹田健二「『六韜』における気の二元性」（大阪大学中国学会『中国研究集刊』、一九九七年八月）

・服部泰澄「『六韜』の構造とその原型について」（『金沢大学中国語学中国文学研究室紀要』第六輯、二〇〇三年三月）

・郷原翼「『六韜』の文献学的検討」（島根大学教育学部国文学会『国語教育論叢』第十四巻、二〇〇五年三月）

・鈴木達明「叙述形式から見た太公書『六韜』の成立について」（京都大学文学部中国語学中国文学研究室『中国文学報』第八十、二〇一一年四月）

・鈴木達明「先秦兵書における「黄老化」について——『六韜』を中心として」（『日本中国学会 第一回若手シンポジウム論文集 中国学の新局面』、二〇一二年二月）

・石井真美子「『六韜』諸テキストと銀雀山漢簡の関連について」（『立命館白川静記念東洋文字文化研究所紀要』八、二〇一四年七月）

■訳注書

（国内）

・岡田脩『六韜・三略』（明徳出版社、一九七九年四月）
・金谷治『孫臏兵法――もうひとつの『孫子』』（筑摩書房、二〇〇八年十月）

（附録五）　参考文献一覧

以下、出土文献の研究を進める上で、主に参考とした書籍を記す。なお、図版や原釈文を除く、「注釈書」「論文集・学術雑誌」「研究書（思想研究）」「文字学関連書（字書を含む）」などの中国書に関しては、既に膨大な量の書籍が刊行されているため、ここでは和書（日本語で記された文献）を中心に取り上げる。

一．上博楚簡関連文献

【図版・原釈文】

- 馬承源主編『上海博物館戦国楚竹書（一）』（上海古籍出版社／二〇〇一年十一月／三〇一頁）
- 馬承源主編『上海博物館戦国楚竹書（二）』（上海古籍出版社／二〇〇二年十二月／二九三頁）
- 馬承源主編『上海博物館戦国楚竹書（三）』（上海古籍出版社／二〇〇三年十二月／三〇八頁）
- 馬承源主編『上海博物館戦国楚竹書（四）』（上海古籍出版社／二〇〇四年十二月／二八五頁）
- 馬承源主編『上海博物館戦国楚竹書（五）』（上海古籍出版社／二〇〇五年十二月／三二九頁）
- 馬承源主編『上海博物館戦国楚竹書（六）』（上海古籍出版社／二〇〇七年七月／三三八頁）
- 馬承源主編『上海博物館戦国楚竹書（七）』（上海古籍出版社／二〇〇八年十二月／三二五頁）
- 馬承源主編『上海博物館戦国楚竹書（八）』（上海古籍出版社／二〇一一年五月／二九一頁）
- 馬承源主編『上海博物館戦国楚竹書（九）』（上海古籍出版社／二〇一二年十二月／三〇二頁）

【注釈書】

- 季旭昇主編『《上海博物館戦国楚竹書（二）》読本』（陳美蘭・蘇建洲・陳嘉凌 合撰／万巻楼／二〇〇三年七月／二四六頁）
- 西山尚志・小寺敦・谷中信一著『上博楚簡『民之父母』『子羔』『魯邦大旱』訳注』（上博楚簡研究会／二〇〇四年三月／一二〇頁）
- 季旭昇主編『《上海博物館戦国楚竹書（一）》読本』（陳霖慶・鄭玉姍・鄒濬智 合撰／万巻楼／二〇〇四年六月／二七〇頁）
- 季旭昇主編『《上海博物館戦国楚竹書（三）》読本』（陳恵玲・連徳栄・李綉玲 合撰／万巻楼／二〇〇五年十月／三一三頁）
- 黄人二著『上海博物館蔵戦国楚竹書（二）研究』（高文出版社／二〇〇五年十一月／二三六頁）
- 季旭昇主編『《上海博物館戦国楚竹書（四）》読本』（袁国華 共編、陳思婷・張継凌・高佑仁・朱賜麟 合撰／万巻楼／二〇〇七年三月／二九八頁）
- 大東文化大学上海博楚簡研究班編『上海博楚簡の研究』第一巻～第五巻（大東文化大学大学院事務室／二〇〇七年三月～二〇一一年三月）

【論文集・学術雑誌】

- 上海大学古代文明研究中心・清華大学思想文化研究所編『上博館蔵戦国楚竹書研究続編』（上海書店出版社／二〇〇四年七月／六二二頁）

【研究書（思想研究）】

- 黄懐信著『上海博物館蔵戦国楚竹書《詩論》解義』（社会科学文献出版社／二〇〇四年八月／三一八頁）
- 浅野裕一編『竹簡が語る古代中国思想――上博楚簡研究――』（湯浅邦弘・福田哲之・竹田健二／汲古書院／二〇〇五年四月／

二六五頁）

- 曹峰著『上博楚簡思想研究』（万巻楼／二〇〇六年十二月／二八六頁）
- 湯浅邦弘編『上博楚簡研究』（浅野裕一・菅本大二・竹田健二・福田哲之／汲古書院／二〇〇七年五月／四八七頁）
- 浅野裕一編『竹簡が語る古代中国思想（二）――上博楚簡研究――』（湯浅邦弘・福田哲之・竹田健二／汲古書院／二〇〇八年九月／三三九頁）
- 浅野裕一編『竹簡が語る古代中国思想（三）――上博楚簡研究――』（湯浅邦弘・福田哲之・福田一也・草野友子／汲古書院／二〇一〇年三月／四一二頁）

【文字学関連書（字書を含む）】

- 邱徳修著『上博楚簡（一）（二）字詞解訓詁 上・下』（出土思想文物与文献研究叢書二十二／台湾古籍出版有限公司／二〇〇五年十月／一三〇七頁）
- 李守奎・曲冰・孫偉龍 編著『上海博物館蔵戦国楚竹書（一－五）文字編』（作家出版社／二〇〇七年十二月／一〇〇五頁）

二、清華簡関連文献

【図版・原釈文】

- 清華大学出土文献研究与保護中心編・李学勤主編『清華大学蔵戦国竹簡〔壹〕』（中西書局／二〇一〇年十二月／全二八〇頁＋前言他九頁）
- 清華大学出土文献研究与保護中心編・李学勤主編『清華大学蔵戦国竹簡〔貳〕』（中西書局／二〇一一年十二月／全二八八頁＋前言他四頁）

・清華大学出土文献研究与保護中心編・李学勤主編『清華大学蔵戦国竹簡〔叁〕』（中西書局／二〇一二年十二月／全二五〇頁＋前言他五頁）
・清華大学出土文献研究与保護中心編・李学勤主編『清華大学蔵戦国竹簡〔肆〕』（中西書局／二〇一三年十二月／全二〇二頁＋前言他八頁）
・清華大学出土文献研究与保護中心編・李学勤主編『清華大学蔵戦国竹簡〔伍〕』（中西書局／二〇一五年四月／全二四八頁＋前言他五頁）

【図版（書道用）】
・西林昭一・孫新民『簡牘名蹟選10　河南・山西篇――併載清華大学蔵戦国簡　信陽楚簡・新蔡葛陵楚簡・清華大学蔵戦国簡・温県盟書・候馬盟書』（二玄社／二〇一二年五月／七一頁）

【研究書（思想研究）】
・劉国忠著『走近清華簡』（李学勤主編・清華簡研究叢書／高等教育出版社／二〇一一年四月／二三九頁）
・浅野裕一・小沢賢二『出土文献から見た古史と儒家経典』（汲古書院／二〇一二年八月／四五六頁）

【文字学関連書（字書を含む）】
・李学勤主編・沈建華・賈連翔編『清華大学蔵戦国竹簡【壹－叁】文字編』（中西書局／二〇一四年五月／三九三頁＋附釈文五十一頁）

三　銀雀山漢簡関連文献

【図版・原釈文】

- 銀雀山漢墓竹簡整理小組編『銀雀山漢墓竹簡〔壹〕』（文物出版社／一九八五年九月／三七六頁）
- 銀雀山漢墓竹簡整理小組編『銀雀山漢墓竹簡〔貳〕』（文物出版社／二〇一〇年一月／三三一頁）

【注釈書】

- 銀雀山漢墓竹簡整理小組編『孫臏兵法』（文物出版社／一九七五年二月／一五四頁）
- 銀雀山漢墓竹簡整理小組編『孫子兵法』（文物出版社／一九七六年十月／一六一頁）
- 中国人民解放軍軍事科学院戦争理論研究部『孫子』注釈小組『孫子兵法新注』（中華書局／一九七七年一月／一六八頁）
- 張震沢『孫臏兵法校理』（中華書局／一九八四年二月／三七三頁）
- 呉九龍『銀雀山漢簡釈文』（文物出版社／一九八五年十二月／二四六頁＋折込図一頁）
- 金谷治『孫臏兵法　もうひとつの『孫子』』（筑摩書房／二〇〇八年十月／二七〇頁）

【論文集・学術雑誌】

- 『銀雀山兵学　銀雀山漢簡兵書出土30周年紀年大会暨国際学術研討会論文集』（解放軍出版社／二〇〇五年九月／三九四頁）

【研究書（思想研究）】

- 湯浅邦弘著『中国古代軍事思想史の研究』（研文出版／一九九九年十月／三六七頁）

【概説書】

・岳南著、加藤優子訳、浅野裕一解説『孫子兵法発掘物語』（岩波書店／二〇〇六年八月／三一一頁）

【文字学関連書（字書を含む）】

・駢宇騫編著『銀雀山漢簡文字編』（文物出版社／二〇〇一年七月／五二五頁）

四．その他出土関連文献（紙本）

【甲骨文・金文】

・董作賓『小屯・殷墟文字乙編』（中央研究院歴史言語研究所／一九四九－一九五三）
・島邦男『殷墟卜辞研究』（汲古書院／一九五八年七年／五三四頁）
・赤塚忠『甲骨・金文研究』（研文社／一九八九年一月／九五八頁）
・赤塚忠『中国古代の宗教と文化』（研文社／一九九〇年一月／八六九頁）
・中国社会科学院考古研究所編『殷周金文集成釈文』第一巻～第六巻（香港中文大学中国文化研究所／二〇〇一年十月）
・落合淳思『殷代史研究』（朋友書店／二〇一二年三月／四四三頁）
・佐藤信弥『西周期における祭祀儀礼の研究』（朋友書店／二〇一四年三月／二四二頁）

【郭店楚簡】

・荊門市博物館編『郭店楚墓竹簡』（文物出版社／一九九八年五月）
・大東文化大学郭店楚簡研究班編『郭店楚簡の研究』第一巻～第七巻（大東文化大学大学院事務室／一九九九年八月～二〇〇六

年三月）
・東京大学郭店楚簡研究会『郭店楚簡の思想史的研究』第一巻～第六巻（一九九九年十一月～二〇〇三年二月）
・池田知久編『郭店楚簡儒教研究』（汲古書院／二〇〇三年二月／五七二頁＋索引・目録六九頁）
・劉釗著『郭店楚簡校釈』（福建人民出版社／二〇〇三年十二月／二四二頁）
・吉永慎二郎『戦国思想史研究』（朋友書店／二〇〇四年五月／九六〇頁）
・浅野裕一編『古代思想史と郭店楚簡』（汲古書院／二〇〇五年十一月／三八六頁）
・李承律『郭店楚簡儒教の研究――儒系三篇を中心にして』（汲古書院／二〇〇七年十一月／六三七頁＋（索引・その他）二三頁）
・池田知久著『郭店楚簡老子の新研究』（汲古書院／二〇一一年八月／五四九頁）
・西信康『郭店楚簡『五行』と伝世文献』（北海道大学出版会／二〇一四年三月／一八〇頁＋索引五頁）

【睡虎地秦簡】
・雲夢睡虎地秦墓編写組『雲夢睡虎地秦墓』（一九八一年九月／一四三頁＋図版）
・睡虎地秦墓竹簡整理小組『睡虎地秦墓竹簡』（文物出版社／一九九〇年九月）
・工藤元男『睡虎地秦簡よりみた秦代の国家と社会』（創文社／一九九八年二月／四六〇頁）
・松崎つね子『睡虎地秦簡』（明徳出版社／二〇〇〇年七月／二三六頁）
・高橋庸一郎『睡虎地秦簡『編年記』『語書』釈文註解』（朋友書店／二〇〇四年二月／二〇七頁）

【岳麓秦簡】
・朱漢民・陳松長主編『岳麓書院蔵秦簡〔壹〕』（上海辞書出版社／二〇一〇年十二月／二二〇頁＋七八頁）

- 朱漢民・陳松長主編『岳麓書院蔵秦簡〔貮〕』（上海辞書出版社／二〇一一年十二月／一九六頁＋五八頁）
- 朱漢民・陳松長主編『岳麓書院蔵秦簡〔参〕』（上海辞書出版社／二〇一三年六月／三五八頁＋六四頁）
- 西林昭一・孫新民『簡牘名蹟選11　山東・安徽篇―併載岳麓書院蔵秦簡　岳麓書院蔵秦簡・銀雀山前漢簡・天長前漢簡』（二玄社／二〇一二年一月／七一頁）

【天水放馬灘秦簡】

- 甘粛省文物考古研究所編『天水放馬灘秦簡』（中華書局／二〇〇九年八月／一七九頁）
- 張徳芳主編・孫占守著『天水放馬灘秦簡集釈』（甘粛文化出版社／二〇一三年三月／二九六頁）

【馬王堆帛書】

- 湖南省博物館・中国科学院考古研究所編『長沙馬王堆一号漢墓』（文物出版社／一九七三年十月）
- 国家文物局古文献研究室編『馬王堆漢墓帛書』（文物出版社／一九八〇年三月）
- 何介鈞　張維明編著『馬王堆漢墓のすべて』（田村正敬・福宿孝夫 訳／中国書店／一九九二年十二月／二七一頁＋図版）
- 池田知久『馬王堆漢墓帛書五行篇研究』（汲古書院／一九九三年二月／五九四頁＋二〇頁）
- 佐藤武敏監修『戦国縦横家書』（工藤元男・早苗良雄・藤田勝久訳注／朋友書店／一九九三年十二月／三八二頁＋三二頁）
- 陳松長主編『馬王堆簡帛文字編』（文物出版社／二〇〇一年六月／六一四頁＋索引二十頁）
- 辛賢『漢易術数論研究　馬王堆から『太玄』まで』（汲古書院／二〇〇二年十二月／二四六頁＋八頁）
- 何介鈞主編『長沙馬王堆二、三号漢墓　第一巻』（文物出版社／二〇〇四年七月）
- 池田知久著『老子』（馬王堆出土文献訳注叢書編集委員会・馬王堆出土文献訳注叢書／東方書店／二〇〇六年七月）

・野間文史著『春秋事語』（馬王堆出土文献訳注叢書編集委員会・馬王堆出土文献訳注叢書／東方書店／二〇〇七年二月）
・小曽戸洋、長谷部英一、町泉寿郎著『五十二病方』（馬王堆出土文献訳注叢書編集委員会・馬王堆出土文献訳注叢書／東方書店／二〇〇七年七月）
・斉木哲郎著『五行・九主・明君・徳聖――『老子』甲本巻後佚書』（馬王堆出土文献訳注叢書編集委員会・馬王堆出土文献訳注叢書／東方書店／二〇〇七年十月）
・白杉悦雄、坂内栄夫著『却穀食気・導引図・養生方・雑療方』（馬王堆出土文献訳注叢書／東方書店／二〇一一年二月）
・裘錫圭主編・湖南省博物館・復旦大学出土文献与古文字研究中心編『長沙馬王堆漢墓簡帛集成』（全七冊／中華書局／二〇一四年六月）
・大形徹著『胎産書・雑禁方・天下至道談・合陰陽方・十問』（馬王堆出土文献訳注叢書／東方書店／二〇一五年三月）

【北京大学漢簡】

・北京大学出土文献研究所編『北京大学蔵西漢竹書〔貳〕』（上海古籍出版社／二〇一二年十二月／二三五頁）

【張家山漢簡】

・張家山漢墓竹簡整理小組『張家山漢墓竹簡〔二四七号墓〕』（文物出版社／二〇〇一年十一月／三二八頁）
・冨谷至編『江陵張家山二四七号墓出土漢律令の研究』（京都大学人文科学研究所研究報告／朋友書店／二〇〇六年十月）
・張家山漢簡『算数書』研究会編『漢簡『算数書』中国最古の数学書』（朋友書店／二〇〇六年十月）

【敦煌馬圏湾漢簡】

・張徳芳著『敦煌馬圏湾漢簡集釈』（甘粛文化出版社／二〇一三年十二月／七〇〇頁）

【研究書・概説書（出土全般）】

・浅野裕一『黄老道の成立と展開』（創文社／一九九二年十一月／七〇九頁＋索引・その他二十頁）
・江村治樹『春秋戦国秦漢時代出土文字資料の研究』（汲古書院／二〇〇〇年二月／七八八頁）
・郭店楚簡研究会『楚地出土資料と中国古代文化』（汲古書院／二〇〇二年三月／六〇八頁＋（まえがき・目次）十六頁）
・福田哲之『文字の発見が歴史をゆるがす――二〇世紀中国出土文字資料の証言』（二玄社／二〇〇三年三月）
・冨谷至編『辺境出土木簡の研究』（京都大学人文科学研究所研究報告／朋友書店／二〇〇三年二月／五七六頁）
・冨谷至『竹簡・木簡が語る中国古代――書記の文化史』（世界歴史選書／岩波書店／二〇〇三年七月／二三三頁）
・西山尚志・小寺敦・谷中信一（後、出土資料と漢字文化研究会）『出土文献と秦楚文化』第一号～第八号（二〇〇四年三月～二〇一五年三月）
・浅野裕一・湯浅邦弘編『諸子百家〈再発見〉――掘り起こされる古代中国思想』（岩波書店／二〇〇四年八月／二四四頁）
・高木智見『中国出土文献の世界』（創文社／二〇〇六年五月／二九〇頁＋索引十七頁）
・湯浅邦弘『戦いの神――中国古代兵学の展開』（研文出版／二〇〇七年十月／三三二頁＋索引十四頁）
・工藤元男・李成市編『東アジア古代出土文字資料の研究』（アジア研究機構叢書人文学篇第一巻／雄山閣／二〇〇九年三月／三六二頁）
・陳偉等著『楚地出土戦国簡冊［十四種］』（経済科学出版社／二〇〇九年九月／五五一頁）
・藤田勝久『中国古代国家と社会システム――長江流域出土資料の研究』（汲古書院／二〇〇九年九月／五五八頁＋索引十二頁）

・湯浅邦弘編著『概説中国思想史』（ミネルヴァ書房／二〇一〇年十月／三八五頁＋索引二一頁）
・谷中信一編『出土資料と漢字文化圏』（汲古書院／二〇一一年三月／三九六頁）
・藤田勝久・松原弘宣編『東アジア出土資料と情報伝達』（汲古書院／二〇一一年五月／三八四頁）
・籾山明・佐藤信編『文献と遺物の境界――中国出土簡牘史料の生態的研究』（六一書房／二〇一一年十一月／二八二頁）
・武漢大学簡帛研究中心・荊門市博物館編著『楚地出土戦国簡冊合集（一）郭店楚墓竹書』（文物出版社／二〇一一年十一月／一九七頁＋図版一二八頁）
・横田恭三『中国古代簡牘のすべて』（二玄社／二〇一二年五月／二八三頁）
・湯浅邦弘『中国出土文献研究――上博楚簡与銀雀山漢簡』（古典文献研究輯刊／花木蘭文化出版社／二〇一二年九月／一五七頁）
・中国社会科学院歴史研究所・財団法人東方学会『中国新出資料の展開』（第四回日中学者中国古代史論壇論文集／汲古書院／二〇一三年八月／三一九頁）
・福田哲之『戦国秦漢簡牘叢考』（古典文献研究輯刊／花木蘭文化出版社／二〇一三年九月／二〇七頁）
・藤田勝久『東アジアの資料学と情報伝達』（汲古書院／二〇一三年十一月／三四八頁）
・浅野裕一・小沢賢二『浙江大『左伝』真偽考』（汲古書院／二〇一三年十二月／二九二頁）
・浦山きか『中国医書の文献学的研究』（汲古書院／二〇一四年二月／三六一頁〔『黄帝内経素問』全元起注本、巻一～巻九（巻七欠）〕CD付き〕）
・湯浅邦弘『竹簡学――中国古代思想史の探究』（大阪大学出版会／二〇一四年五月／三四八頁）
・大野裕司『戦国秦漢出土術数文献の基礎的研究』（北海道大学出版会／二〇一四年六月／二九二頁＋索引他十九頁）
・中国出土資料学会編『地下からの贈り物――新出土資料が語るいにしえの中国』（東方書店／二〇一四年六月／三六三頁）
・籾山明・佐藤信編『文献と遺物の境界Ⅱ――中国出土簡牘史料の生態的研究』（東京外国語大学アジア・アフリカ言語文化研究所／二〇一四年十二月／三三九頁）

・若江賢三『秦漢律と文帝の刑法改革の研究』（汲古書院／二〇一五年一月／五〇一頁＋索引十七頁）

【文字学関連書（字書を含む）】

・京都大学人文科学研究所簡牘研究班『漢簡語彙　中国古代木簡辞典』（岩波書店／二〇一五年三月／五九〇頁＋索引九頁）

・冨谷至編『漢簡語彙考証』（岩波書店／二〇一五年三月／四七三頁）

五．インターネット上で出土文献テキストを公開しているサイト（一部本文検索可）

【国内】

・京都大学人文科学研究所附属漢字情報研究センター「京都大学人文科学研究所所蔵 石刻拓本資料」、「京都大学人文科学研究所所蔵　甲骨文字」……http://kanji.zinbun.kyoto-u.ac.jp/db/index.ja.iso-2022-jp.html

・国立情報学研究所　ディジタル・シルクロード・プロジェクト、『東洋文庫所蔵』貴重書デジタルアーカイブ「燉煌遺書」……http://dsr.nii.ac.jp/toyobunko/

【国外】

・先秦甲骨金文簡牘詞彙資料庫……http://inscription.sinica.edu.tw/c_index.php

・中央研究院史語所文物図象研究室　資料庫検索系統……http://saturn.ihp.sinica.edu.tw/~wenwu/search.htm

・香港中文大学大学図書館　郭店楚簡資料庫……http://udi.lib.cuhk.edu.hk/projects/archive-chu-bamboo-manuscripts-guodian?language=zh-hant

・簡帛研究（山東大学文史哲研究院）……①http://www.jianbo.org/index.htm、②http://www.jianbo.org/index.asp（※上記は旧簡帛研究サイトのURL。現在は山東大学儒学高等研究院に統合されている。）

結　語

本書では、戦国期から前漢初期までの出土文献「上博楚簡」「清華簡」「銀雀山漢簡」を取り上げて考察を加えてきた。その結果、以下の点が明らかとなった。

まず、第一部「「上海博物館蔵戦国楚竹書」の研究」では、南方楚国の在地性文献である『鄭子家喪』を検討することにより、『鄭子家喪』には、『左伝』や『史記』に見える歴史的事件が、楚独自の視点から、鄭討伐を肯定的に捉える内容として記されていたことが明らかになった。本篇は、同事件を中原とは異なる視点から捉え、記録しているという点で、中原に対する南方楚国の立場を窺うことができ、極めて貴重な情報を提供するものであると考えられる。ただし、上博楚簡中には『鄭子家喪』の他にも楚国に関する故事が多く含まれており、その中には王や諸侯の善政を伝えるものと同時に、悪政を批判的に描く文献も存在していた。このことは、恐らく『鄭子家喪』が殊更に自国の正当性のみを説く文献であったわけではなく、政治の指針とすべき故事集の一つであった可能性を物語っているであろう。また、楚の鄭に対する討伐理由、「他国の君主弑殺事件を理由に、他国を討伐する」という考え方自体は、伝世文献中にも散見するものであり、それが中原をはじめ、楚地域にも広く流布した思想であったことには注意を要する。このような中原の思想の地方への伝播は、本部第二章で取り上げた『成王既邦』に、『孟子』や『荀子』の記述と類似する思想（儒家の周公旦擁護）が含まれている点にも、窺うことができた。しかし、上博楚簡に所収の楚国故事文献には、墨家を除く他の諸子がほとんど言及することのなかった「上帝鬼神」に関する記述が多く見え（『平王問鄭寿』や『柬大王泊旱』等）、『漢書』地理志に「信巫鬼、重淫祀。（巫鬼を信じ、淫祀を重んず）」と記されるとおり、楚が「上帝」や「鬼神」を重視した殷代的思考を保存し独自に活用していた実態も浮き彫りになった。

また、第二部においては、主に清華簡に所収の『尚書』関連文献を取り上げて考察した。第一章では、清華簡『周武王有疾周公所自以代王之志（金縢）』と今本『尚書』金縢とを比較することにより、諸説紛々としていた字句解釈や誤入説に関する問題に、いくつかの可能性を提示した。第二章でも、清華簡『傅説之命（説命）』と伝世する偽古文『尚書』説命とを対照し、その相違点を指摘すると同時に、清華簡の特質として、人格神的な天の記述が散見することを述べた。続く第三章では、清華簡『尹誥』に見える伊尹の名「摯」の明記に関して、伝世文献における用例との比較や、清華簡の呼称表記の特徴にも目を向けて検討した。その結果、伝世文献中、伊尹を「摯」と名で表記する文献は、南方諸国と関連するものが多く、また清華簡も文献全体を通して、呼称を明記する傾向が強く見られることが判明した。以上、本部の研究を進めることで、戦国中期には、『尚書』関連文献が広く南方楚地方に伝播していた情況が明らかになると同時に、その呼称表記には「名を明記する」という、中原には見られぬ独自の経書受容があったことも窺うことができた。

第三部では、戦国後半期に成立したと考えられる兵書、銀雀山漢簡「論政論兵之類」に所収の二篇を取り上げて検討した。その結果、第一章で考察した「兵之恒失」には、軍事に関する内容が記されており、それは『孫子』や『孫臏兵法』と類似する兵権謀家的思想を有するものであることが判明した。一方、第二章で取り上げた「五議」には、政治に関する内容が見え、儒家や道家、法家を彷彿とさせる記述が見られるものの、その思想はいずれの学派にも偏ることのない極めて中立的かつ実用的な内容であることが認められた。このように、「論政論兵之類」には、一見、あまり関連することのないと思われる「軍事」と「政治」についての記述が混在している。しかし、これらは現実に目を向けた実用的施策が示されている点で共通していると考えられる。恐らく、「論政論兵之類」に見える諸篇は、戦闘の複雑化や大規模化に伴い、軍事がこの共通点を軸に政治と密接に結び付けられ、平時と戦時とに備えた施策が説かれるようになった実態を表しているのであろうと思われる。

本書において、「上博楚簡」「清華簡」を考察することにより、楚が古代聖賢や経書等、中原の思想を積極的に受容すると同時に、それとは異なる独自の歴史観や上帝鬼神観、呼称明記の表現方法をも合わせ持ち、両者を融合させながら活用していた状況を窺うことができた。また、楚は『孟子』滕文公上や『史記』項羽本紀等に「南蛮」「人言、楚人沐猴而冠耳」と侮蔑的に称されることが多いが、本書で明らかになったとおり、実際には多数の「経書」（或いはその要素）を利用し、政治や教育の指針としていたであろうことが分かる。ここから、楚が戦国中晩期にはかなりの文化的水準に達していたことが認められよう。さらに、本書では成立時期が僅かに降り、かつ出土地も楚簡とは異なり「斉地」であることが明確な「銀雀山漢簡」を取り上げて検討を進めた。二〇一〇年の刊行以来、日本の研究者が兵書を多く含む『銀雀山漢墓竹簡』第二分冊に所収の佚篇を取り上げて検討を試みることはほとんどなかった。恐らく、第一分冊が刊行された後、二十五年を経てようやく第二分冊が上梓されたというタイムラグと、その間により多くの出土文献が発見され、次々と公開されていたことがその要因の一つと考えられる。しかし、本研究で「銀雀山漢簡」を考察したことで、これらの文献が特定の学派に偏ることのない、極めて実用的視点を重視した内容であった点、さらには、戦闘に関することのみならず、睡虎地秦簡『為吏之道』や岳麓秦簡『為吏治官及黔首』等のように、役人のための教材と考えられる秦簡と関連する政治思想を有していた点が明らかとなった。本書において、「銀雀山漢簡」を検討することで、楚地出土の思想文献との差異が明確になると同時に、戦国期～秦、漢代に渡る統治者及び役人に求められる政治思想の類似性にも目を向けることができた。

一つの観点から思想史を描き出すことは、その変遷を厳密に辿るという意味で、極めて重要であると考える。しかしながら、どの時代、どの地域にあっても、他国や他学派（思想家）の影響より完全に隔絶されて発展したものはない。また常に一方向からの流れで情況が変化するという単純なものでもなく、事物は同時並行的に様々な影響関係の中で変容するものである。このような情況は、思想形成においても無論例外ではなく、中国古代思想も、他国や他派の影響関係の中で生まれ、受容され、緩やかに変容していったものと考える。こうした観点よりすれば、本書において、多角的視点から出土文献を検討することできたことは、思想的影響関係や思想の受容、変遷或いはその差異を明確にする手段として、一定の意義を有するものであったと言えるであろう。

だが、そうは言うものの、本書で取り扱った文献は、膨大な出土文献のごく一部分にすぎない。いまだ整理しきれていない文献は数多く残されている。さらには伝世文献に加え、竹帛書と同時代、または先行する資料として重要と考えられる金文にも目を向け、それらの記述を吟味し、比較検討すべき必要性もあるであろう。今後はこの点を踏まえた上で、以下の課題を掲げて研究を進めていきたい。

今後の課題・展望

戦国竹簡中、経書関連、特に六芸類においてその中心的内容であったと考えられている「書」「詩」に関する文献を列挙すれば、次のとおりである。

●「書」に関する文献

（1）郭店楚簡……『成之聞之』（『大禹』（佚文か）、『君奭』、『詔命』、『康誥』が引用されている。）

（2）上博楚簡、郭店楚簡……『緇衣』に以下の文献が引用されている。（『尹誥』、『君牙』、『呂刑』、『君陳』、『祭公之顧命（祭公）』、『康誥』、『君奭』）

（3）清華簡……『尹至』、『尹誥』、『程寤』、『保訓』、『周武王有疾周公所自以代王之志（金縢）』、『皇門』、『祭公之顧命（祭公）』、『傅説之命（説命）』三篇、『厚父』、『封許之命』、『命訓』

●「詩」に関する文献

（1）郭店楚簡……『唐虞之道』（「虞詩」（佚詩か）の引用が見える。）

（2）上博楚簡……『孔子詩論』、『逸詩』、『緇衣』（「詩」の引用が複数見える。）、『民之父母』、『采風曲目』、『李頌』、『蘭賦』、『有皇将起』、『鶹鷅』

（3）　清華簡……『周公之琴舞』、『芮良夫毖』、『耆夜』

右に挙げた文献の釈文には、現時点において文字や字義の曖昧なものも多い。また、伝世する経書とおおよそ合致する内容のものから、一部の引用のみが含まれたもの、さらにはこれまで全く見ることのできなかった佚書に至るまで、その内容や経書との関連性は様々である。今後は、まずこれらの「書」「詩」等経書関連文献の正確な釈文を確定し、次いで類似する金文や古典との比較を通して該当文献を思想史上に位置付け、いずれその経書受容や思想の変遷過程の大きな流れを明らかにすべく尽力していきたい。

あとがき

本書は、筆者が提出した学位請求論文「中国新出土文献の研究――上博楚簡・清華簡・銀雀山漢簡――」（二〇一二年、大阪大学）に、その後の研究動向や成果を踏まえ、大幅に加筆・修正したものである。学位論文の審査で貴重なご意見を賜った大阪大学大学院文学研究科教授・湯浅邦弘先生（中国哲学）、高橋文治先生（中国文学）、荒川正晴先生（東洋史学）に、まずここで深謝の意を表する。

本書では、戦国時代から漢代に至る出土竹簡資料を対象として研究を行ってきた。本研究を通して、楚国の故事や経書の受容状況、銀雀山漢簡に見える表記・文体・思想等について、伝世文献と比較することにより、僅かながらその特質を明らかにすることができたと考える。ただし、いまだ不明確な語句や解釈も多い。特に、第二部で研究対象として取り上げた「清華大学蔵戦国竹簡」については、学位論文提出後にも次々と新たな釈文や図版が公開され、研究状況が日々著しく進展している。そのため、本書にも一章分（第二章に該当）を追加し、その後の成果を盛り込むよう努めた。また、第三部第一章の銀雀山漢簡「兵之恒失」中で行った「天下」に関する検討には、いまだ掘り下げて考察を加えるべき問題が存するため、本書においては一旦省き、後稿にて改めて論ずることにした。さらに、本書においては、時代や地域の異なる出土文献を広く取り扱った反面、各部の繋がりが曖昧となり、一貫した議論を十分には為し得ていないという問題も残った。多くの御批判を賜り、それらを糧に今後も自身の研究を深めていきたいと思う。

そもそも、本書を刊行することができたのは、ひとえに指導教官である湯浅先生が未熟な筆者に貴重な機会を与えてくださったことによる。湯浅先生には、大学院在学中より暖かくご指導頂き、国際学会への参加や中国の専門機関での実見調査に加えて頂く等、多くの有意義な経験をさせて頂いた。学部生の頃とは異なり、少人数の研究室では、一つ一つの演習が筆者にとって大きなプレッシャーを感じるものであったが、先生は知識の乏しい筆者を叱咤激励し、研究の厳しさと楽しさを教えてくださった。また、突発的に台湾師範大学への留学を申し出た筆者を暖かく送り出し、さらにはこのような形で論文をまとめて発表することを勧めてくださった。先生の学恩に衷心より御礼申し上げたい。

また、二年もの間、筆者にマンツーマンで演習のご指導を行ってくださった辛賢先生（大阪大学）、さらに、筆者が所属する中国出土文献研究会の福田哲之先生（島根大学）や竹田健二先生（同上）をはじめ、その他多くの先生方・先輩諸氏にも、たくさんのご指導を賜っている。筆者が様々な面で迷い、諦めかけた時、先生方のご意見や励ましに何度救われたことか分からない。心より御礼申し上げる。

思えば、今から十年以上前、筆者は近世・近代日本文学に魅かれて都留文科大学国文学科に入学した。当初は漠然と中高の国語教員を目指していたが、漢文学の基礎演習で寺門日出男先生と出会い、中国古典の面白さと奥深さを知った。演習で取り上げられた文献は、数行読むのに膨大な時間を費やさなければならない程の知恵の宝庫であった。この時、筆者は初めて自ら興味を持って「文献を読みたい」「もっと多くのことを知りたい」と感じた。これが筆者が研究者を目指す契機であったように思う。寺門先生にお目にかかれなければ、研究の道へと一歩を踏み出すことは考えなかったであろう。ここに厚く御礼申し上げたい。

社会に役立つ具体的な「成果」を即座に求められる今日は、人文系学部の真価が問われる時代であると感じる。出土文献を研究することがどのように社会貢献へと繋がるのか、その一方で純粋な学問とは一体何か。我々は真摯に文献と向き合い、自らの立ち位置と研究の意味を問い続けなければならないであろう。筆者は、歴史や文化を知り、研究を通して得られた新しい発見を広く発信することが、決して無意味なことではないと確信している。今後も、様々な視点から自身の研究を捉え、推進できるように努めていきたい。

なお本書は、平成二十六年度大阪大学教員出版支援制度により大阪大学未来基金の助成を受けた出版物である。文学研究科で本書の選考に当たられた先生方、また筆者が多くの無理を申したにも関わらず、様々な面で御高配頂いた大阪大学出版会の大西愛氏には、深甚の謝意を表したい。また、本研究を進める上で、特別研究員ＤＣ２（二〇一一年四月～二〇一三年三月）、研究活動スタート支援（二〇一三年十月～二〇一五年三月）、若手研究Ｂ（二〇一五年四月～二〇一九年三月）に採択される等、日本学術振興会より多大なご支援を賜った。併せてここに明記する。

最後に、筆者を支え続けてくれている両親と家族にも感謝の意を捧ぐ。

二〇一五（平成二十七）年十月

中村未来

初出一覧

第一部　「上海博物館蔵戦国楚竹書」の研究

第一章　上博楚簡『鄭子家喪』の検討

第一節　『鄭子家喪』釈読

↓（大阪大学中国学会『中国研究集刊』第五十一号、二〇一〇年十月）

第二節　『鄭子家喪』と伝世文献との比較

↓（修士学位申請論文の第二章に加筆修正）

第三節　『鄭子家喪』の文献的性質

↓（修士学位申請論文の第三章に加筆修正）

第二章　上博楚簡『成王既邦』の検討

第一節　『成王既邦』釈読

↓（大阪大学中国学会『中国研究集刊』第五十五号、二〇一二年十二月）

第二節　『成王既邦』の思想的特質──周公旦像を中心に──

↓（大阪大学中国学会『中国研究集刊』第五十七号、二〇一三年十二月）

第二部　「清華大学蔵戦国竹簡」の研究

第一章　清華簡『周武王有疾周公所自以代王之志（金縢）』の検討

↓（大阪大学中国学会『中国研究集刊』第五十三号、二〇一一年六月。原題は「清華簡『周武王有疾周公所自以代王之志（金縢）』

の思想史的特質」）

第二章　清華簡『傅説之命（説命）』の文献的特質――天の思想を中心に――

→（大阪大学文学会『待兼山論叢』第四十七号、二〇一三年十二月、哲学篇）

第三章　清華簡『尹誥』における呼称表記の検討

→（博士学位申請論文の第二部第二章に該当）

第三部　「銀雀山漢墓竹簡」の研究

第一章　銀雀山漢簡「兵之恒失」小考

→（大阪大学文学会『待兼山論叢』第四十四号、二〇一〇年十二月、哲学篇。原題は「銀雀山漢墓竹簡「兵之恒失」考釈」）

第二章　銀雀山漢簡「五議」小考

→（大阪大学文学会『待兼山論叢』第四十五号、二〇一一年十二月、哲学篇）

（附録一）出土文献用語解説、及び出土文献における文字の通用例

→（博士学位申請論文の附録に加筆修正）

（附録二）思想関連出土簡帛の形制一覧（郭店楚簡・上博楚簡・清華簡・睡虎地秦簡・岳麓秦簡・馬王堆帛書・銀雀山漢簡）

→（博士学位申請論文の附録に加筆修正）

（附録三）「張家山漢簡」主要六文献解題

→（大阪大学中国学会『中国研究集刊』第四十七号、二〇〇八年十二月。原題は「張家山漢簡解題」）

（附録四）新出古代兵書に見える周公旦

（附録五）参考文献一覧

↓（博士学位申請論文の（附録五）に該当）

ま 行

や 行

ら 行

さ　行

索　引

以下、索引は日本語読み50音順に掲載する。また、書名には二重カギ『　』を附す。なお、出土文献の各篇については、「出土文献（簡帛群名）略称＋『該当篇名』」で示している。（例：上博楚簡『鄭子家喪』）

中村　未来（なかむら　みき）

1984年、沖縄県に生まれる（旧姓金城）。2013年、大阪大学大学院文学研究科博士後期課程修了。博士（文学）。2015年現在、大阪大学大学院文学研究科助教。
共著に、湯浅邦弘編『概説中国思想史』（ミネルヴァ書房、2010年）、湯浅邦弘編『名言で読み解く中国の思想家』（ミネルヴァ書房、2012年）、復旦大學歷史學系・復旦大學出土文獻與古文字研究中心編《簡帛文獻與古代史――第二屆出土文獻青年學者國際論壇論文集》（中西書局、2015年）などがある。

戦国秦漢簡牘の思想史的研究

発行日　2015年11月30日　初版第1刷発行　［検印廃止］

著　者　中村　未来

発行所　大阪大学出版会
代表者　三成 賢次
〒565-0871
大阪府吹田市山田丘2-7　大阪大学ウエストフロント
電 話：06-6877-1614（代表）　FAX：06-6877-1617
URL：http://www.osaka-up.or.jp

印刷・製本　株式会社 遊文舎

ISBN978-4-87259-515-4　C3022